한림신서 일본학총서 92

# 근대 일본인의 종교의식

KINDAI NIHONJIN NO SHUKYO ISHIKI
by Tetsuo Yamaori

Originally published in Japanese
by Iwanami Shoten, Publishers, Tokyo, 1996.
This Korean language edition published in 2009
by Institute of Japanese Studies, Hallym University, Chuncheon
by arrangement with the author c/o Iwanami Shoten, Publishers, Tokyo

# 근대 일본인의 종교의식

야마오리 데쓰오 지음 | 조재국 옮김

小花

한림신서 일본학총서 92

**근대 일본인의 종교의식**

초판 발행 2009년 3월 20일

지 은 이 야마오리 데쓰오
옮 긴 이 조재국

펴 낸 이 한림대학교 일본학연구소
펴 낸 곳 도서출판 소화
등　　록 제13-412호
주　　소 서울시 영등포구 영등포동 7가 94-97
전　　화 2677-5890
팩　　스 2636-6393
홈페이지 www.sowha.com

ISBN 978-89-8410-351-1 94080
ISBN 978-89-8410-105-0 (세트)

잘못된 책은 언제나 바꾸어 드립니다.

값 7,500원

# 차례…

# 머리말

## 1) '무신론자'

1995년 일본에서 옴진리교(아사하라 쇼코麻原彰晃가 창시한 불교계 신흥종교로 사린가스를 만들어 많은 시민을 살상함—역자) 사건이 일어났을 때, 여러 곳으로부터 나에게 집필의뢰가 들어왔다. 당시 내가 만난 대부분의 저널리스트들이 스스로를 '무신론자'라고 말하는 데 적잖이 충격을 받았다. "당신의 종교는 무엇인가"라고 물으면 대부분이 "무신론자입니다"라고 대답했다.

그런 대답을 듣고 생각해 보니 일리가 있는 것 같기도 했다. 그것은 어느 정도는 예상할 수 있는 대답이었기 때문이다. 무엇보다도 가까운 사람들이나 친구들이 대부분 '무신론자'처럼 행동하고 있고, 나 자신도 거기에 부화뇌동하고 있었던 게 아니었나 하는 생각이 들었다.

그러면 우리는 정말로 '무신론자'일까. 마음으로 다시 질문해 볼 때, 과연 확신을 가지고 무신론자라고 대답할 수 있을까. 다시 생각해 보면 무언가 확실하게 의문으로 와 닿고, 그것은 점점 큰 파문을 그리며 생각 속에서 퍼져 나가는 것 같다. 우리는 정말로 '무신론자'일까.

이렇게 입속에서 다시 질문해 보는 가운데 우리가 말하는 '무신론'이라는 것이 막연한 무신론일 뿐이지, 예를 들어 아무래도 근대 서구에서 만들어진 확신적 무신론은 아닌 것 같다는 생각이 계속해서 떠올랐다. 왜냐하면 우리는 도스토예프스키나 니체가 말한 '신의 죽음'에 관해 주장한 것은 아니지 않은가 하는 생각이 들기 때문이다. 우리가 생각하는 무신론이란 겨우 종교적 무관심이라고 할 수 있는 것이지, 자각적인 신의 죽음이나 부처의 죽음을 주장하면서 나타난 급진적인 무신론은 아니지 않을까.

무신론에 대해 이리저리 생각하기 시작한 시기였던 것 같다. 우연히 영문지 『룩재팬(Look Japan)』 편집부로부터 옴진리교 사건의 배경에 대하여 의견을 보내 달라는 연락을 받고, 잘 써볼 생각으로 일본인의 무신론적 심정에 관하여 논술한 글을 기고하게 되었다.[1]

잡지가 출간되자마자 예상도 못했는데 해외에서 편지가 몇 통 『룩재팬』의 편집부로 날아왔다. 다소 놀랐던 점은 그 가운데 한 통은 미국 유타주의 주립형무소에 복역하고 있는 죄수로부터 온 것이고, 또 다른 한 통은 미국에 있는 전문대학으로 내 글을 수업에 사용하고 싶다고 하면서 허락을 요청하는 편지였다.

미국 유타주의 죄수로부터 받은 편지의 내용은 약간 특별한 것이었다. 그가 쓴 글에서는 명확히 나타나 있지는 않지만, 아무래도 그 죄수는 미국의 새로운 유형의 종교집단에 속해 있는 사람인 것 같았다. 이 새로운 종교운동의 명칭은 '서디즘(Surdism)'이라고 불리는데, 나에게는 전혀 친숙하지 않은 것이었다. surd라는 말은 '무성음'이라는 뜻인데, 그 죄수에 의하면 '청각장애인(deaf-mute)처럼' 침묵하는 것으로 비합리적인 근거를 가진 것이라고 한다. 서드(surd)의 뜻을 원용하여 만들어진 종교운동이 아무래도 그가 말하는 서디즘인 것 같다. 서디즘에서 중요한 문제는 내재인가 초월인가라는 양자택일의 주제였다. 그런데 잘 알려진 바와 같이 기독교 세계에서는 때때로 '내재'를 이교적인 것, 즉 무종교적인 것이라고 생각하는 경향이 있다. 내재라는 습지에서는 초월적인 하나님을 잃어버리기 때문이다. 그런데 그 죄수에게는 이교적인 내재야말로 진실이고, 그 반대인 초월지향성은 망상이며 기만이라는 것이다. 청각장애인처럼 말하지 못하는 내재주의자는 단순한 범신론자가 아니고, 더구나 낙인찍힌 무신론자도 아니다. 왜냐하면 내재 세계에서 모든 존재는 존엄성을 가지고 빛나고 있기 때문이다.

요약하면, 그 죄수는 깊은 내재로의 침잠(沈潛)이 결코 무신론이나 무종교에 가까운 것이 아니라고 말하면서, 그 점에서 일본문화에 친근감을 갖고 있고 내 글에 공감한다는 말로 편지를 끝맺고 있다.

나는 그의 편지를 읽고 '초월'적 일신교의 세계에서 '내재'신앙에 대해 관심을 갖는 삶이 얼마나 어려운지를 깨닫게 된 것 같은 생각이 들었다. 그 경우 내놓은 꼬리표가 언제나 내재=이교라는 등식에 마음이 아팠다.

반대로 일본의 경우는 어떤가.

나는 지금 일본인의 무신론적 심정에 관해서 이야기했지만, 그런 심정은 역사적으로 보면 분명 일종의 종교적 외압에 밀려서 만들어진 자기인식의 산물이었다고 생각한다. 앞서 나는 매스컴의 최전선에서 활동하는 저널리스트에게 "당신의 종교는 무엇인가" 라고 질문하였을 때의 반응에 대해 언급했다. 그리고 돌아온 메시지의 대부분이 "무신론자입니다"라는 사실에 주목했다. 당연한 것이지만 "당신의 종교는 무엇인가"라고 질문하는 것은 단적으로 말하면 "당신의 종교는 일신교인가 다신교인가"라고 묻는 것이다. 아니면 "기독교신자인가 불교신자인가"라고 묻는 것이다. 이러한 공세적인 질문이 일본에 나타나게 된 것은 16, 17세기의 기리시탄(예수회의 일본 전도에 의하여 성립된 기독교—역자)과 19세기의 메이지(明治) 시대였다. 메이지 이전 시대에는 에도(江戸)막부 정권에 의한 금교령(禁教令)과 쇄국정책으로 인하여 이 질문은 암흑 속에 묻혔다. 그런데 기독교가 다시 전래된 19세기는 일본의 개국과 메이지 정부의 근대화 정책을 배경으로 이 질문이 개화의 발자국 소리와 함께 일본 사회에 침투되어 갔다. 왜냐하면 이 '질문'에는 근대 유럽의 시민윤리 속에서 배양된 종교이념이 그대로 반영되어 있기 때문이다.

주지하는 바와 같이 이 질문에는 종교와 신앙에 대해 이것인가 저것인가라는 양자택일을 강요하는 태도가 드러나고 있다. 종교나 신앙에 대하여 질문하는 것은 어떤 한 교파나 종파에 배타적으로 소속하고 있는지를 묻는 행위이고, 무엇보다도 주체적으로 결단을 요청하는 질문이었다. 그리고 이러한 질문이 기독교적인 사고방식에서 나왔다는 사실은 말할 것도 없다. 그것은 정말로 바다 저편의 문명으로부터 던져진 질문이었다.

그런데 서구 문명으로부터 던져진 질문에 대하여 일본인들은 어떻게 대답해 왔을까. 정초의 신사참배(初詣)나 마을축제에 참가하고 있는 것을 생각하며 신도(神道)를 자기 종교라고 대답하면 될까. 아니면 불교의 히간(彼岸: 춘분 · 추분의 불교행사—역자)이나 본(盆)축제(음력 7월 15일 전후의 불교위령제—역자), 장례식에 참가하는 것을 생각하여 불교도라고 대답하면 될까. 그렇지만 그렇게 신사나 절에 출입하는 것과 주체적으로 신앙을 선택하는 것은 다른 게 아닐까라고 생각하여, 결국 자신은 본질적으로 '무신론자'일 거라는 자신 없는 결론을 내리게 되는 것이다.

하지만 그렇게 대답했어도 내심으로는 신 혹은 부처 중의 하나를 선택하지 않고 둘 모두를 거의 동시에 믿고 있는 마음인 것을 깨닫고 혼자 상처받고 있었던 것이다. 그것뿐이 아니다. 그런 태도에서 일본인의 전통적인 종교에 대한 이해의 특징을 알 수 있다. 이것인가 저것인가라는 양자택일이 아니라 이것 저것 모두 믿은 선조들의 모습이 떠오른다. 그런 이미지로부터 종교에 대한 일본인의 원칙 없는 태도라는 자기인식이 일종의 자기비판 형태로 나타나는 것이다.

그래서 일본인은 어느 사이엔가 종교와 신앙에 관한 양자택일의 태도, 즉 기독교적인 사고를 유일한 잣대로 하여 자신의 내면을 들여다보게 되었다. '이것인가 저것인가'라는 주체적 결단의 시각을 기준으로 하여 '이것도 저것도'라는 주체망각의 정신풍토를 바라보는 습성이 생겨 버렸다고 해도 과언이 아닐 것이다. 기독교도가 아님에도 기독교도일 것 같은 시선으로 자기 자신을 바라보고 있었던 것이다. 그래서 웃으려고 해도 웃을 수 없는 도착(倒錯)적 자기인식의 방식이 어느 사이엔가 생겨난 것이다. 다시 말해서 그러한 도착의 내용이 기독교의 일신교적 반사경에 비추어 본 무신론적 풍토였다는 것이다.

이렇게 생각할 때 일본인의 무신론 이해는 이것도 저것도라는 주체 망각의 정신태도로부터 나타난 수동적 무신론이라고 말할 수 있을지도 모른다. 그러므로 근대 서구의 무신론이 하드(hard) 무신론이라면, 일본인의 무신론은 결국 소프트(soft) 무신론이 될 것이다. 막연한 무신론적 기분이라는 것이다. 그것이 심정적으로는 종교에 대한 무관심이라는 또 하나의 위장된 태도를 만들어 낸 게 아닐까. 당신의 종교는 어떤 것인가라는 질문에 대하여 신앙에 있어서의 무신론, 그리고 종교에 대한 무관심을 자기 내면에서 찾아내고, 그 양자 사이를 오가며 막연히 애매하게 '무신론자'라고 대답해 온 것이다.

### 2) 일본인의 '무신론적 심정'

'무신론' 문제에 대해서 또 하나 생각할 것이 있다. 그것은 앞서 내 글에서 언급한 미국 오하이오주 독자의 편지에 서술되어 있는 내용이다. 거기에는 대략 다음과 같은 내용이 쓰여 있었다.

당신의 글에는 '무신론자(atheist)' 또는 '무신론(atheism)'이라는 용어가 16번 나온다. 그 외에 '부처님' 혹은 '불교'가 7번, '그리스도' 혹은 '기독교'가 6번, 그리고 '신도'는 겨우 2번밖에 나오지 않는다. 그런데 그에 비하면 '불가지론자(agnostic)'라는 용어는 한 번도 나오지 않는다. 도대체 왜 그럴까.

1994년판 『브리태니커 백과사전』에 의하면 세계에는 9억 1,300만 명의 '무종교인(non-religious)'이 있다. 이 단어는 '불가지론자, 즉 모든 종교에 관심이 없는 비종교적 세속주의자'를 가리키는 말이라고 한다. 무종교인의 세계 분포를 보면 유럽에 5,700만 명 이상, 북미에 2,700만 명, 아시아에 7억 2,100만 명이 있다. 그런데 이 사전에는 '무종교인(non-religious)'이라는 항목과 별도로 또 하나 '무신론자(atheist)'라는 항목이 있는데, 전 세계에 2억 4,100만 명에 달한다. 그와 같은 '무신론자'는 유럽에 1,650만 명, 북미에 130만 명이 있다.

그럼에도 당신의 글에는 agnostic 혹은 agnosticism이라는 단어가 전혀 등장하지 않기 때문에 아는 일본인들에게 agnostic의 일본어 번역을 물어보았는데, 아무도 아는 사람이 없었다. 그래서 사전에서 찾아보고 '불가지론자'라는 말을 알게 되었는데, 당신이 말하는 '무신론자'는 '불가지론자'를 말하는 것이 아닌가. 또한 '불가지론'이라는 말은 '신이 있는지 없는지 모르고 또 몰라도 괜찮다'는 생각을 내포하는 것이라고 보이는데, 어떻게 생각하는가. 그런 말이 일본어에는 없는 것인가.

이 글을 읽고서 나는 『브리태니커 백과사전』에 기록되어 있는 통계 수치가 얼마나 신빙성이 있는지 매우 의심스러웠다. 그러나 내가 말한 atheist(무신론자)라는 말의 의미가 실은 agnostic(불가지론자)이 아닌가라는 질문에는 솔직히 허를 찔린 기분이었다. 듣고 보니 그런 문제를 자세히 생각해 본 적이 없었기 때문이다. 아니, 일본에서 그런 주제에 대하여 일반인이 알기 쉽게 논의한 일이 과연 있었던가 하는 의문이 생겼다.

다행스럽게도 『룩재팬』 편집부에서도 이 문제에 관심을 갖고, 의견란에 그 편지에 대한 나의 코멘트를 실을 수 있는 기회를 주었다. 그래서 나는 다음과 같이 대답했다.

> '불가지론자(agnostic)'라는 것은 일본에서는 단지 철학의 전문용어로서 사용되고 있으며, 일반인에게는 거의 알려지지 않는 용어이다. 그에 반하여 일상적으로 누구나 사용하고 있는 말이 '무신론자(atheist)'이다. 기독교 세계에서는 일신교적 신을 부정하거나 의심하거나 하는 경우, 원래 신의 존재는 논증할 수 없기 때문에 존재할지도 모른다고 생각하지만, 다신교 혹은 범신론적 경향을 갖는 일본인 사이에는 신의 존재를 적극적으로 논증하거나 부정하거나 하는 신학적 전통이나 철학적 전통이 세워지지 않았다. 신이 있는지 없는지 모른다고 생각하는 것보다 신의 존재를 느낄 수 있는지 없는지가 중요한 결정타였기 때문이다.

일본인에게 '무신론자'라는 말은 아무래도 신이 존재하지 않는 듯 하다는 사실을 막연히 느끼고 있는 상태를 가리키는 단어이다. 일본인이 '불가지론'이라는 말에 익숙할 수 없었던 것도 그런 이해에 원인이 있는 것이 아닐까.[2]

'무신론'과 '불가지론'에 관련한 독자의 질문에 대하여 이것으로 충분히 대답이 되었다고 생각할 수 없겠지만, 나로서는 이 이상 말할 수 없었다. 다만 거기에 강조한 것처럼 일반적인 일본인에게는 '신적인 것'의 존재 유무를 생각하는 것보다도 오히려 그 존재를 느낄 수 있는지 없는지에 큰 비중이 있는 게 아닐까 하고 생각한 것이다. 그래서 앞에서 대답했지만, 독자에게 얼마나 이해가 되었는지 심히 걱정되었다. 이 주제는 앞으로도 조금 자세히 검토해 보아야 할 주제이지만, 그래도 그런 대답을 생각하는 과정에서 어느 정도 일본인의 '무신론'적 심정에 접근한 것 같은 기분이었다. 그리고 이야기가 여기까지 이른다면 꼭 하나 말하고 싶은 것이 있다. 그것은 이 책의 본문에서 자세하게 논술할 것이지만, 데라다 도라히코(寺田寅彦)에 관한 것이다. 과학자로서 그의 독자적인 사고방식에 관해서이다.

일본 열도는 1995년 옴진리교의 사린가스사건과 함께 고베(神戸)지진으로 큰 재해를 당했다. 고베지진이 일어났을 때, 가장 먼저 떠오른 사람이 데라다 도라히코였고, '재난은 잊었을 때쯤 닥쳐온다'라고 한 그의 말이었다. 이 말은 지질학사로서 그의 축적된

연구를 통하여 나온 말이었다. 데라다 도라히코는 1935년에 「일본인의 자연관」이라는 약간 긴 에세이를 집필했다. 이것은 한 해 앞서 쓴 「천재와 국방」이라는 글에 비하면 별로 세상의 주목을 받지 못한 글이다. 그러나 그 글에서 전개하고 있는 내용은 '일본인의 자연관'보다 훨씬 더 중요한 문제를 다루고 있다.[3]

그가 에세이에서 말하고 있는 첫 번째는 서구의 자연은 비교적 안정되어 있는 데 비하여 일본의 자연은 대단히 불안정하고 때때로 예측할 수 없는 위협을 일으킨다는 것이었다. 그런 위협의 전형이 지진, 쓰나미, 태풍이라는 것이다.

그런 경험을 통하여 자연 앞에 순종하며 사는 지혜가 생겨서 자연을 스승 삼아 배우는 겸허한 태도가 배양되었다. 그뿐만이 아니다. 일본인의 과학도 자연에 반역하는 것을 단념하고 자연에 순응하기 위한 경험적 지식을 축적하여 형성되었다.

서구의 과학이 때때로 자연에 대해 공격적이고 정복적이었던 것은 원래 서구의 자연이 안정되어 있었기 때문이다. 그런데 일본의 자연은 서구의 자연에 비하면 훨씬 더 포악한 성격을 갖고 있었다. 그래서 일본의 과학은 자연 앞에 숙연하며 대증요법적(對症療法的)이고 비공격적인 성격으로 발전하게 되었다는 사실을 지적한 것이다.

나는 데라다 도라히코가 이미 쇼와(昭和) 초기에 이런 인식을 하고 있었다는 사실에 놀랐다. 아마 그는 지질학자로서 수십 년 전에 경험한 간토대지진을 통하여 그런 자연관을 배운 게 틀림없을 것이다. 그런데 내가 그것보다 더욱 놀랍다고 생각한 것은 그가 일본

자연의 특성을 10년, 50년 단위로 본 것이 아니라 500년, 1000년 단위로 생각하고 있었다는 점이다.

데라다 도라히코는 자연에 순종하고 풍토에 적응하는 일본인의 태도에서 불교의 무상(無常) 이해와 통하는 어떤 것을 발견한 것이다. 즉, 일본인은 오랜 시대에 걸쳐서 지진과 태풍에 의해 수없이 많은 재해와 함께 살면서 '자연 무상'이라는 감각을 형성해 왔다는 것이다. 그는 '자연 무상'을 말하면서 사막의 나라에서 일신교가 탄생한 데 비하여 일본처럼 변화무쌍한 자연풍토를 가진 나라에서 800만 신들이 숭배되어 온 것은 지극히 당연하다고 말한다. '산과 강, 나무 하나하나가 신이며 인간이기도 했다'라고 주장하는 것이다.

수많은 지진과 태풍에 의한 재난이 '자연 무상'관을 만들어 내고, 이 무상관을 통하여 산과 강, 나무에 '신'과 '인간'이 산다는 감각이 정착하게 되었다. 여기서 데라다 도라히코가 특히 산과 강, 나무에 '신'과 더불어 '인간'이 산다고 말한 것은, 아마도 사람은 죽어서 자연의 품으로 돌아가 때가 되면 '신'이 된다는 옛사람들의 신앙을 생각하고 있었기 때문일 것이다. 물론 여기서의 '인간'과 '신'은 논리적으로 검증된 존재가 아닐 것이다. 그것은 자연 앞에 머리를 숙이는 인간들이 느낌으로 받아들이는 어떤 것이었다. 왜냐하면 신과 인간은 우리의 생활을 둘러싸고 있는 자연풍토의 구석구석에 모습을 숨긴 채 융화되어 있어서 말하자면 자연 자체 속에 육화되어 있는 것이라고 생각해 왔기 때문이다. 그리고 데라다 도라히코에 의하면 그러한 무상감각은 '아주 먼 조상으로부터 유전적 기억으로 이어져 오장육부에 스며들었다'는 것이다.

나는 데라다 도라히코가 말하는 '자연 무상'에 일본인의 막연한 '무신론적 심정'이라는 이해하기 어려운 감각이 스며 있는 것이라고 생각한다. 여기에 일본인의 모호한 무신론의 비밀을 해명할 열쇠가 숨겨져 있는 게 아닌가 생각한다. 앞서 나는 일본인의 무신론은 신의 존재에 대해 적극적으로 부정하는 것은 아니라고 말했다. '신이 있는지 없는지 모르겠다'(不可知)고 생각하기보다는 신의 존재를 느낄 수 있느냐 없느냐가 결정적으로 중요한 것인바, 이런 무신론은 아무래도 신은 존재하지 않는 것 같다는 느낌을 갖는 데 특징이 있다고 말해도 좋은 것이다.

그러나 그러한 무신론적 태도도 자연이 한번 미쳐 날뛰며 맹위를 떨칠 때는 자연의 배후에 있는 신의 영위(靈威)를 느끼는 무상감각이 자극을 받지 않을 수 없다. 이 막연한 무신론적 심정은 자연의 배후에 있는 '신'의 움직임을 느끼는 예민한 무상감(無常感)과 서로 등을 대고 있다. 그것이 일상적인 사고로는 무신론적인 모습으로 보이지만, 그 일상적인 사고가 어떤 기회를 얻든가 위기적 상황에 조우하는 경우, 문득 신의 그림자를 느끼는 비일상적인 사고로 자연스럽게 이동하는 것이 아닐까.

### 3) 일본인의 자연감각과 종교의식

이 책에서 내가 생각해 보려는 주제들 가운데 하나는 일본인의 자연감각의 성격에 관한 것이다. 자연감각의 깊은 속에 근대 일본인의 독자적인 종교의식이 내재되어 있는 게 아닐까 하고 생각해 보았다. 일본인의 종교의식은 앞서 말한 의미에서 언제라도 무신론적 심정으로 반전되기 쉬운 성격을 가지고 있으며, 경우에 따라서는 무신론 자체로 착각하거나 오해한 적도 있었다. 그러나 사실 그것은 일본인의 자연관 혹은 자연감각에서 표층과 심층의 관계로서 파악해야 할 것이다. 즉, 그 막연한 의식의 구조를 표층의 무신론적 심정과 심층의 자연에 대한 무상감으로서 중층적으로 이해할 수 있는 것이다.

그렇지만 이 책에서 논한 모든 내용이 그것을 집중적으로 논하고 있는 것은 아니다. 그때 그때 관심에 따라 문제를 제기한 것이 대부분이지만 그런 작업을 하는 동안에 앞서 말한 표층과 심층의 문제가 끝없이 필자의 발상에 내재해 있었다는 사실을 부정할 수 없다. 다만 그렇다면 이러한 표층에서의 무신론, 심층에서의 무상감이라는 종교의식이 과연 일본인이 오래전부터 지니고 있었던 의식인가 아닌가에 대한 논의에 이르면 분명하게 말할 수 없을지도 모른다. 그것을 증명하는 일은 쉽지 않기 때문이다. 다만 필자 개인으로서는 만약에 그러한 사고의 틀을 설정한 경우에 거기서 혹시 근대 일본인의 종교의식의 성격을 설명해 낼 수 있을지도 모르겠다고 생각한 것이다. 그런 의미에는 이 책에 쓴 여러 논설은 그러한 가설에 대하여 임시로 설정한 등산로의 입구와 같은 것이다.

그렇다고 해도 도대체 종교라는 괴물을 어떻게 이해해야 할 것인가. 종교라는 이 난해한 물건은 압박하면 금방 모습을 감추어 버리고, 잡아당기려고 하면 어느 사이엔가 천지를 가려 시야를 흐리게 만든다. 더구나 일본인의 종교라는 것은 땅속에 잠입한 채 있는지 없는지 알 수 없고, 미물이 꿈틀거리는 정도일 뿐이다. 정면으로 공격하고 뒤에서 야습을 해도 좀처럼 정체를 나타내지 않는다. 일반적인 전법으로는 공략은 말할 것도 없고 접근조차도 어려운 상대이다. 용기만으로 만든 게릴라용 교두보, 즉 목적지를 가늠할 수 없는 등산로를 설정할 수밖에 없었던 것이다.

나는 종교라는 괴물에의 접근은 평범한 방법으로는 불가능하다고 말했다. 아마도 종교의 실체를 파악하기 어렵기 때문이다. 종교를 '사회' 현상이나 '심리' 영역으로 환원하여 해석하려는 사고방식이 어느 사이엔가 일본에도 정착되고 확산되고 있다. 아니, 그런 방법이야말로 종교에 대해 분석하거나 토론하는 경우에 주류를 이루고 있다. 종교사회학이나 종교심리학이라는 학문방법이 그것이다. 특히 1995년에 옴진리교사건이 일어났을 때, 그 유례없는 종교의 이상사태에 대하여 '사회'나 '심리' 면에서 이해하는 방법을 만들어 보려는 시도가 반복되었다.

하지만 종교 '사건'에 대한 그러한 접근방법이 과연 어느 정도 효과를 보았는지 나는 솔직히 회의적이었다. 옴진리교가 일으킨 종교적 사건(혹은 범죄)의 내용을 파악하는 데 사회나 심리 면에서의 관찰(혹은 참여관찰)에 기반을 둔다는 것은, 조금 과장하여 말하면 파도가 휘몰아치는 바다에 부표(浮標)를 놓는 것 같은 광경을 연상하게 한다. 사회라든가 심리라는 파도 사이에 부침하는 부표가 나무판에 새겨진 정밀한 눈금을 무시할 것 같아 믿을 수 없게 보이는 것이다.

우선 '사회' 척도라는 이름의 부표부터 말하면, 나에게는 그 척도나 눈금이 옴진리교사건에 관하여 앞서 말한 무신론자들의 시각과 거의 비슷한 것으로 보인다. 문제는 그렇게 다시 무신론자들의 '시각'이 되고 말 것이라는 데 있다. 도대체 무신론자들의 시각이란 무엇인가. 그것은 단적으로 말하면 옴진리교사건을 신이나 부처의 입장(즉, 믿는 사람의 입장)에서가 아니라 사회의 입장(즉, 관객의 입장)에서 바라보고 분석하려는 시각을 말한다. 다시 말하면 비정상적인 종교집단에 의해 일어난 비정상적인 종교 현상을 사회적 변화에 의하여 설명하고 해석하려는 태도를 말한다.

그러한 태도에서 나타나는 첫 번째 관점은, 1970년대 오일쇼크 이후 일본의 산업구조가 급변하여 고도의 소비사회가 출현했던 점에 주목한다. 장래에 대한 불안과 무료한 일상생활이 젊은 세대를 주술이나 신비세계로 내몰고, 탈냉전구조의 혼돈이 종말론이나 메시아사상의 환상을 갖게 했다는 것이다. 그리하여 두 번째로 이러한 폐쇄적인 사회 상황을 타개하고자 공격적이고 광신적인 컬트(cult) 집단이 형성되었다고 하는 관점이 도출된다. 여기서 말하는 컬트는 독재적인 교조와 그 주변의 광신적 신도들로 이루어진 이단적 사교라고 정의된다. 그리고 사회적 배경 설명으로서 자주 인용하는 전형(典型)이 가정붕괴, 경쟁사회, 수능교육이라는 것이었다.

조금 과장되게 말하면 옴진리교사건과 같은 종교 관련 사건을 보도하는 매스컴에서 언제나 주류를 점하고 있는 입장이 앞서 말한두 가지 관점이었다고 생각한다. 말하자면 사회적 배경에 중점을 둔 무신론적인 시각에 의한 분석이며 해석이었다. 그리고 이러한 방법이 사회학, 심리학, 인류학 등 서양의 이론을 빌려 이루어졌다는 사실은 말할 것도 없다.

그러나 종교에 대한 이러한 관점은 일방적인 것이 아닐까. 왜냐하면 종교는 역사나 사회에 의하여 제한되면서 동시에 사회적인 시공간이나 역사 자체를 초월하는 측면을 가지고 있기 때문이다. 덧붙이자면 종교 현상에는 결코 사회적인 현상으로 환원할 수 없는 역사적 혹은 초역사적 시간의 기억이 내장되어 있기 때문이다. 앞서 말한 데라다 도라히코의 말을 빌린다면 역사의 기억은 아주 먼 조상으로부터 유전적 기억으로 이어져 오장육부에 스며들어 온 것이기 때문이다. 10년 단위, 50년 단위의 역사가 아니라 천 년 단위, 만 년 단위의 역사라는 척도로 생각하면 그렇게 될 수밖에 없기 때문이다.

예를 들어 옴진리교사건으로 신자들의 '출가'와 '단식'이 비난의 집중포화를 받았다. 하긴 돈을 염출하기 위한 '출가' 강요나 약물투여로 인한 '단식' 등 언어도단의 행동이 그들에게 없었던 것은 아니다. 그러나 출가나 단식 수행 그 자체에는 문제가 없다. 이를테면 석가나 예수의 종교체험에서 알 수 있는 주체망각의 전통이 종교에 있었던 것에 주의해야 한다. 옴진리교에 유인당한 신자들의 마음속에 그런 욕구가 잠재되어 있었다는 것은 거의 의심할 여지가 없지만, 앞서 말한 무신론적 시각에 그런 종교의 세계가 절실한 의미를 가지고 비치지 않았다는 것이다. 현대 일본의 또 하나의 불행은 종교가 이러한 무자각적인 무신론자의 시각에 의하여 포위되어 있는 데 있지 않을까.

다음으로 이에 비하여 종교를 '심리'의 입장에서 관찰하려는 경향은 어떤 것일까. 앞서 말한 방식으로 표현하면 결국 심리학적 부표는 무엇인가라는 것이 된다.

1994년 고베대지진이 일어났을 때, 전국적으로 화제가 된 용어로 '마음의 케어(care)'라는 말이 있었다. 그리고 조금 시간이 지나서 옴진리교사건이 터지면서 이번에는 '마인드 컨트롤'이라는 말이 크게 주목받게 되었다.

'마음의 케어'라는 말은 재난 지역에서 고통당하는 사람들의 '마음'을 어떻게 위로하고 어떤 치료를 해야 되는가와 관련한 과제를 말하는 것이다. 그것에 비해서 '마인드 컨트롤'이라는 말은 '마음의 지배 혹은 관리'라는 의미로 옴진리교의 교조나 간부에 의하여 일반신자의 마음이 움직여지는 세뇌작용을 말한다. 암시나 강제, 전동장치로 인격을 바꾸어 버리는 작업이다.

이 경우 '마음의 케어'라는 말은 사람의 마음에 대한 선의의 작업이고, '마인드 컨트롤'이라는 말은 마음에 가하는 악의의 작업이라고 이 둘을 구별하여 사용하는 것 같다. 결국 '마음'에 대한 선용이냐 악용이냐에 의하여 구별된다. 그렇지만 잘 생각해 보면 '마음의 케어'도 잘못 '케어'를 하면 상대의 마음에 바로 상처를 입혀 버린다. 결과적으로 마음에 대한 악용이 된다. 이와 같이 '마인드 컨트롤'도 잘 컨트롤하면 마음의 안정, 마음의 해방에 도움이 되는 것이다. 결과적으로 마음에 대한 '선용'이 될 가능성이 있다. 원래 종교에는 이상에서 말한 바와 같은 의미에서의 '마음의 케어'와 '마인드 컨트롤'이 사용되었다는 점을 유의해야 한다.

'마음의 케어'는 선한 것이고, '마인드 컨트롤'은 악한 것이라고 말하는 것 자체가 본래 잘못된 것이다. 예를 들어 종교인이라고 해도 남의 '마음'을 대할 때 언제나 '선용'과 '악용'을 반복하고 있다는 것이 실상이지 아닐까. '마음의 케어'라고 하면 무언가 선한 일같이 생각하고, '마인드 컨트롤'이라고 하면 나쁜 일같이 생각하는 것은 위험한 발상이다. 선악에 대한 단순한 이원론적 이해만큼 본질을 오해하게 하는 일은 없다. 특히 '종교'에 관한 사항을 판단하려고 할 때 선악이라는 이원론의 덫에 크게 주의하여야 한다고 생각한다.

그러나 내가 여기서 정말로 말하고 싶은 것은 반드시 앞서 말한 것만이 아니다. 또 다른 것들이 있다.

먼저 일본의 경우를 말하면 예를 들어 헤이안(平安) 시대의 사이초(最澄)는 불법(佛法)을 구하는 마음을 '도심(道心)'이라고 말한다. 도(=불법)를 구하는 '마음'이라고 말하는 것이다. 또한 가마쿠라(鎌倉) 시대의 묘에(明惠)는 '보리심(菩提心)'의 중요성을 가르치기 위해 많은 시간을 들였다. 보리심은 도심과 같이 불도를 구하는 '마음'이라는 것이다. 신란(親鸞)도 아미타여래(阿弥陀如來)를 믿는 마음을 '심심(深心)'이라고 하고, 도겐(道元)도 좌선에 의한 깨달음의 심경을 '신심탈락(身心脫落)'이라는 말로 표현하고 있다. 여기서 도겐이 '신심(身心)'이라고 말한 것은 몸과는 나누려고 해도 나눌 수 없는 '마음'이라는 뜻이다.

그런데 오늘날 우리가 '마음의 케어'라고 할 때 그 '마음'을 이를테면 '도심'이나 '보리심'의 '마음'과 대응시켜서 생각하고 있는 것일까. '마인드 컨트롤'이라고 말할 때 그 '마인드(마음)'를 '심심(深心)'이나 '신심(身心)'과 중첩시켜 생각하고 있는 것일까. 아마도 그렇지 않을 것이다. 왜냐하면 우리는 '마음의 케어'라든가 '마인드 컨트롤'이라는 말을 사용할 때, 말하자면 이런 상투어를 심리학자나 정신의학자가 이야기하는 대로 말하거나 듣거나 하는 게 틀림없기 때문이다. '도심'이나 '보리심'의 전통을 망각한 채, 혹은 그러한 전통을 무시한 채, 다만 이유도 없이 심리학자나 정신의학자의 흉내를 내는 앵무새처럼 보이기 때문이다. '도심'이라는 깊은 의미가 담긴 말에서 '도' 자를 빼버리고, '보리심'이라는 깊은 말에서 '보리'라는 개념을 제하여 적당히 얼버무리고 있는 게 아닐까.

그러고 보면 우리를 둘러싸고 있는 사회에서도 이러한 무성격(無性格)의 '마음'이라는 말이 남용되고 있나. 예컨대 '마음의 시대', '마음의 공백'이라는 표어가 그것이지만 그런 말을 표백한 것 같은 단어들이 얼마나 텔레비전의 화면이나 신문, 잡지의 지면을 덮고 있는가. 일본인의 지나친 '마음'중시(心[고코로]이즘이라고 말하는 외국인도 있을 정도이다)의 경향이 갈 데까지 가버리고, 결국 황량한 세속사회의 사막 한가운데에 서서 옴짝달싹 못하는 상태에서 그러한 환상이 문득 나타난 것이다.

하지만 잘 생각해 보자. '마음의 케어'라든가 '마인드 컨트롤'이라는 것은 심리학자나 정신과의사들의 마음의 고향인 근대 서구에서도 옛날에는 '신에 의한 마음의 케어'였고, '신에 의한 마인드 컨트롤'이라는 것이었다. 그것이 어느 사이엔가 '인간에 의한 마음의 케어', '인간에 의한 마인드 컨트롤'의 시대로 넘어가고 있다는 것이다. 왜냐하면 '신'은 신의 죽음을 부르짖는 근대에 의하여 말살되고, 대신에 혼의 치료자로서 새로 등장한 사람이 심리학자나 정신과 의사들이었기 때문이다. 그러면 오늘날의 카운슬러나 정신과 의사들은 마치 '신의 대리인' 같은 역할을 하는 게 될 것이다. 놀라운 시대가 된 것이다. 카운슬러나 정신과 의사들이 앞으로도 정말 '신의 대리인'의 역할을 계속할 것인가. 그리고 그와 똑같은 운명이 지금 일본의 '불교도들'의 신상에 미치고 있다. 왜냐하면 일본 열도에도 서양류의 신의 죽음과 병행하여 근대 동양풍의 부처의 죽음이라는 드라마가 동시에 진행되고 있는 것처럼 보이기 때문이다.

이 시대는 역시 무신론의 시대라고 말할 수밖에 없고, 우리 또한 무신론의 늪에 둘러싸여 어찌할 바를 모르고 있다. 이미 신의 죽음, 부처의 죽음을 이룩한 문명시대 한가운데서 살고 있다고 말해도 된다. 그 때문에 '종교'의 깊은 속이 은폐되어 보이지 않는다. 일본인의 '종교' 또한 같은 운명의 막으로 덮여 있고, 본래의 모습이 상실된 것과 같이 여겨진다.

그러므로 객관적 조건은 이제까지 개선되지 않았다고 말해야 될 것이다. 하지만 그런 악조건 속에서 어떻게든 일본인의 마음 깊숙이 흐르고 있을 지하배수구의 의미 있는 수맥을 찾아보려고 거듭해 온 시행착오의 후기가 이 책에 수록한 글들이 되었다. 이상 자주(自註)나 진술 같은 글로 서문을 대신하고자 한다. 혜량(惠諒)을 바란다.

# 제I부

# 1. 일본인의 종교성
## —마사오카 시키, 나카에 조민, 나쓰메 소세키

### 1) 마사오카 시키의 「병상육척(病牀六尺)」

만년의 마사오카 시키(正岡子規)는 바늘구멍과 같은 협소한 세계에 몸을 맡기고 절망적일 정도로 좁은 회로를 통하여 세상을 바라보고 인간을 탐구하였다.

1867년에 마쓰야마(松山)에서 태어난 시키는 나중에 도쿄(東京)로 가서 『호토토기스(ホトトギス)』를 기반으로 하이쿠(俳句)와 단가(短歌)의 혁신운동에 헌신하게 된다. 그 가운데서도 자연을 그리는 '사생법(寫生法)'에 눈뜬 것은 그의 작품에 새로운 경지를 열어주었고, 그것은 다카하마 교시(高浜虛子), 가와히가시 헤키고토(河東碧梧桐), 이토 사치오(伊藤左千夫), 나가쓰카 다카시(長塚節) 등에게 큰 감화를 주었다. 그러나 인생의 대부분을 그는 지병인 폐결핵

으로 비참한 삶을 살았고, 만년에는 힘든 투병생활을 해야 했다. 그의 모습이 사망하기 한 해 전부터 사망시까지 집필한 수필인 「묵즙일적(墨汁一滴)」(1901), 「병상육척(病牀六尺)」(1902), 「앙와만록(仰臥漫錄)」(1901~1902)에 자세히 그려져 있다.

투병생활을 하고 있을 때, 시키의 세계는 스스로 말하는 바와 같이 '병상육척'에 제한되어 있었다. 폐결핵과 카리에스(Karies: 만성 골수염)는 그에게 지옥 같은 고통이었으나, 그의 호방한 마음은 잠시도 쉬지 않고 세상일을 돌아보며 삼라만상의 배후를 돌아다니고 있었다.

1901년 35세 때 시키의 좌우 허파는 훤하게 뚫리고 말았다. 다음 해에는 병세가 더욱 진행되어 봄부터 진통제를 썼고, 9월 들어서는 발등에 수종이 발생하여 그달 15일 새벽에 숨을 거두었다.

그동안 병상에 누워 생활한 시키는 끝없는 고통의 내습에 비명을 지르며 쓰러지고 번민하였다. "절규, 눈물, 점점 더 절규하고 점점 더 눈물 흘린다. 그 고통, 그 아픔, 형용할 수 없다…."[1] 움직일 수 없는 병상 위에서 시키는 거의 혼자서 간병한 여동생 리쓰(律, 당시 32세)에게 격앙된 말을 던졌다. 이 문장은 자주 인용되는 글인데, 역시 정상이 아니고 이상하다고 하지 않을 수 없다.

> 리쓰는 이치만 내세우는 여자로다. 동정 없는 목석 같은 여자로다. 의무적으로 병자를 돌보기는 해도 동정심으로 병자를 위로하지 않는다. (중략) 그녀의 비정은 누구에게나 같으나 카나리아에게만 진심으로 동정하는 것 같다. 그녀는 카나리아 새장 앞에 서면 한두 시간

도 움직이지 않고 바라보고 있노라. 그러나 병자 옆에는 조금 오래 있는 것도 싫어한다….[2]

이것이 매일 자기를 돌보기 위하여 전신을 끌어안고 옷을 입히는 데 모든 것을 바친 여동생에 대한 시키의 반응이다. 그러나 여동생의 냉담, 냉정, 불친절을 참을 수 없어 패닉상태에 있으면서도 자신의 운명이 누구의 손에 달려 있는지에 대해서는 그의 날카로운 자의식이 모른 척할 수가 없었다. 이를테면 다음과 같은 단락이다.

리쓰는 냉정하고 냉담하며, 특히 남자에게 부끄럼을 잘 타서 도저히 배우자로서 세상을 살아갈 수 없는 여자다(리쓰는 결혼에 실패하였다). 그로 인하여 그녀는 결국 나의 간병인이 될 수밖에 없었다….

그리고 이 오빠는 다음과 같이 말할 수밖에 없었다.

만일 하루라도 그녀가 없다면 한 집안이라는 차는 멈출 것이고, 동시에 나는 거의 살아갈 수가 없도다. 그러므로 내 자신의 병세가 어떻게 되든지 걱정하지 않고 다만 그녀가 병에 걸리지 않기를 기도하는구나. 그녀가 있어 나의 병도 돌볼 수 있는 것이므로, 만일 그녀가 병이 나면 그녀와 나를 태운 한 집안의 차는 오지도 가지도 못하게 되리라. 그러므로 나는 항상 그녀가 병들기보다는 내가 죽기를 바라노라.[3]

그렇게 없어서는 안 되는 여동생이 어느 날 목욕탕에 가고 말았다. 시키의 머리맡에는 어머니(당시 58세)가 조용히 앉아 있었는데, 어머니도 심부름을 시켜 나가게 하고 혼자 있게 되었다. 조금 있으니 그의 정신은 '이상하게' 되어 '번민'이 덥쳤다. 조용한 방 안에서 무심코 시선이 눈앞에 있는 벼루에 멈추었다. 그곳에는 무딘 작은 칼과 6센티미터 정도의 종이 뚫는 송곳이 놓여 있었다. '자살충동'이 불끈 일어난다. 이 작은 칼로도 목젖을 절단할 수는 있겠지. 그 송곳으로 심장에 구멍을 내어 죽는 것도 가능하리라. 그러나 그렇게 결심할 수가 없다. 죽음은 두렵지 않으나 아픔의 고통이 두렵다고 생각했다. 이런 저런 생각을 하고 있는 동안에 흐느껴 울면서 눈물을 흘리고 있는데 이윽고 어머니가 돌아왔다.

병상육척의 사계절이 고통과 번민으로만 점철되어 있는 것은 아니었다. 끝을 알 수 없는 식욕이 날마다 식탁을 화려하게 수놓게 하고, 그것을 지치지 않고 하나하나 기록하고 있다. 다랑어회, 보리멸회, 무화과, 포도 등과 오리고기, 미꾸라지탕, 생선구이, 팥떡, 삶은 밤 등….

체온의 변화와 함께 우유의 양, 빵의 크기, 죽의 양이 온도계의 숫자를 기록한 것처럼 기록되어 있다. 시키는 움직일 수 없는 병상 위에서 화보나 화첩 등을 보면서 즐거워하였다. 보면서 즐기는 것을 넘어 과일을 사생하여 '과물첩'을 만들고, 풀꽃을 사생하여 '화초첩'을 만들었다. 진통제로 고통을 덜면서 화필을 들었던 것이다. 그리고 다음과 같이 말한다. "풀꽃 하나를 머리맡에 두고 그것을 있는 그대로 사생하고 있노라면 조화의 신비를 점점 깨닫는 기분이다."[4]

겨우 다다미 한 장의 공간 속에서 시키의 지식욕은 조금도 식지 않고 호기심과 비판의식으로 파르스름하게 불타고 있었다. 지식욕의 극점, 호기심과 비평의식의 종점에서 때로는 자포자기인지 태연자약인지 구분할 수 없는 감상이 드러나고 있다. — 어느 날 기독교 신자가 문병을 와서 위로의 말을 하였다. 현세는 짧지만 하나님이 계시는 내세는 영원하다, 그리스도를 믿으면 행복은 장중에 있다고. 그 일화를 소개한 후 시키는 다음과 같이 쓰고 있다.

> 나는 그분의 호의에 깊이 감사의 뜻을 표하는 바이지만, 어찌하랴 내가 현재의 고통이 너무도 힘들어서 아직 영원의 행복을 바랄 여유가 없도다. 바라기는 하나님이 먼저 나에게 하루라도 시간을 주시고, 24시간이라도 자유롭게 몸을 움직이게 해주시어 옷과 음식을 즐기게 해주시오. 그리면 후에 천천히 영원한 행복을 생각해 보겠소.[5]

시키는 온몸이 불길에 휩싸인 것 같은 고통 속에서도 기독교와 하나님을 야유하고 있다. 야유하면서 자신의 절대적인 고통에 대하여 어린아이처럼 호소하고 있다. 익살스러운 표정이 선뜩 얼굴에 내비치게 되는 것은 그런 때이다.

그와 같이 그는 병상에서 희망이 거의 없음을 말한 후에 다음과 같이 언급한다.

> 이미 나의 희망은 사라져 버리고 더 이상 다시 얻을 수 없을 만큼

되었구나. 다음 단계는 희망이 제로가 되는 때로구나. 희망이 제로가 되는 때를 석가는 열반이라고 하고 예수는 구원이라고 하리라.[6]

소망이 전혀 없는 제로가 석가의 열반이고 그리스도의 구원이 아닐까 하고 말하는 대목에서 시키의 비평의 눈이 번쩍이는데, 그것은 물론 불교나 기독교를 불신하고 있는 사람의 시각이다. 그러므로 때로는 다음과 같은 농담조의 말을 하는 형편이 되기도 한다.

그 시기에 왼쪽 허파 속에서 부-부- 하는 소리가 끊임없이 들려왔다. 이것은 '부-부-부-'라고 불평하고 있는 것일까. 아니면 '부처님, 부처님, 부처님'이라고 염불을 외우고 있는 것일까. 아니면 '부쓰(물질), 부쓰, 부쓰' 하고 유물론이라도 주장하고 있는 것일까.[7]

'부처, 부처, 부처'와 '물질, 물질, 물질'을 함께 언급하며 웃어 버리고 있다. 시키는 불교나 기독교를 믿고 않고 있다. 그러나 가장 높은 곳에서 머리를 쳐들고, 그것을 떨쳐 버리거나 부정해 버리거나 하는 것은 아닐 것이다. 왜냐하면 그는 스스로 유물론자가 되려고 하는 것이 아니기 때문이다. '부처'와 함께 '물질'에 대해서도 냉소를 보내는 것을 잊지 않고 있기 때문이다.

그렇다면 '병상육척' 속에 있는 마사오카 시키는 어쩌면 불가지론자일까. 석가나 그리스도를 떨쳐 버리고, 유물론이나 사회주의를 장사지내고, 허무주의의 칼 위를 건너려고 하는 것일까. 그러나 사태는 그런 정신의 표류를 허락할 정도로 한가한 것이 아니었다.

왜냐하면 육체의 고통이 그의 천변만화(千變萬化)하는 사고의 날개를 지상으로 끌어내리려는 것을 잠시도 멈추지 않았기 때문이다. 이를테면 그는 다음과 같이 말한다. "기독교를 믿지 않는 자에게는 하나님의 구원의 손길이 닿지 않는다. 불교를 믿지 않는 자는 나무아미타불을 외우면서 살 수가 없다. 또한 아무리 흥미 있는 그림을 본다고 해도 매일 같은 것을 계속해서 보는 것은 금방 진부하게 되고 고통을 달래는 씨앗이 될 수 없다. 친구가 와서 간병해 준다고 해도 그것이 오래 되면 병자와 간병인이 마주 보게 되어 서로 고통을 더하게 되는 게 아닌가. 더구나 음식이나 기다유(義太夫: 전통극의 창—역자)나 활동사진도 아무런 역할을 할 수 없다…." 그렇게 말하고서 마지막으로 이렇게 쓰고 있다.

> 민요 소리, 샤미센(三味線) 소리도 저 멀리 들리는 소리를 들으니까 즐거운 것이라네. 머리맡에서 그 소리를 들으면 머리를 때린다네. 심하게는 내 호흡마저도 다른 이의 호흡에 지배당하여 크게 고통을 느끼게 되고 말았다네. 필경, 자신과 자신의 주위를 조화시키는 일이 매우 곤란하게 되었다는 것이다.(필자 강조)[8]

고통이 결코 줄어들지 않는 데 화가 나서 애처롭게 호소를 계속하고 불만을 말하는 가운데, 결국에는 자신과 자신의 주위를 조화시킬 수 없게 되는 곤란한 처지에 봉착하게 되고 말았다. 그것은 일종의 막힌 길, 절체절명의 외길인데, 거기에서 돌아서 버리면 자포자기에 빠지고 그것을 초월하면 석가의 '열반'이나 그리스도의

'구원'에 도달하여 태연자약하는 경지에 도달할 수 있을지도 모른다. 그러나 결국 시키는 그 어떤 방책도 써보려고 하지 않았다. 그 두 가지의 길을 살짝 바라보고 그 사잇길을 어떻게 해서든지 빠져나가 보려고 고민하고 애쓴다. 고민한 다음에 어디로 가려고 한 것일까. 그것은 이를테면 다음과 같은 세계였다.

> 나는 지금까지 선종의 소위 깨달음이라는 것을 오해하고 있었다. 깨달음이라는 것은 어떤 경우에도 편안히 죽을 수 있다는 생각이 아니라, 어떤 경우에도 편안히 살 수 있는 것이었다. 한 마디 묻는다. 개에게 불성(佛性)이 있는가. 이르기를 고통. 다시 묻노라. 조사서래의(祖師西來意)는 무엇인가. 이르기를 고통. 다시 묻는다. …이르기를 고통.[9]

고통 속에서도 편안히 살 수 있는 것, 살 수밖에 없는 것…그것이 시키의 뇌리에 남아 있는 유일하고 확실한 대답이었다. 그것이 '개에게 불성' 혹은 '조사서래의' 등 선불교의 질문에 대한 그의 대답이었다. 이르기를 고통…. 만일 그렇다면 궁극적으로 인생은 고통이라고 말하는 게 될 것인가. 이런 저런 생각의 지그재그 코스를 따라가면서 마지막에 석가가 말하는 고통이나 불교가 말하는 깨달음이라고 말하는 것이라고 해석해야 할까. 한편에서는 그런 해석도 가능할 것이다. 그러나 시키의 마음 한가운데 들어 있던 것은 조금 다른 문제가 아니었을까 싶다. 그가 말하는 '개에게 불성' 이나 '조사서래의'는 조금 다른 뉘앙스를 가지고 있었던 것으로 보인다.

이미 말한 것처럼 시키는 어느 때는 자기와 주변을 조화시키는 것이 매우 곤란하게 되었다고 말하고 있다. 그리고 동시에 깨달음이라는 것이 어떤 경우에도 편안히 사는 것이라고 생각했다. 그것은 어쩌면 모순처럼 느껴질 것이다. 몸을 가눌 수 없는 병자가 주위와 조화할 수 없는 상태에서 편안히 산다는 게 가능한 일인가. 그것이 모순은 아니라고는 해도 일종의 강경한 태도를 느끼게 하지 않는가. 그러나 사실대로 말하면 시키는 주위와 잘 조화할 수 없었기 때문에 더욱 자유롭게 사는 수밖에 없다고 결심했을지도 모른다. 그렇게 결심했을 때, 눈앞에 있는 것이 조금씩 다른 모습으로 보이게 되었다.

「묵즙일적」은 신문 『일본』에 1901년 1월 16일부터 7월 2일까지 4일밖에 쉬지 않고 연재한 글이다. 사망하기 한 해 전의 일로 4월에 쓴 글 가운데 이상할 정도로 평온의 도래를 알리는 것 같은 광경이 쓰여 있다. 먼저 4월 4일의 기사—아침부터 봄비가 주룩주룩 내리는 쓸쓸한 날이었다. 방문객은 아무도 없다. 시키는 다만 멍하니 드러누워 있다. 누워 있는 것 외에는 할 일이 없다. 그렇게 무료한 시간을 보내는 중에 그의 시선이 조용히 여기저기로 끌려간다.

오늘도 비가 오는지라 아무도 오지 않아 드러누워 멍하니 천장을 바라보니 종이거북이가 달려 있고, 억새풀의 부엉이도 달려 있고, 까만 타조알도 달려 있다. 주위의 미닫이틀에는 삿갓이 걸려 있고, 우비도 걸려 있다. 또 거기에 조롱박 꽃병이 걸려 있다. 머리맡을 보니 상자 위에 조그만 인형 여러 개가 놓여 있다. 인형들 중에는 복을 비는 인형들, 즉 다후쿠(多福), 다이코쿠(大黑), 에비스(惠比壽), 후쿠스케(福助), 그리고 아이 인형(裸子), 고양이 인형(招き猫) 등이 모두 미소를 짓고 있다. 이런 지루한 시간에 귀여운 장난감이나 낡은 삿갓 모두에 다리가 생겨서 병상 주위를 돌아다니면 재미있을 거야.[10]

병상 주위에 눈에 있는 보이는 것들이 하나하나 윤곽을 드러내며 생기를 되찾고 있다. 거북이와 부엉이가 움직이기 시작하고, 인형과 장난감이 표정을 가지고 당장이라도 말할 것처럼 보인다. 시키는 그런 물건을 보면서 그것들이 모두 다리를 내밀고 걷기 시작하는 광경을 재미있게 상상하고 있다. 그러나 몸의 통증은 한순간도 가시지 않는다. 그래서 4월 15일 시키는 이렇게 쓰고 있다.

유리항아리에 금붕어 열 마리를 넣은 것이 책상 위에 놓여 있다. 나는 고통을 참으면서 병상에서 금붕어들을 찬찬히 들여다본다. 아프기도 아프지만 예쁘기도 예쁘구나.[11]

시키의 고통은 병상으로부터 온다. 그 고통의 한가운데에서 책상 위에 놓여 있는 금붕어가 보인다. 고통으로부터 물속을 헤엄쳐 노는 작은 금붕어가 눈에 들어온다. 결국 물속에서 헤엄쳐 노는 금붕어는 병자의 시선을 끌어서 눈을 떼지 못하게 한다. '아프기도 아프지만 예쁘기도 예쁘구나'라고 말하게 한다. 세상의 자장(磁場)

이 고통스러운 병상으로부터 유리항아리의 금붕어로 교체되고 있다. 그날 시키의 눈앞에서 헤엄치고 있던 금붕어는 열흘 전쯤 병상 주위에 있던 거북이와 부엉이, 다후쿠와 다이코쿠(복신 인형—역자)와 같이 보였을 것이다.

그리고 또 열흘 후에 시키는 이상한 꿈을 꾸었다. 그 부분을 모두 인용해 보자.

> 어젯밤 꿈에 동물들만 가득 놀고 있는 곳으로 갔다. 동물들 가운데는 이미 죽을 때가 가까이 왔는지 굴러다니며 번민하는 놈도 있다. 그 모습을 보고 한 마리 친절한 토끼가 번민하고 있는 동물 옆으로 가서 자기 손을 내밀었다. 그 동물은 금방 토끼 손을 양손으로 잡고 입에 대고는 즐거운 듯이 입맞춤하는가 싶더니, 그때까지의 번민은 사라지고 매우 유쾌하게 자는 것처럼 죽고 말았다. 또 다른 동물이 죽음의 통증으로 고통스러워하면 그 토끼는 선과 같이 했다. 그러면 고통스러워하던 그 동물도 유쾌한 듯이 자는 것처럼 죽어 갔다. 나는 꿈에서 깨어난 후에 언제까지나 그 토끼가 잊혀지지 않았다.[12]

꿈에 토끼라는 작은 동물이 나온다. 죽음이 임박해서 고통당하는 동물에게 가까이 가서 손을 내밀면 그 동물은 안락하게 죽는다. 유쾌한 듯이 자는 듯이 죽어간다. 토끼는 도대체 무엇일까. 죽음을 돌보아 주는 손임에는 틀림없지만, 석가인가 아니면 그리스도인가. 그러나 시키는 그에 대하여는 아무것도 말하지 않는다. 다만 자신은 꿈에서 깨어난 후에 언제까지나 그 토끼가 잊혀지지 않았다고 말할 뿐이다.

분명 이상한 꿈이다. 토끼가 나와서 죽음에 임박하여 고통스러워하는 동물을 계속 안락사시키고 만다. 그것들을 고통에서 해방시키는 아름다운 죽음의 간병 손이다.— 병상에서 보이는 인형이 미소를 지으며 머리맡에서 걸어다닌다. 책상 위의 금붕어가 아름다운 꼬리를 흔들면서 무언가 말하는 듯하다. 그런 광경이 나타나기도 하고 사라지기도 하면서 병상육척의 불확정적 공간을 둘러싸고 있다. 고통 중에 신음하는 병자를 누르고 윤곽을 넓히기도 하고 좁히기도 한다. 거기에 토끼가 뛰어나왔다. 혼잡해지는 광경에 종지부를 찍는 것처럼, 혹은 즐거운 운동회에 막을 내리려는 것처럼 모습을 드러냈다. 그 마지막 장면을 그려내는 꿈은 묘한 정적이 흐르고 있는 것이다.

이때 병상에 드러누워 있는 시키는 부처님을 만난 것이 아닐 것이다. 물론 예수를 만난 것도 아니다. 굳이 말하자면 그의 병상을 둘러싼 자연을 만난 것이 아닐까.— 별이 떨어지고, 호수에 연꽃이 피고, 둑에 풀이 돋아나는 광경을 조우한 것이다. 즉 그해 6월 9일, 시키는 고열로 신음하고 절규하는 가운데 소리 지르면서 다음과 같은 시구를 쓰고 있던 것이다.

> 별 떨어지는 하얀 연꽃 핀 연못에 / 형형색색 지당풀이 가지런하네 / 가도 가도 부처는 만나지 못하고 / 길 잃고 동서로[13]

문제는 말할 것도 없이 "별 떨어지는 하얀 연꽃 핀 연못에, 형형

색색 지당풀이 가지런하네"이다. 거기에서 그는 타자와 자신의 관계로부터 자연과 자신의 관계로 그 축을 이동시키고 있다고 말해도 좋을 것이다. 어머니나 여동생과의 관계로부터 병상육척을 둘러싼 사물의 세계와 자신의 관계로 몸을 기울이고 있는 것이다.

그런 자신의 불편함을 처리하는 방법에서 마사오카 시키의 종교성의 특색이 배어 나오는 게 아닐까. 말기 시키의 눈에는 자신과 자연이 서로 교체되고 서로 침투되는 관계가 드러나고 있다. 그것은 무엇보다도 삶의 고통을 구원하는 이미지로서 그의 병상육척의 천지를 뚫어지게 보고 있었다고 생각한다. 절규하고 통곡하는 가운데 금붕어가 아름다운 꼬리를 흔들면서 헤엄치고 목각들이 미소 띤 얼굴을 보이며 나온다. 그때 시키의 마음은 거의 치매이거나 무아라고 할 수 있는 순간에 있었던 게 아닌가 생각된다.

### 2) 나카에 조민의 『일년유반(一年有半)』

시키가 말년에 쓴 수필을 읽어 보면 분량은 많지 않지만 나카에 조민(中江兆民)과 나쓰메 소세키(夏目漱石)에 대하여 언급하고 있는 부분이 여러 곳 나온다. 그 두 사람을 비교하는 것은 아니지만, 말끝마다 시키가 좋아하는 문체가 비교적 확실하게 들어 있는 점이 눈에 띈다. 이를테면 돌려서 말하지 않고 직설적으로 말해 버리는 점도 같다. 독설이기는 하지만 표적을 정확하게 맞추고 있다.

시키가 폐결핵과 카리에스병으로 병상생활을 하고 있을 때 조민도 암으로 쓰러졌고, 1년밖에 살 수 없다는 선고를 받았다. 그런

체험과 사색을 단번에 기록하여 『일년유반』이라는 제목으로 책을 출판한 것이 1901년 9월이었다. 권두에 문하생이었던 고토쿠 슈스이(幸德秋水)가 서문을 써서 '생전의 유고'가 만들어진 사정을 알려주고 있다. 그해 12월에 조민은 의사의 예언대로 세상을 떠났는데, 꼭 같은 시기에 시키도 병상에서 최후의 문장을 쓰고 있었다. 그리고 다음 해 1902년 9월 시키도 조민의 뒤를 따라갔다.

시키는 조민의 『일년유반』을 침대 위에서 읽었다. 『일년유반』은 신문의 호평을 받았고, 세상 사람들에게 많이 읽혔다. 같은 병상일지라는 점에서도 시키는 자신의 「병상육척」과 비교해 보고 싶은 생각을 가졌을 것이다. 질 수 없다는 승부근성이 한몫했을지도 모른다. 그런 기분 때문이었을까. 조민에 대한 시키의 평가는 그렇게 좋은 것이 아니었다. — "『일년유반』이라는 책은 죽음에 직면한 인간이 쓴 것으로 신문 등에서 호평받고 있지만, 그것은 '천박한 것들'을 기록해 놓은 것에 불과하다.[14] '조민거사'는 목에 구멍이 하나 생겼다고 야단을 치고 있지만, 나는 배와 등, 엉덩이에 벌집만한 구멍이 생겼다. 남은 생의 기간이 일년유반이라고 해도 기껏해야 목에 구멍 하나 난 정도가 아닌가."[15] 이런 말에는 시키의 초조함이 드러나 있지만, 그런 말 뒤에 자신이 병으로 쓰러진 지 벌써 '7년'의 세월을 참아 왔다는 생각이 들어 있는 것이다.

그렇다고 해도 앞서의 단락에 이어서 시키는 다음과 같이 쓰고 있다.

> 그렇지만 거사는 아직 아름다움〔美〕을 잘 모르니, 그것만이 우리

에게 뒤진다고 할 것이요. 리(理)를 알면 잊는다 할 것이요. 아름다움을 알면 편안하다 할 것이요. 살구를 사서 아내와 함께 먹는다면 즐거울 게 틀림없으리요만 거기 어디에 한 점의 이(理)가 숨어 있으리요. 타는 듯이 무더운 낮이 가고 저녁 하얀 박꽃에 저녁바람 부는데 어디에 이론이 있으리요.[16]

조민은 '이론'은 알지만 '아름다움'은 모르는 사람이라는 것이다. 아내와 살구를 사서 먹는 즐거움은 알고 있으면서도 하얀 박꽃이 저녁바람에 흔들리는 아름다움은 알지 못하는 사람이라는 것이다.

그리고 덧붙여서 말한다.

조민거사의 『일년유반』은 생사의 문제에 대해서는 정리된 것처럼 보였지만, 생사를 초월한 후에 천명(天命)을 즐기는 것과 같은 경지에는 이르지 못했다고 생각한다. 거사가 병이 든 후에 언제나 기다유(전통적 인형극인 분라쿠文樂에서 조루리淨瑠璃라는 형식에 맞추어 노래하는 창—역자)를 듣고, 기다유 이야기를 평하고 있는 점 등을 보면 어느 정도 그런 경지에 이른 것 같기도 하지만, 아직 충분하지 못한 것 같다.[17]

시키의 말을 액면 그대로 들으면, 조민은 초월하는 것을 알고는 있지만 그 이상에 이르지 못했다는 것이다. 즉, 초월을 넘어 즐기는 경지에는 이르지 못했다, 천명을 즐기는 즐거움의 경지에는 이르지 못했다고 말한다. 그것은 시키 자신의 체험으로 말하면 병상의 책상 위에 놓인 어항의 금붕어가 놀고 있는, 그 아름다운 금붕어를 보고 아름답다고 즐기는, 그런 경지까지는 이르지 못했다고 말하는 것이리라. 병상을 둘러싼 인형들이 미소를 띠고 열병행진을 시작하는, 그런 상상을 하면서 노는 즐거움에 이르지 못했다고 하는 것이기도 하다. 그는 마지막으로 다음과 같이 말하며 매듭을 짓는다. — "거사에게 2, 3년 정도 와병중에 있게 하였다면 이제 조금은 즐거움의 경지에 들어갈 수 있었을지도 모른다. 와병중에 투병을 즐기지 않으면 살아 있어도 아무런 즐거움도 없다"[18]라고. 그에게는 보기 드물게 이런 말로 그날의 기록을 마치고 있다.

다만 시키는 병으로 쓰러진 조민이 항상 기다유를 듣고, 그것을 칭찬하는 것을 들어서 조민도 '즐기는 것'을 조금은 알고 있으리라고  평하고 있다. 기다유는 시키도 좋아하기 때문에 거기에 동조하여 말한 게 아닌가 싶다. 조민은 『일년유반』에서 "내가 늘 말했듯이 우리 글은 기다유가 제일이요, 서양의 비극(tragédie), 연극(drame)에 덜하지 않고 어떤 이야기도 거기에 미치지 못하나니"[19]라고 말하고 있다. 일본의 전통적인 이야기인 기다유는 서양의 비극, 연극을 능가한다는 것이다. 더욱이 그는 『일년유반』의 마지막에서 자신은 오스미(大隅) 기다유와 고시지(越路) 기다유를 듣고, 다마조(玉造), 몬주로(紋十郎) 인형(분라쿠에서 사용하는 인형—역자)을 보고 죽을 수 있으면 그것으로 소원을 푸는 것이라는 의미로 기록하고 있다. 이어서 다음과 같이 말한다.

그래서 그들의 걸출한 예능인과 같은 시대를 살 수 있었던 것은 참으로 행복한 일이니, 아직 나는 불우한 처지를 한탄할 수 없지 않은가.[20]

조민의 『일년유반』은 이 한 문장으로 끝난다. 『일년유반』에 그의 정치론이나 인생론이 종횡으로 전개되어 있는데, 그 속에서 시키가 조금 수긍하는 것은 바로 이 부분이다. 조민의 기다유에 대한 심취에서만 그의 무서운 비평의 끈을 느추고 있는 것이다.

요약하면 시키는 유물론자를 싫어한 것이다. 누구에게나 주저하지 않고 무신론, 무영혼론을 주장한 합리주의자 나카에 조민을 도저히 받아들일 수 없었다고 여겨진다. 그런데 그에 비하면 나쓰메 소세키에 대한 그의 생각은 당연한 것이지만 매우 다르다. 소세키는 시키와는 이미 제일고등중학교 시절부터 친교를 가졌고, 1898년경부터 『호토토기스』에 에세이를 발표하고 있었다. 또한 때때로 병상에 있는 시키를 문안하였다.

그 전후의 일을 말하면 1900년 소세키는 구마모토(態本)의 제오고등학교 교수직에 있었지만 학교에서 영어연구를 위해 멀고 먼 런던으로 유학을 가게 했다. 33세 때였다. 이듬해 일본에 있는 부인 교코(鏡子)가 차녀 쓰네코(恒子)를 출산하였고, 영국에서 그는 『호토토기스』 5월, 6월호에 「런던소식」을 발표하였다. 그리고 1902년 런던에서 소세키가 「문학론」 집필에 몰두하고 있을 때, 일본에서는 시키가 네기시(根岸)의 자택에서 사망하였다. 시키가 35세이고 소세키도 같은 나이였다. 그러나 소세키는 당시 신경쇠약이 심해서 일본에는 미쳤다는 소문이 났다. 시키도 그 소문을 병상에서 들었는지도 모른다. 시키가 떠난 해 12월에 소세키는 2년의 유학을 마치고 귀국길에 오른다. 다음 해인 1903년에 소세키는 제일고등학교 교수로 부임하는 동시에 도쿄제국대학 문과대학 강사를 겸임하게 되었다.

소세키에 대한 평가는 시키의 「묵즙일적」에 보인다. 예를 들면 1901년 1월 30일 기사— "처음에 재미있는 배우가 광가(狂歌)에 광문(狂文)으로 해학백출하여 사람을 웃기지만, 그의 사람됨은 매우 착실한 경우가 많다. 이와 같이 라쿠고가(落語家: 만담가—역자)도 한 편의 부채를 가지고 자유자재로 사람을 웃기지만 준비실에서는 의외로 엄격한 공기가 돌아 답답하다."[21] 이렇게 쓴 다음 시키는 다음과 같이 말하고 있다.

나의 하이쿠 친구 가운데 익살에 취미를 발휘하여 성공한 사람이 소세키이다. 소세키는 가장 꼼꼼한 성격의 소유자로 학교에서는 학생 지도에 아주 엄격하여 규율을 범하지 못하게 했다. 후지이 시에이(藤井紫影)의 하이쿠 문장은 언제나 익살취미를 떠나지 않는다. 이 사람 또한 매우 꼼꼼한 사람으로 입을 크게 벌리고 웃는 일조차 별로 볼 수 없다. 이런 것을 보면 진짜 익살은 꼼꼼한 사람이어야 할 수 있다. 옛날 쇼쿠산 잇쿠(蜀山一九)는 정말 어떤 사람인지 알 수가 없다. 하이쿠 제일의 익살가로 세상에 알려진 고바야시 잇사(小林一茶)도 반드시 꼼꼼한 사람이지 않을 수가 없었다.[22]

익살취미는 꼼꼼한 인간과 표리관계에 있다는 말이 있다. 그리고 그것은 라쿠고가나 단순한 익살가만의 문제로 끝나는 것이 아니다. 꼼꼼해질수록 사물이 익살스럽게 보이는 데 하이쿠의 묘미가 있다. 사물을 멍청히 그저 바라보고 있는 것으로는 물건의 윤곽이 드러나는 것뿐으로 재미와는 관계없는 것이지만, 사물을 정면으로 보고, 송곳질 하듯이 거기에 집중하고 있으면 문득 모양이 보이기 시작한다. 그 문득 나타난 모양과 앞서 말한 평범한 물건의 윤곽 사이에 나타나는 차이가 익살을 유도하고 웃음을 자아낸다. 그 차이는 딱딱하게 말하면 본질과 현상 사이에 가로놓여 있는 차이일 것이다. 그것이 익살미를 유도하거나 웃음을 자아내거나 하기 위해서는 말할 것도 없이 표현이 동반되어야 한다. 그것을 위한 고안이 소세키의 경우에는 『나는 고양이로소이다』에 나타났고, 시키의 경우에는 만년에 쓴 수필 중에 생기 있게 나타나고 있다.

하이쿠라는 것은 밖에서 보면 짧고 좁은 문자의 공간이다. 그것은 바늘구멍처럼 협소한 세계라고 할 수 있다. 그 극소의 숨막히는 회로의 앞쪽에 꼼꼼한 인간이 우두커니 서 있다. 그러나 그 회로의 저쪽에는 끝없이 광대한 도원경이 가로놓여 있다. 이쪽과 저쪽 사이를 과연 어떻게 왕래하면 좋을까. 그 문제는 시키나 소세키에게도 중대한 관심사가 아니었을까. 시키는 그것을 하이쿠나 단가의 창작을 통해서 생각해 왔다. 그리고 소세키는 같은 문제를 소설을 쓰는 방향으로 생각하게 되었다.

소세키가 런던 유학에서 귀국하였을 때 시키는 이미 네기시의 자택에서 죽은 후였다. 그러나 그때 죽은 시키와 살아남은 소세키 두 사람은 매우 가까운 곳에서 인생의 문제를 서로 교환한 것은 아닐까.

### 3) 나쓰메 소세키의 『문』

시키는 병상을 둘러싼 좁은 공간 속에서 자연과 인간의 관계를 고민해 보고자 했으나, 소세키는 당시 발흥하기 시작한 시민사회라는 무대 위에 몇 명의 남녀를 등장시켜서 그 허구적 공간에서 같은 문제를 고민해 보고자 했다. 두 사람의 작업은 환경이나 테마에서 달랐지만, 그들이 추구하고자 하는 세계는 앞으로 말하겠지만 매우 근접한 것이라고 나는 생각한다.

알려진 대로 소세키의 소설에는 자주 간통이라는 테마가 등장한다. 모순적인 말로 들릴지도 모르지만 거기에는 삼각관계가 꼭 명시적인 모습으로 그려져 있지는 않았다. 간통이 무엇보다도 삼각관계를 나타내는 것이라고 보면, 그런 말은 자가당착이라고 말할 수밖에 없을 것이다. 간통이란 기본적으로 세 사람의 관계를 둘러싸고 전개되는 사랑의 갈등을 말하는 것이기 때문이다.

그러나 그 점을 염두에 두고 말하고 싶은 것이겠으나 소세키는 간통소설을 쓰면서 삼각관계를 원래대로 그리는 데 아주 소극적이었던 것 같다. 적어도 삼각관계의 모티프를 이야기의 배경에 침전시키고 말았던 게 아닌가 싶다. 문제는 그러면 왜 그렇게 되었는가 하는 것인데, 거기에 들어가기 전에 여기에서는 먼저 소세키의 간통소설 윤곽을 흉내 내어 보는 것으로부터 시작해 보려고 한다.

발단은 역시 『그 후』이다. 소세키는 『그 후』를 집필함으로써 처음 '간통'이라는 테마를 정면에서 보게 되었다. 그것은 말할 것도 없이 소세키의 간통소설의 발단을 의미하는 것이었는데, 다음에 논하는 바와 같이 『그 후』는 또한 그의 간통소설의 정점을 암시하는 것이기도 했다. 소세키는 『그 후』를 써서 단숨에 자기 자신의 내부에 숨어 있는 핵심적인 계곡까지 내려갔기 때문이다. 그러나 이런 추측에는 해석이 필요할 것이다.

『그 후』는 1909년 6월부터 10월에 걸쳐서 『아사히신문』에 연재되었다. 이 작품은 그 이전의 『산시로(三四郎)』와 그다음의 『문』과 함께 소세키의 3부작으로 불린다. 그러나 지금 말하는 간통이라는 테마에 한정하여 말하면, 그것은 『그 후』와 다음의 『문』에서 부상하고 있는 테마로서 『산시로』에는 나타나지 않는다.

주인공 다이스케는 미치요를 사랑하고 있었으나 그녀에 대한 그의 애정이 얼마나 깊은지는 자각하고 있지 못했다. 그 시절 우연히 친구인 히라오카에게서 미치요를 사랑한다는 말을 듣고 중재를 부탁받았다. 다이스케에게 희미한 예감이 없는 것은 아니었지만, 일말의 의협심으로 중요한 미치요의 의향도 물어보지 않고 그녀를 히라오카에게 넘기고 만다.

그러나 그 후 히라오카와 미치요 사이에는 부부의 사랑이 싹트지 않았다. 그 사이에 미치요는 유산하고 몸은 망가지고 말았다. 그녀의 처지가 조금씩 변하는 데 따라 심정적으로 다이스케와의 관계가 가까워지게 되었다. 미치요에 대한 다이스케의 동정에 불을 지피며 두 사람 사이가 조금씩 가까워졌다. 다이스케는 3년 전에 미치요를 히라오카에게 소개했을 때, 실은 미치요를 사랑하고 있었다는 사실을 깨닫게 된다. 그런 자각은 두 사람을 점점 더 오지도 가지도 못하는 곳까지 끌고 가고 말았다. 이런 『그 후』의 결장은 히라오카에 대한 다이스케의 고백에 의하여 클라이맥스에 도달한다. 히라오카는 부인을 넘겨 주기로 약속하고, 다이스케는 다이스케대로 장래의 희망도 없이 빈손으로 정처 없이 거리로 달려 나간다….

살펴본 대로 다이스케와 미치요의 간통이 간신히 이루어지는 것으로 이 소설은 끝난다. 그 때문에 다이스케는 그때까지 경제적인 원조를 받고 있던 아버지와 형들의 신용을 잃어 버리고 호구지책이 끊어져 버린다. 새로운 두 사람은 그 후 어떻게 살아갈까— 불길한 여운을 남긴 채로 『그 후』는 결장을 맞는 것이다.

일반적으로 말하면 간통사건이라고 불리는 것의 핵심 부분은 한 여자를 둘러싸고 뺏는 남자와 빼앗기는 남자가 정면으로 대결하는 장면이 아닐까. 아니면 그 대결을 둘러싼 소용돌이 속의 복잡한 이야기의 기복이라고 말해도 좋다. 그 기복은 아마도 세상에서 말하는 삼각관계의 엉킨 실을 끝없이 풀어 나가는 과정이다. 이렇게 생각할 때 『그 후』에 등장하는 주인공들이 그러한 기복이나 갈등을 반드시 만들어 내고 있는 것은 아니라는 사실을 알게 될 것이다. 미치요를 둘러싸고 그녀를 빼앗는 다이스케와 빼앗기는 히라오카가 끝없는 갈등을 만들어 내는 것으로 전개되지는 않는다. 소설의 내용이 처음부터 그렇게 구성되어 있지 않은 것이다.

무엇보다도 다이스케는 마지막에 미치요와의 관계를 고백하는 장면에서 딱 한 번 히라오카와 정면에서 대결하고 있다. 격한 말이 오가고 인정과 도의에 대한 험악한 응수가 오가고 있다. 그러나 결국 다이스케가 사과하고 히라오카는 그것을 받아들여 부인을 양보하기로 약속한다. 갈등은 수습되고 파란이 진정되는 것이다. 이렇게 해서 다이스케 앞에서 히라오카가 급히 퇴장한다. 그것은 거의 『그 후』라는 소설의 종언과 계속 연결되어 있다고 말해도 좋다. 간통의 성취와 함께 삼각관계의 윤곽이 점점 사라져 가는 것이다.

사정은 다이스케가 고백하기 이전 단계에서도 조금도 다르지 않았다는 사실에 주목하자. 그때는 미치요와 다이스케의 양극관계만이 비밀스럽게 계속되고 있었고, 그 경우에도 히라오카는 처음부터 드라마 진행의 바깥쪽에 놓인 채였다. 히라오카는 심리적으로 삼각관계의 한편 끝에 서 있긴 하지만, 그 히라오카 쪽이 드라마의 중심에 들어가는 표지가 되는 일은 끝까지 없다. 그의 존재감은 말하자면 무대의 양쪽 끝, 관객의 눈에는 보이지 않는 공간에 달린 추와 같은 것이다.

결국 마지막에 히라오카는 자신이 친구에게 배반당하고 부인을 빼앗겼다는 사실을 당사자인 다이스케의 아버지에게 편지로 알린다. 세상의 도덕의 상징이며 또한 경제생활의 원천인 아버지가 그것을 알게 되어 다이스케는 파국을 맞이하고 코퀴(cocu: 부인을 빼앗긴 남자—역자)가 된 히라오카는 그대로 무대에서 퇴장한다. 그렇게 퇴장하는 히라오카의 배후에는 미치요와 다이스케에 대한 또 하나의 중심을 세우려는 기백이나 의지가 들어 있지 않다. 소설 자체가 이미 종국으로 나아가고 있기 때문일 것이다. 그러나 그 이전에 작자의 연출법 그 자체 속에 처음부터 삼각관계를 구상하려고 한 의도가 없었다는 사실에 주의하여야 한다.

그리고 이러한 연출법이 그대로 다음 작품인 『문』에 적용되었다. 『문』에는 주지하는 바와 같이 간통을 성취한 다이스케와 미치요가 소스케와 오요네라는 이름으로 바뀌어 등장하고, 거의 이 두 사람만의 생활을 중심으로 이야기가 계속해서 전개되어 간다.

『문』은 1910년 3월부터 6월에 걸쳐서 『아사히신문』에 연재되었다. 『그 후』를 다 쓰고 4개월 정도 지난 후에 시작한 것이다. 소스케와 오요네는 결혼한 지 이미 6년이 지났으나 절벽 밑에 있는 집에서 막연하게 불안을 느끼며 살고 있다. 소스케는 관청에 다니고 있는데, 그의 동생 고로쿠, 숙모의 가정, 이웃과의 교제가 화젯거리로 삽입되어 사건의 전개에 채색이 이루어지고 있다. 특별한 파란도 없고 큰 사건도 일어나지 않는다. 다만 소스케와 오요네 부부의 일상적 생활이 조용히 조심스러운 듯이 이어지고 있다. 그런데 후반에 오요네가 몸이 아파서 그때까지 세 번이나 유산했다는 사실이 알려진다. 그것을 계기로 6년 전에 일어난 비밀이 단번에 백일하에 드러나게 된다.

교토에서 대학시절을 보낼 때, 소스케에게는 야스이라는 친한 친구가 있었다. 빈번하게 왕래하고 있었는데, 어느 땐가 야스이가 집을 갖게 되고 가정을 만들게 되었다. 소스케가 그 집을 방문하였을 때, 야스이 옆에 그림자처럼 조용히 서 있던 여인이 오요네였다. 이 만남이 있은 후에 소스케와 친구의 부인이었던 오요네 사이에 어떤 교류가 있었는지 작자는 자세히 그리지 않는다. 결국에 그들은 세속적으로는 부도덕한 남녀관계에 빠지고 죄를 짓는 운명을 선택하여 모든 것을 포기하거나 모두에게 버림받아서 6년의 세월을 살아왔다….

앞에서 살핀 내용에서 보듯이, 야스이는 이 소설에서 소스케와 오요네의 기억에만 남아 있다. 학생시절이라는 과거의 기억에서만 이야기되고 있다. 이후 그의 소식은 알려지지 않았고, 따라서 그들 앞에 모습을 드러내는 일도 없었다. 그런데 오랜만에 소스케는 야스이가 그 후에 만주에 갔다는 것, 지금은 도쿄로 돌아온 것 같다는 말을 우연히 이웃집 주인으로부터 들었다.

그것이 계기가 되어 소스케의 불안이 다시 나타나기 시작한다. 그 야스이가 지금 당장 가까이 등장하지 않을까 하는 걱정에 점점 신경쇠약이 되어 갔다. 막연한 불안에 모양이 형성되고 그것이 분명한 윤곽을 가진 공포로 부풀려지고 도무지 진정되지 않는다. 소스케는 그렇게 출구 없는 골목길 안에 오도 가도 못하고 있는 가운데 문득 종교라는 것을 생각한다. 그때 부인을 향하여 "오요네, 당신 신앙심을 가진 적이 있어?"라고 물었고, 스스로도 종교라는 두 글자를 입에서 계속 우물거리게까지 되었다.

연상이 연상을 부르고, 그는 결국 가마쿠라에 가서 참선을 생각한다. 숙박하며 좌선을 하고 큰스님에게 설법을 듣고 노력해 보지만, 결국 마음의 평안을 얻는 데까지는 가지 못했다. 마음의 평안을 얻지 못한다면 '산문'(山門)수행을 그만두는 수밖에 없을 것이다. 잘 알려진 『문』의 종결부를 여기에도 인용해 보도록 하자.

그 자신은 오랫 동안 문밖에 서 있어야 하는 운명을 지니고 태어난 것 같다. 그것은 시비도 없었다. 그러나 아무리 해도 열리지 않는 문이라면 애써서 그곳까지 도달한 것이 모순이었다. 그는 뒤를 돌아보았다. 그래도 도저히 또 원래의 길로 돌아갈 용기를 가지고 있지 못했다. 그는 앞을 바라보았다. 앞에는 견고한 문짝이 몇 시간이고 앞길을 막아 버리고 있다. 그는 문을 통과하는 사람이 아니었다. 또한 문을 통과하지 않고 끝날 사람도 아니었다. 요약하면 그는 문밖에 서서 움직이지 못하고 날이 저무는 것을 기다려야 하는 불행한 사람이었다.[23]

들어가려고 한 '문'은 소스케의 마음의 평안을 약속해 주는 것이 아니었다. 야스이를 배반한 죄책감을 조금이라도 경감해 주지 않았다. 소스케는 산문수행을 그만두고 다시 세상으로 돌아왔다. 그리고 이웃집 주인을 찾아가서 야스이의 다음 소식을 넌지시 물어볼까 하고 생각한다. 밤에 잠자리에 들어서는 만약 야스이가 아직 도쿄에 있고 그 집주인과 왕래하고 있다면 멀리 이사해 버릴까 하고 생각한다. 다음날 그는 무조건 집주인에게 가서 야스이의 이야기를 시작했지만 결국은 아무것도 얻지 못하고 돌아온다. 오요네에게 돌아와서 야스이 문제도 해결되지 않은 채로 이 소설은 종말을 맞는다….

간통이 일어난 때부터 6년 동안 소스케와 오요네 부부는 야스이의 그림자를 지고 살아왔다. 막연한 불안과 공포가 생활의 구석구석에 퍼져 있었다. 그러나 두 사람을 지금까지 궁지에 몰아넣은 야스이의 그림자는 이 소설에서는 끝까지 본체를 드러내지 않는다.

야스이라는 자장(磁場)을 안고 있는 삼각관계의 혼란은 과거의 기억 속에 일순간의 사건으로 이 소설세계의 범위 밖으로 밀려나고 있다. 야스이의 등장이 신중한 전개 속에서 교묘하게 무대 밖으로 설정되어 있다고 해도 좋을 것이다. 이렇게 해서 삼각관계는 그들의 기억에서만 살아나고, 삼각관계의 갈등도 소스케와 오요네의 불안 속에서만 존재한다. 야스이의 소식이 소실되는 것에 응답이라도 하듯이 삼각관계 그 자체가 유산되어 버리는 것이다.

그런 삼각관계의 유산을 미리 연출한 사람은 다름 아닌 작자인 소세키였던 게 아닐까. 그는 야스이를 무대의 정면에 등장시켜 소스케와 오요네의 불안을 현실로 묘사하는 것을 분명히 회피하였다. 그들의 막연한 공포에 생생한 모습을 부여하려고 하지 않은 것이다.

그것은 말하자면 간통이라는 행위로부터 삼각관계라는 인간의 관계를 빼내는 것을 의미한 것이다. 한 사람의 여자와 그녀를 빼앗은 자, 그리고 빼앗기는 자라는 세 사람의 관계축으로부터 빼앗기는 자라는 한편을 배제시킨 연출법이라고 해도 좋을 것이다. 빼앗긴 자라는 한편을 배제하는 것으로 간통이라는 행위를 둘러싼 갈등의 실이 잘라지고, 이렇게 간통의 성취가 일종의 안정을 회복시킨다. 그렇게 말한다고 해도 물론 빼앗긴 자라는 한편은 언제나 갈등의 주역으로서 무대의 배후에 숨어 있을 것이다. 그것이 남자와 여자의 새로운 결합에 불길한 그림자를 던지고 있는 것도 부정할 수 없다. 그러나 실제 문제로서 소세키의 간통소설에는 그것이 불길한 그림자를 던지는 것에만 그치고 현실의 모습을 가지고 나타나지는 않는다. 이미 본 것과 같이 『그 후』에서 히라오카가 그랬고, 『문』에서 야스이가 바로 그런 역할을 담당하고 있다.

『문』에 나타난 것을 말하면 주인공 소스케는 마지막 장면에서 문 앞에 서성거리고 서 있다. 그는 문을 통과하는 사람이 아니었다. 또한 문을 통과하지 않고 마치는 사람도 아니었다. 그는 그 문 밖에서 서성거리며 날이 저무는 것을 기다려야 하는 불행한 사람이었다. ―분명히 그럴 것이다. 그러나 그는 마침내 세상으로 향하여 오요네가 있는 곳으로 돌아온다. 산을 내려오는 것으로 자신에게 돌아가려고 하는 것이다. 다시 말하면 '야스이'가 이미 현실의 모습을 가지고 나타나지 않을 일상 속에서 휴 하고 안심하려고 한다. 그때 소스케의 안도감을 또한 소세키도 같이 가지고 있던 게 아니었을까. 소스케의 신경이 야스이의 등장에 견디지 못한 것같이 소세키의 신경도 또한 빼앗긴 자의 한편을 드러내 놓고 등장시키는 데 견딜 수가 없었던 것이 아닌가 하고 생각한다. 소스케도 그리고 소세키도 종교라는 문을 기어 들어가는 사람은 아니었다. 그 앞에 서서 서성거리는 것밖에 할 수 없는 사람들이었을 것이다. 그러나 그들은 동시에 간통이라는 사건에서 마지막 한 항목을 빼어 버리는 것으로 조금 마음의 평안을 되찾으려는 인간이기도 했던 것이 아닐까. 그리고 그런 종류의 마음의 평안이 아무래도 소세키에게 종교나 신앙이라는 것과 전혀 관계가 없었다고 나는 생각한다. 그것을 조금이라도 분명히 하기 위해서 좀 더 앞서 나가보자.

### 4) 일본인의 종교성에 대하여

갑작스런 이야기처럼 들릴지 모르지만 간통을 다룬 소설로서 도스토예프스키의 『영원한 남편』을 생각해 보는 것이 우선 여기에서는 유효할 것 같다. 『영원한 남편』에서의 간통 혹은 삼각관계와 소세키의 『그 후』나 『문』에 전개되고 있는 동일한 문제를 대조시켜 보자는 것이다. 그런 경우 도대체 어떤 일이 나타날까.

『영원한 남편』은 1879년 가을, 드레스덴의 여관에서 쓴 중편소설이다. 그것은 도스토예프스키의 작품 가운데 『죄와 벌』, 『악령』, 『카라마조프가 형제들』과 같은 거대한 역작들에 비하면 가벼운 필치로 쓰여진 작은 소품이라 할 것이다. 인간의 근원적 악을 탐구한 것도 아니고, 신적 존재의 장대한 연구가 전개되어 있는 것도 아니기 때문이다. 분명히 그렇기는 해도 도입부부터 읽기 시작하면 소품이기는 하지만 도스토예프스키의 진지한 세계로 우리를 잡아끌어 결국 깨달음을 얻게 할 게 틀림없다. 어쨌든 이 소설의 주제는 부인에게 배반당한 초라하지만 축하할 남편과 그의 부인을 빼앗은 정부 두 사람을 축으로 엮이고 엮인 삼각관계의 추이를 극명하게 묘사해 내는 데 있다.

주인공 트루소스키는 과거 관리로서 T시에 살면서 부인 나탈리야와 가정을 꾸리고 있었다. 여기에 냉소적인 재산가 벨차니노프라는 신사가 갑자기 나타나서 언제인지 모르나 나탈리야와 간통하고 만다. 그 관계는 오래 가지 않아서 벨차니노프는 곧 페테르부르크로 돌아가고 말았으나, 그때 나탈리야는 이미 벨차니노프의

(여자)아이를 임신하고 있었다.

그로부터 9년이 흐른다. 무대는 페테르부르크로 이동하여 거기서 소설이 시작된다. 어느 날, 벨차니노프의 하숙집에 갑자기 트루소스키가 찾아온다. 트루소스키는 부인 나탈리야가 이미 죽었다는 것을 상대에게 알리고, 동시에 부인이 벨차니노프와의 사이에 낳은 딸 리자가 자기와 함께 살고 있다는 사실을 알린다. 그런데 리자는 트루소스키에게 학대받고 있었다. 그것을 안 벨차니노프는 리자를 데리고 와서 친구집에 맡기지만, 리자는 그 집에서 병이 들어 의붓아버지인 트루소스키의 이름을 부르면서 숨을 거둔다.

한편 트루소스키를 말하면 바로 이때 어떤 상류가정에 연결되어 그 집의 15세 된 딸에게 구혼하여 부모의 허락을 받았다. 그것만이 아니다. 그는 리자의 장사를 지낸 벨차니노프를 꾀어, 구혼한지 얼마 안 되는 딸의 가정으로 함께 간다. 그런데 트루소스키는 하는 일마다 실수만 저질러서 바보 취급을 당하고, 또 그 딸을 벨차니노프에게 빼앗길 뻔한다. 두 사람은 모든 증오과 경멸로 싸우고, 그대로 결별한다. 그리고 그날로 트루소스키는 목적지도 없이 페테르부르크를 떠난다.

그로부터 2년의 세월이 지났다. 어느 청명한 여름날, 벨차니노프가 페테르부르크를 떠나 지방의 역에 내렸을 때, 거기에서 우연히 트루소스키가 있는 것을 발견한다. 트루소스키는 그때 젊은 경박한 여자와 결혼하였는데 그 여자와 함께 서 있었다. 그뿐만이 아니라 그 여자 옆에는 또 한 사람의 젊은 기병장교가 기사처럼 대기하고 있는 게 아닌가. 이렇게 이 소설은 끝없이 얽키고 설킨 두 사람의 연적의 난투극을 축으로 이중삼중으로 끌어 가는 삼각관계의 드라마를 암시한 채 종결을 맞이한다.

살펴본 것처럼 도스토예프스키의 『영원한 남편』에서는 간통의 발생과 전개가 끈적끈적한 삼각관계의 그물망을 통하여 집요하게 그려지고 있다. 간통에서 삼각관계의 갈등은 불가피한 촉매이며 삼각관계의 구도는 또한 간통의 실상을 실수 없이 드러내는 거울이다. 여자의 엉덩이를 따라다니며 결국 배반당하기를 끝없이 하는 트루소스키야말로 그러한 거울 속에 부상하는 '영원한 남편'이다. 비굴한 노예근성으로 사는 그는 교만한 벨차니노프에게 증오와 저주의 마음을 갖고 복수를 맹세하며, 벨차니노프는 또한 트루소스키에게 모든 멸시와 냉소를 쏟는 데 지칠 줄 모른다.

두 사람의 대결은 늘 타결의 여지가 없는 흙탕물 속으로 들어간다. 물론 트루소스키와 벨차니노프의 대결에 유머스러운 맛이 전혀 없는 것은 아니다. 두 사람의 싸움에 가소로움과 풍자가 따라붙어 있는 점을 지적하지 않을 수 없다. 그러나 그러한 해학의 정신 때문에 오히려 그들의 움직일 수 없는 삼각관계가 드러나고 있는 것도 부정할 수 없는 사실이다.

도스토예프스키의 이 소실을 읽으며 드는 생각은 당연한 것이기는 하지만 삼각관계가 철두철미하게 인간의 관계라는 점이다. 인간과 인간 사이에 다른 어떤 것으로 환원할 수 없는 독특한 관계라는 점이다. 그렇다면 소세키가 묘사하는 간통의 세계는 도대체 어떻게 이해해야 좋을까. 이렇게 말하는 것은 소세키의 묘사에서는 겉으로는 분명히 삼각관계의 틀을 취하는 듯 보이지만, 실제로 관계 자체는 대(對)의 관계로 환원되어 버리고 만 것처럼 보이기 때문이다. 앞서도 말한 것처럼 빼앗긴 자라는 한편을 배제하는 방식에 의하여, 여자와 그녀를 빼앗은 자라는 양편으로 나뉘는 대의 관계로 변환되고 있는 것처럼 보이기 때문이다. 삼각관계라는 가상을 둘러싼 대(對)관계라고 해도 좋을 것이다.

만일 그렇다면 『그 후』에서의 다이스케나 『문』에서의 소스케는 그런 대관계에서 정말로 안정되어 있는 것일까. 아마도 그렇지 않을 것이다. 『그 후』에서의 다이스케의 태도를 상기해 보자. 그는 일말의 '의협심'으로 인하여 미치요를 친구 히라오카에게 양보하고 말았다. 그러나 자기가 미치요를 사랑하고 있다는 것을 깨닫는다. 그는 그 자신의 욕망을 '자연'히 발생하는 것이라고 말하고, '자연'히 복수를 당하게 되었다고 말한다. 그는 정직하게 자신의 '자연'에 따르며 그 결과 간통이 성립된다. 그러나 이 '자연'이 시민도덕의 모럴에 반하는 것임은 말할 것도 없다. 그래서 다이스케의 죄의식은 점점 깊어질 수밖에 없다. 그 자기의식의 탐구가 『문』의 새로운 주제가 된다. 소스케에게는 불안과 우울이 크게 나타나고, 신경쇠약이 심하여 결국 선불교의 산문수행에 참가해 보려고 한다. 이 경우 그 '문'에 근접해 보려는 것이 소스케에게 '자연'이었다고 말해도 좋을 것이다. 다이스케가 미치요를 갖고 싶다고 생각하는 것이 '자연'인 것처럼 소스케가 '문'에 접근하고 싶다고 생각하는 것도 그 나름의 '자연'이다. 소세키는 아마도 그렇게 생각했을 게 분명하다.

그럼에도 『그 후』에서 다이스케의 '자연'이 사실은 결코 미치요의 자연이 아니고 어디까지나 다이스케의 자연이었다는 점에 주목해야 한다. 동시에 『문』에서의 소스케가 선문에 참가하려고 생각하는 것도 어디까지나 소스케의 '문'이었지 오요네의 '문'이 아니었다. '문'에 가까이 가려고 결의한 것은 소스케이지 오요네가 아닌 것이다. 그것이 마음속 깊이 소세키가 생각하고 있던 '자연'이라는 것의 내용이었다.

소세키는 결국 대관계 속에서도 유일하게 남은 상대편을 빼버리려고 한 것이 아닌가. 『그 후』에서 다이스케는 미치요와 마주 앉아 있으면서 그 시선은 자기 본위라는 자기 내부의 핵을 향하고 있다. 그 시선의 방향은 『그 후』에서는 그렇게 현재적(顯在的)이지 않으나, 『문』에 이르면 그 방향은 결정적이다. 소스케의 시선은 오요네라는 대(對)의 극을 이탈하여 '문'이라는 추상적인 외부로 벗어 나려 하고 있기 때문이다. 물론 소스케의 결의는 좌절하고 그는 다시 세상과 오요네에게 돌아온다. 그러나 그때 그와 오요네 사이에 존재하는 대관계가 조금씩 흔들리기 시작한 것이 아닌가. 그와 '문' 사이에 가로 놓여 있던 관계처럼 그것은 의지할 수 없이 불안정한 것이 되어버린 양 보이기 때문이다.

소세키는 간통을 묘사하면서 빼앗긴 남자라는 제3자를 항상 무대의 배후에 배제시키고 말았다. 그것이 지금까지 논해 온 테마였다. 간통소설을 의도하면서 삼각관계의 구도를 무력화시켰다고 말해도 좋을 것이다. 그것이 말하자면 소세키의 방법이었다. 아니, 그것이야말로 그의 세계관의 근본이었다고 말해야 할지도 모른다. 삼각관계를 무력화시키는 것으로 그곳에 양극의 구조 즉 대관계가 성립하게 되는데, 그곳으로부터 다시 자기 본위라는 자기에 대한 대극의 편이 점점 후경으로 물러나고 있다. 대관계를 구성하는 상대의 편이 멀리 밀려나는 것이다. 삼각관계가 대관계로, 그리고 그 대관계가 '자기'라는 일종의 골목길로 수렴되어 간다고 말할 수 있지 않을까. 그 변용, 추이의 과정은 예를 들면 도스토예프스키의 『영원한 남편』에 전개된 삼각관계의 구조와 비교할 때 매우 이질적인 흐름인 것처럼 우리의 눈에 보이는 것이다.

인간과 인간의 갈등은 어디까지나 인간과 인간의 관계에서 해결할 수밖에 없다고 생각하는 데 소위 삼각관계의 기본적인 구조가 놓여 있다. 도스토예프스키만이 아니라 일반적인 서구의 인간관 기저에는 전통적으로 그런 신념이 있다고 생각한다. 이에 대하여 소세키는 인간과 인간의 갈등은 인간과 인간의 관계만으로는 해결할 수 없으리라는 예측을 하고 있었던 게 아닐까. 그러한 그의 생각이 간통소설에서 삼각관계를 무력화시키는 방법으로 나타나고 있는 것처럼 여겨졌다.

소세키가 말하는 '자기'는 삼각관계 속을 살아가는 자기가 아닐까. 그것은 굳이 말하면 삼각관계의 그물망을 뜯어 버리고 대관계의 긴장감마저 해소해 버릴 정도의 '자기'였다. 이러한 소세키의 인간관은 그 후에 쓴 『행인』이나 『마음』과 같은 작품에서 점점 더 철저히 심화되어 갔다. 그리고 앞서 나타난 그의 자기 환상이 예의 '즉천거사(則天去私)'라는 관념이었다고 보인다.

삼각관계와 대관계의 지평으로부터 최종적으로 이륙했을 때, 그의 생각에 솟아난 파라다이스 이미지가 '즉천거사'였던 것이 아닐까. 그것은 인간과 인간의 관계를 희생하는 것으로 얻어지는 지복에 충만한 클라이맥스였다. 그리고 정말 이 점에서 소세키는 시키와 함께 같은 피를 나눈 형제였다. 그가 마지막 끝에 도달하고자 했던 세계는 앞서 말한 시키의 병상육척의 세계와 거의 경계를 접할 정도로 가까운 것이었다.

살펴보았듯이 시키, 소세키 두 사람 모두 종교를 그렇게 정면에서 논하지는 않았다. 오히려 그들에게 종교는 비판의 대상이었을 수도 있다. 그럼에도 그들이 궁극적으로 '자기'를 향하여 '자기'에게 묻고자 했을 때, 그곳에는 뜻밖에도 일종의 종교적이라고 말할 수밖에 없는 태도가 분명히 드러난 것을 인정할 수 있다. 그것은 일본인의 '종교성'이라는 문제를 생각할 경우에 하나의 중요한 국면이 아닐까.

# 2. 종교와 과학 사이
## —데라다 도라히코, 미야자와 겐지, 그리고 낙태아 공양

### 序—모토오리 노리나가의 '치료'론

모토오리 노리나가(本居宣長)의 『고사기(古事記)』에 관한 해설을 보면 여러 곳에서 예리한 발견을 찾을 수 있다. 하지만 재미있는 의견으로는 어떤 것도 『겐지이야기(源氏物語)』를 논한 문장에는 미치지 못할 것이다. 그중에서도 당면한 과제인 종교와 과학의 대화라는 테마를 일본인의 심성이라는 측면에서 살펴보면 그의 '이야기(物語)'론은 한없는 힌트의 샘을 우리들에게 제공해 준다.

예를 들면 병이 들었을 경우, 어떤 방법으로 병을 고칠 것인가 하는 문제가 있다. 노리나가는 『다마노오구시(玉の小櫛)』 2권에 그런 주제가 『겐지이야기』에서 어떻게 해석되고 있는가를 말하면서 다음과 같이 말하고 있다.

『겐지이야기』에 보면 병에 걸렸을 경우, 먼저 치료를 위해 부르는 사람은 '약사(藥師)'가 아니라 '겐자(驗者:기도사)'였다. 겐자가 병을 치료하였는데, 가지기도(加持祈禱: 밀교에서 부처의 주술의 힘을 기원하는 의식—역자)가 매우 중요한 대응책이었으며, 의사에 의한 약의 조합, 투약은 2, 3차적인 일로 대부분 문제 삼지 않았다. 병에 걸렸을 경우 우선 '신, 부처'의 증표(효험)를 기원하고, 겐자의 능력에 의지하는 것이야말로 느긋한 태도를 나타내는 '아와레(연민)'적인 대처 방법이었기 때문이다. 게다가 '약사'를 불러서 약을 사용하는 것은 '교활'하고 건방진 행동으로 여겨져 보기 흉하였고, '아와레'적인 치료법이라고는 결코 말할 수 없었다.[1]

노리나가는 『겐지이야기』에 그려져 있는 병의 문제를 통해 질병치료의 성격에 주의를 환기시키고 있는데, 그것을 앞서 예로 든 '아와레'의 비평기준에 따라 분석하고 있는 점이 매우 흥미롭다. '아와레'가 '모노노아와레'(자연이나 인생에 대해 느끼는 차분한 정감—역자)에서 왔다는 것은 말할 필요도 없다. 이 말은 미의식의 농담(濃淡), 우열을 판정하는 척도인데, 그것이 병의 치료법에도 적용된다. 환자를 치료할 때 겐자가 행하는 가지기도가 '아와레'적인 치료법인 데 비하여 약사의 진료와 투약은 오히려 '교활한' 치료법이라고 보는 것이다. 신불(神佛)의 가호를 기원하는 것이 '아와레'이고, 약의 효과를 기대하는 것은 '아는 척'하는 건방진 행동이라고 여기는 것이다.

당시 병을 일으키는 유력한 원인 중의 하나로 '모노노케'(원령)

라는 병원체를 생각하였다. 외부로부터 침투한 병원체를 구제하는 방법은 겐자들이 드리는 가지기도를 포함한 밀교의례였다. 그러한 병의 치료법이 『겐지이야기』와 『에이가이야기(榮華物語)』 등에 생생하게 그려져 있다.[2]

나는 노리나가가 『겐지이야기』에 나타나는 치병의 메커니즘을 '모노노아와레'와 '모노노케'의 두 가지 키워드로 분석한 점에 관심을 갖고 있다. '모노노아와레'라는 것은 '모노(물건)'에 닿을 때 느끼거나 맛보는 기분, 감흥, 정조(情調)를 뜻하는데, '모노노케'는 그런 감정들이 '사람'에게 스며들어 사람을 미치게 하거나 병들게 하는 귀신, 영, 기이한 것들을 나타낸다. 결국 '모노노아와레'는 일종의 세련된 조화를 나타내는 감정이지만, '모노노케'는 그러한 장면에 돌연히 삽입된 균열 혹은 교란을 상징한다. 병이라는 것은 조화가 일순간에 파괴되는 것이고, 치료라는 것은 파괴된 것을 원래의 자연스런 조화의 상태로 돌려놓는 것을 의미한다. 자연상태의 파탄에서 자연상태의 회복이라는 과정 속에서 병 치료의 비밀 일체가 포함된다.

다만 이런 경우에 특히 유의하지 않으면 안 되는 것은 그 자연상태로의 회복이 약의 투입에 의한 것이 아니고, 가지(加持) 기도에 의한 신불(神佛)의 힘에 기대지 않으면 안 된다는 점이다. '교활한' 투약의 효과에 기댈 것이 아니라, '간절한' 기도의 힘으로 치료해야 한다고 말하고 있는 점이다.

굳이 말하자면 여기서는 신체에 물질을 투여하는 치료법이 회피되었다고 해도 좋을 것이다. 병든 몸에 직접적인 개입을 멀리하고 눈에 보이지 않는 영묘한 원격조작을 통한 '아와레'의 치료행위가 이루어지는 것이다. 그리고 병원체로서의 '모노노케'는 이 원격조작으로 자연스럽게 제거된다는 신념이 확립된다. 신체에 직접적인 접촉을 가하지 않고, 그것을 원래의 자연상태로 복귀시킬 수 있을 때, 비로소 치료가 종결된다. 노리나가가 말한 '아와레'의 치료행위가 완료된다.

### 1) '대화'의 일본 유형—데라다 도라히코

'천재(天災)는 잊었을 때 온다'라고 말하면, 누구나 "아, 데라다 도라히코(寺田寅彦)의 말이다"라고 떠올린다. 이것은 오늘날에는 거의 표어가 되어 버린 말로 그만큼 일본인에게는 친근함이 깃든 말이라고 할 수 있을 것이다.

그렇다면 이 '천재는 잊었을 때 온다'라는 말은 도라히코의 어느 작품에서 나온 말일까. 이상하게도 그 출처에 대해서는 알 수가 없다. 그러면 언제부터일까. 9월 1일 간토대지진 기념일이 가까워지던 때에 이 명언이 인용되어 주의를 환기시키는 것이 풍습이 되었다. 그러나 그것이 도라히코의 어느 문장에서 나온 것인지는 딱히 밝혀진 것은 아니었다.

그런 사정에 대해서 그의 제자 중 한 사람인 나카야 우키치로(中谷宇吉郎)는 제2차 세계대전 후인 1955년에야 비로소 다음과 같이 말하였다.[3]

일본에 있는 많은 도라히코의 팬들로부터 그의 전집 어디를 읽어도 이 말을 찾을 수 없어서 도대체 어디에 있는 것일까 하는 질문을 때때로 받는다. 사실을 말하자면 이 말은 선생님(도라히코)이 쓰신 책 속에는 없다. 그러나 이야기 중에는 여러 차례 나온 말로 선생님의 대표적인 수필 중 하나인 「천재와 국방」 속에 이 말과 완전히 같은 것이 조금 다른 표현으로 기술되어 있다.

그 점에 대해서는 후일담이 아닌 전일담이 있었던 것이다. 전쟁중의 일이지만 『아사히신문』이 '1일 1훈'이라는 기획을 세워 9월 1일에 그 말을 채택했고, 마침 나카야 우키치로에게 집필의뢰가 들어왔다. 조사해 보면 그 자체로 딱 맞는 말은 어디에도 나오지 않는다. 「천재와 국방」을 다시 읽어도 어디에도 그 말은 눈에 띄지 않는다. 조금 당황했지만 그 글에 같은 취지의 말이 쓰여 있다고 해명함으로써 용서받았다. 나카야는 당시의 일을 회고한 다음에 이렇게 매듭짓고 있다.

원래 이것은 문서로 남아 있는 것은 없지만 도라히코의 말임에는 틀림없다. 말하자면 선생님이 '펜을 사용하지 않고 쓴 문자'라고 할 수 있다.

과연 적절한 말솜씨라는 생각이 든다. 필시 나카야가 말한 그대로일 것이다. 그 말의 발상을 낳고 골격을 결정한 것은 틀림없이 데라다 도라히코였다. 이제부터 살펴볼 후의 일을 보면 「천재와 국방」 속에서 그러한 생각의 기본이 확실히 주장되고 있기 때문이다. 그렇지만 그러한 사상을 하나의 간결한 표어로서 정착시킨 것은 그의 많은 열성적인 독자들이 아니었을까. '천재는 잊었을 때 온다'라는 '펜을 사용하지 않고 쓴 문자'에 응축시켜 그 발상의 근원을 유행시킨 이는 매스컴계에 종사하는 제자인 나카야였다. 의미상으로 이 표어는 데라다 도라히코가 탄생시킨 표현이며, 동시에 당시 많은 일본인들 스스로 낳아 키워 간 표현이었다.

데라다 도라히코는 1878년에 태어났다. 도쿄대학 물리학과를 나와서 그 학과의 교수가 되었지만, 1923년 간토대지진 이후에는 도쿄대학의 지진연구소로 옮겨서 지진 연구에 몰두했다. 그는 요시무라 후유히코(吉村冬彦)라는 필명으로 주옥 같은 작품을 남긴 것으로 잘 알려져 있다. 또한 바이올린과 호른 같은 악기에도 능숙했지만 이 역시 본래의 실험물리학 연구에 대한 관심에서 나온 것이었다.

「천재와 국방」은 도라히코가 1934년에 『경제왕래(經濟往來)』에 발표한 것이었다.[4] 그 글에서 도라히코는 문명이 진보할수록 자연의 맹위에 의한 재해는 더욱 더 극렬해진다고 하였다. 문명이 진보할수록 자연을 정복하려는 인간의 야심도 점차 증가하게 된다. 중력에 대항하고 풍압수력에 반항하며 여러 가지 조형물을 만든다. 그러나 일단 자연이 난폭하게 굴면 고루(高樓)는 무너지고, 제방은 붕괴되며, 인명을 잃고 재산이 유출되는 과정이 되풀이되어 왔다. 그런 재난을 불러일으키는 원인이 '자연에 반항하는 인간의 잔꾀'였다. 이제야말로 우리는 '방어책'을 세우지 않으면 안 된다. '자연이라는 강적에 맞서 국민이 일치단결해서 적당한 과학적 대책'을 세울 필요가 있다….

대체로 이러한 것이 논의되었으나 그 글에서 앞서 예로 든 명구와 비교적 가까운 표현을 찾는다면 다음의 한 문장이 그에 걸맞지 않을까 한다.

> 나쁜 해의 순환은 언젠가는 돌고 돌아 다시 오는 것이 자연의 철칙이니 오히려 좋은 해가 돌아오는 사이에 충분히 대비를 해야 하는 것은 너무나 명백할 정도로 당연한 것이지만 또 그만큼 모든 사람이 완전히 잊고 있는 것이다. (중략) 적어도 한 나라 위정의 추기(樞機: 중요한 정무)에 참여하는 사람들은 이 건망증에 대한 진료를 항상 게을리하지 않도록 해 주었으면 하고 생각하는 것이 순서이다.[5]

나쁜 해가 틀림없이 돌아오는 것은 '자연의 철칙'인데 우리들은 곧잘 그것을 잊는다. 자연의 위협에 대한 건망증에 대하여 도라히코는 강하게 주의를 주고 있는데, 그것이 어느새 '천재는 잊었을 때 온다'라는 말이 되어 사람들의 입에 오르내리게 된 것이다.

데라다 도라히코는 이 문장을 통해서 자연이라는 강적에 대해 미리 합리적으로 과학적인 대책을 구비해서 준비하지 않으면 안 된다는 과학자로서의 입장을 잘 나타내고 있는 것이다. 지진연구 전문가로서의 면모가 크게 엿보인다.

그렇지만 이 글에는 이와 함께 한 가지 더 중요한 관점이 포함되어 있다고 나는 생각한다. 그것은 '자연의 맹위'라든가 '자연재난'이라고 쓴 말에서 '자연'에 관한 그의 생각을 찾을 수 있다. 특히 일본의 자연에 관한 그의 독자적인 관점, 감각이 나타난다. 결국 일본은 서구의 문명제국과 지리상의 위치를 비교하여 볼 때 기상학적, 지구물리학적으로 독특한 환경의 지배를 받고 있다고 할 수 있다. 항상 지진, 해일, 태풍과 같은 특수한 천재지변에 위협받고 있었던 것이다. 왜냐하면 서구 문명제국은 일본과 같이 지진, 해일, 태풍에 의한 '극심한' 재앙을 경험한 적이 없기 때문이다. 이처럼 일본은 오랜 역사에 걸쳐서 다양한 '천재지변'으로 끝없이 고통받아 왔다. 그리고 그 점이 오히려 일본의 '국민성' 형성에 좋은 영향을 미치게 된 것이 아닌가 하는 것이다.

> 수천 년 이래 지속된 재난의 시련으로 인하여 일본 국민 특유의 뛰어난 국민성의 여러 모습을 만들어 낼 수 있었던 것도 사실이다.[6]

여기서 도라히코는 자연재해라는 시련이 일본인의 뛰어난 국민성을 육성하는 데 큰 역할을 하였다고 말한다. 그것은 필시 그러한 자연재해에 대해 합리적이고 과학적인 방어책을 일본인이 만들어냈다는 것과 관계가 있다. 그 대처 방법에는 일본인의 개성, 말하자면 과학적 태도도 숨겨져 있음을 찾을 수 있다. 하지만 도라히코는 그 문제를 앞서의 글에서처럼 지나치게 부각시키려 하지 않는다. '자연재난'의 심각성과 '뛰어난 국민성' 사이에 관련되어 있을 인과의 그물을 그 이상 부각시키려 하지는 않는다.

무엇보다 도라히코 자신은 「천재와 국방」을 쓴 직후에 앞의 문제해결이 매우 중요하다는 사실을 알았다. 그렇게 그는 「천재와 국방」을 쓰고 난 다음 해에 「일본인의 자연관」(1935년 10월)이라는 제목의 논문을 『동양사조(東洋思潮)』에 발표하였다. 이것은 일본 자연의 특질을 명확하게 함으로써 일본인의 일상생활과 정신생활의 개성을 밝혀내자는 시도였다. 특히 자연에 대응하는 일본인의 대처 방법 속에서 독자적인 합리성과 과학적 태도를 분석해 보고자 했다. 이 논문에서 도라히코는 우선 자연과 인간을 대립시켜 보는 서구식의 과학적 방법을 비판하면서 자연과 인간은 일체화시켜 서로가 하나의 '유기체'로 구성되어 있음을 강조한다. 게다가 "일본의 자연은 온대 기후에 의해 계절이 바뀌는 특색이 있어 이 기후의 변화가 '인간의 지혜'를 키웠다는 점에 특히 유의해야 한다"고 말하고 있다.

이것을 간단히 말하면 일본의 자연은 기후학적 · 지형학적 · 생물학적, 그 밖의 여러 방면에서 보아도 시간 및 공간적으로 매우 다양하고 다채로운 분화의 여러 단계를 구비하고 있고, 그런 여러 요소의 스펙트럼이 대체적으로 생각해 낼 수 있는 갖가지 결합을 만들어 내어 일본 국토를 물들이고 있다. 게다가 그 다채로움은 시시각각으로 변화해서 자연의 무대를 끊임없이 활동시키고 있는 것이다.[7]

자연의 다양하고 다채로운 분화는 환경의 복잡한 변화를 가져다줄 것이다. 그 변화에 적응하는 노력이 의식적이든 무의식적이든 축적되고, 그 결과로 '환경에 대한 관찰의 정밀함과 민첩함'이

양성되었다. 그것만이 아니다. 그것은 또한 '자연의 경이로운 깊이와 신비한 깊이'에 관한 감각을 연마하는 데 공헌하였다.

> 자연의 신비와 그 위력에 대한 지식이 깊을수록 인간은 자연에 순종하게 되고, 자연에 반항하는 대신에 자연을 스승으로 삼아 배우고, 자연 태고 이래의 경험을 우리 것으로 만들어 자연환경에 적응할 수 있도록 노력할 것이다. (중략) 대자연은 자비로운 어머니인 동시에 엄한 아버지이다. 엄한 아버지의 엄한 교훈에 복종하는 것은 자비로운 어머니의 사랑에 어리광을 피우는 것과 같이 우리 생활의 안녕을 보증하기 위해서 필요한 것이다.[8]

자연에 반항하는 대신에 자연을 스승으로 삼고 배울 때 일본에서 과학의 발달을 촉진하는 특질이 가로놓여 있다고 도라히코는 말한다. 그에 비하여 서구 과학은 자연을 인간의 힘으로 극복하려고 노력하는 데서 발달했다. 일본의 과학이 서구와 같은 보조로 진보하지 않았던 원인은 '자연의 특이성'에 적응하려는 일본인의 대처 방법 속에 은근히 숨어 있다. 자연에 대한 반역을 단념하고 자연에 순응하기 위한 경험적인 지식을 축적하였을 때 일본인의 '민족적인 지혜'가 형성된 것이고, 그것이 일본인의 '지혜이며 학문이었다'고 말하고 있다.

이러한 사고에는 데라다 도라히코의 학문관이 분명하게 나타나 있다. 과학에 대한 견해가 명쾌하게 피력되어 있다. 다만 나는 거기에는 동시에 자연을 대하는 일본인의 특징적인 감각과 독특한 심정까지 교묘히 포함되어 있다고 생각한다. 그 미묘한 감각과 독특한 심정은 다른 면에서 보면 일본인의 종교관의 모태를 형성하고 있다는 데까지 생각이 미친다.

그러한 도라히코의 복안적(複眼的) 사고라고도 할 수 있는 유연한 생각은, '대자연은 자비로운 어머니임과 동시에 엄한 아버지이다'라는 말 속에도 드러나 있다고 해도 좋을 것이다. 왜냐하면 그가 말한 '엄한 부친의 엄한 교훈'이라는 표현은 신과 같은 엄한 부친의 엄한 교훈이라고 바꿔 말해도 좋고, 그와 같이 '자비로운 모친의 사랑'도 자모관음(慈母觀音)과 같은 자애라고 이해해도 조금도 문제가 없을 것으로 여겨지기 때문이다.

도라히코가 서구의 여러 나라를 여행할 때 그는 그곳에서는 자연이 주는 '자모의 자애'가 결여되어 있다는 사실을 통감했다고 한다. 홍적기의 유물로 보이는 이탄지(泥炭地)와 사막이 넓게 펼쳐져 있든가, 아니면 민둥산인 바위산이 항상 눈에 띄었기 때문이다. 또 다른 한편에서는 자연이 주는 '엄한 부친'의 위엄에도 또 무언가 부족한 느낌이었다고 말한다. 왜냐하면 어느 나라도 지진과 태풍의 위협을 알지 못하는 것처럼 보였기 때문이다. 그리고 그러한 자연환경이야말로 사실은 자연을 두려워하지 않고 자연을 극복하려는 과학의 발달에 '정말 좋은 지반'이었을 거라고 말한다.

그렇다면 일본인은 일본의 자연 특이성을 잘 알고 있는 상태에서 앞서 살펴본 서구 과학의 이기를 활용하여 그 성과를 적용하면 좋지 않을까. 눈앞에 있는 풍부한 천혜를 향유하고 특이한 천재지변의 재난을 경감시키고 회피하려고 노력하면 좋을 것이다. 세계

속에서 그런 일을 할 수 있는 나라는 일본을 빼고는 거의 없지 않을까.

도라히코는 뒤이어 일본인의 '일상생활'과 '정신생활'의 문제로 방향을 돌렸다. 말하자면 계절에 호응하는 채소, 어패류의 주기적인 순환, 주거에 따른 방한(防寒), 방서(防暑)와 습도 조절, 정원 설계와 특색 있는 꽃구경 등 구체적인 사례를 들면서, 거기에서 '오랫동안 공부하여 얻은 초과학적인 과학지식'이 발달했다고 한다. 또한 '정신생활'에 대해서는 그중에서도 단가와 하이쿠의 문예 형식을 들어 마쿠라코토바(枕詞)와 하이카이홋쿠(俳諧發句)에서 배어 나오는 자연관과 인생관의 개성을 세밀하게 검토하고 있는데, 여기에서는 그 내용은 생략한다.

살펴본 것처럼 도라히코는 일본인이 이해한 과학의 성격은 자연환경에 의하여 크게 좌우되었다고 말하고 있다. 그에 따르면 '초과학적인 과학지식'은 오늘날 과학의 눈으로 보아도 충분히 '합리성'을 갖추고 있다. 그럼에도 그런 과학적인 태도는 서구풍의 '분석적 과학'과는 성격이 전혀 다르다. 왜냐하면 서구풍의 분석적 과학은 앞에서도 언급했듯이 자연의 위협이 완만하기 때문에 자연 제어가 손쉬운 서구의 환경에서는 발달하기가 용이했기 때문이다. 그에 비하면 예측하기 어려운 지진, 태풍으로 고통당하는 일본인은 현상의 원인을 탐구하기보다 재해를 경감시키고 피할 수 있는 구체적인 방책을 연구하는 것에만 지혜를 기울여 왔다.

이렇게 그는 일본인의 정신생활의 바탕을 요약하면서 다음과 같이 말한다.

단조롭고 황량한 사막의 나라에는 유일신을 섬기는 종교가 생겨난다고 말하는 사람이 있었다. 일본처럼 다채롭고 예측할 수 없는 변화에 둘러싸인 자연을 가진 나라에서 800만 개의 신들이 생겨나 숭배되어 온 것은 당연한 일일 것이다. 산도 강도 나무도 하나하나가 신이라는 사람도 있다. 그것을 숭배하고 따를 때 생활과 생명이 보증되기 때문이다. 또 한편으로는 지형의 영향으로 주민의 정주성과 토착성이 결정되기 때문에 모든 취락 지역에 수호사원을 세우게 되었다. 이것도 일본의 특색이다.

불교가 먼 땅에서 이식되어 자리 잡고 발전해 온 것은 역시 교의에 들어 있는 많은 내용이 일본의 풍토에 적당했기 때문이다. 생각건대, 불교의 근저에 깔려 있는 무상관이 일본인에게 자연스럽게 형성된 자연관과 서로 조화를 이룬 점도 한 가지 원인이 되지 않을까 생각한다. 가모노 조메이(鴨長明)의 『호조기(方丈記)』를 인용하지 않아도 지진, 풍수와 같은 재난이 빈번하고 더욱이 전혀 예측할 수 없는 국토에 살고 있는 사람으로서 자연 무상은 오랜 선조로부터 물려 받은 유전적 기억이 되어 오장육부에 전해졌기 때문일 것이다.[9]

자연에의 순종, 풍토에의 적응, 거기에 불교의 바탕에 깔려 있는 무상관을 일본인에게 저절로 만들어진 자연관과 조화하게 된 원인으로 보는 도라히코의 관점에 주의하도록 하자. 즉, 그의 관점은 황량한 사막에서 유일신을 섬기는 종교가 생겨나고, 다채로운 변화에 둘러싸인 자연을 가진 일본에 800만 신들이 생겨나 숭배되고 있는 정신적 모태를 이야기하고 있다. 도라히코는 일본인의 자연관을 논하면서 일본인 종교관의 기초를 거의 파악하고 있다고 해도 좋을 것이다. 왜냐하면 빈번히 지진과 풍수의 재난을 일으키는 '산'과 '강'에 대하여 그 '산'과 '강'이 동시에 '신'이기도 하고 '인간'이기도 했다고 말하기 때문이다. 지형과 풍토의 특성을 관찰해서 거기에서 무상관의 일본적 유형을 찾아보려고 하기 때문이다.

'천재는 잊었을 때 온다'라는 말은 과학자인 데라다 도라히코가 일본의 자연환경을 정밀하게 관찰, 점검한 결과에서 나온 독자적인 위기관리사상이었다. '천재'로 상징되는 일본의 자연이 일본인의 '국민성'뿐만이 아니라 일본인의 정신성에도 지대한 영향을 미쳤다는 사실을 도라히코는 일찍부터 정력적으로 주장한 것이다. 자연에 대한 관찰을 게을리하지 않고 자연의 변화에 대한 유연한 대처, 그것이 일본인의 과학과 정신에 독자적인 방향성을 주었다는 것이다.

데라다 도라히코는 그러한 자연관의 회로를 통해서 '종교'와 '과학'의 대화가 이루어지고 있었다고 말하는 것이다.

### 2) '대화'의 궁극 — 미야자와 겐지

데라다 도라히코가 「천재와 국방」을 쓴 것은 앞서도 말하였듯이 1934년이었고, 그 전년도인 1933년 9월 21일에는 미야자와 겐지(宮沢賢治)가 하나마키(花巻)에서 사망했다. 겐지가 『경제왕래』에 게재한 도라히코의 글을 읽었는지 알 수는 없지만, 그가 도라히코와 미친가지로 '천재'에 관하여 높은 관심을 가지고 있었다는 점은 의심할 여지가 없다. 왜냐하면 그는 동화 『구스코 부도리의 전기』에서 그 문제에 대해 나름대로 해답을 제시하고 있는 것처럼 보이기 때문이다. 작품에는 과학자로서의 겐지가 자연의 위협에 대하여 종교적 희생을 테마로 제시하여 해결의 실마리를 잡으려는 모습이 투영되어 있다.

지금 나는 겐지를 '과학자'라고 말하고 있는데, 물론 그는 과학자의 길을 직업으로 선택한 사람은 아니었다. 그는 우선 범상한 과학자가 아니었다. 과학자이면서 과학자를 뛰어넘은 사람이었다. 겐지가 말년에 사용한 수첩에 「아메니모마케즈(雨ニモマケズ, 비에도 지지 않고—역자)」라는 시가 쓰여 있다는 것은 잘 알려진 사실인데, 이 수첩에는 「법화경 입문에서 고등수학에 의한 해석의 가부」라는 글이 한 편 쓰여 있었다. 이 최후의 수첩을 자세히 검토한 오구라 도요후미(小倉豊文)에 따르면, 겐지는 1932년부터 병상에서 고등수학 연구를 시작하여 그의 장서에는 『고등수학강좌』가 들어 있었다고 한다.[10] 죽음을 눈앞에 둔 시기에도 법화경과 수학을 결합해 보려고 정열적으로 노력했다는 사실을 알 수 있을 것이다.

또한 미야자와 겐지는 '4차원', '제4차 연장' 등의 말을 자주 사용했다. 그것은 당시 유행하던 아인슈타인 현상에서 촉발되었다고 생각된다. 그가 왜 그렇게 아인슈타인 이론에 관심을 갖게 되었는지는 확실하게 밝혀지지 않았다. 그런데 1921년에 아인슈타인의 『상대성원리강화』가 구와키 아야오(桑木彧雄)와 이케다 요시로(池田芳郎)에 의해 번역되어 폭발적인 판매실적을 올려, 불과 두 달 사이에 12판을 찍었다. 또한 그해에는 이시하라 준(石原純)의 『상

대성원리』가 출판되어 저널리즘의 화려한 각광을 등에 업고 있었다.[11]

그리고 그다음 해인 1922년 11월이 되자 기다리던 아인슈타인이 일본을 방문했다. 때가 이르렀기 때문인지 갑자기 '아인슈타인 쇼크'[12]가 일어나서 사회적인 큰 사건으로 발전하였는데, 그런 현상이 모양을 바꿔서 최근의 '우주론 붐'으로 부활하였다고 말할 수 있지 않을까. 우주물리학의 급속한 발달이 세간의 이목을 모으고 있을 때, 그 선두를 리드한 호킹 박사가 1990년에 일본에 와서 우주론 붐이 최고조에 달하였던 일은 지금도 기억에 새롭다. 역사는 70년의 시간을 뛰어넘어 같은 일을 연출하고 있는 것이다.

무엇보다 이러한 우주론 붐은 우주의 구조를 이해하는 사람이 많아졌기 때문에 나타난 것은 아닐 것이다. 오히려 우주물리학자와 같은 과학자들의 말에서 우주의 신비와 불가사의에 대하여 그들이 무언가 냄새를 맡았기 때문에 붐이 된 것은 아닐까. 우주론 붐이 반드시 우주의 구조에 대한 과학적 지식의 증대를 의미하는 것은 아니다. 그것은 아인슈타인 쇼크의 경우에도, 호킹 선풍의 경우에도 마찬가지라고 생각한다. 과학의 배후에 오히려 우주 신비의 그림자를 투시하고 천체물리학의 저편에 있는 초현실적 다원 세계를 이미지화하려는 욕구가 '쇼크'를 환기시키고 '선풍'을 불러일으켰음에 틀림없다. 과학과 신비의 영역이 완전히 구별되어 인식되고 있는 것은 아니다. 우주의 구조와 초현실의 이미지네이션이 융합되어 그 경계선이 애매하게 되어 있는 것이다.

말하사넨 호킹 박사는 단순한 우주물리학자로서 바다를 건너 일본에 온 것은 아닐 것이다. 그는 어쩌면 이전의 아인슈타인 박사처럼 천공의 저쪽에서 날아온 UFO 역할을 연기하면서 다차원 우주에 서식하는 수호신의 대표로 이미지화된 것이다.

이렇게 생각해 보면 최근 미야자와 겐지에 대한 평가가 문학의 영역을 벗어나 사회적으로 범위가 넓어지는 가운데 급속하게 높은 평가를 받고 있는 것도 납득이 간다. 그렇게 말하는 것은 겐지야말로 과학의 저편에 있는 풍부한 이매지네이션의 세계를 그려내고, 우주의 다중구조 속에 있는 신비하고 불가사의한 종교의 세계를 투영하려고 한 사람이었기 때문이다. 겐지도 아인슈타인 박사와 호킹 박사처럼 천공의 저쪽에서 내려온 UFO에 가슴 설레는 사람들의 기대를 그야말로 그림으로 그린 듯 실현시켜 준 지적 수호신이었다고 말할 수 있는 게 아닐까.

원래 이야기로 돌아가면 아인슈타인이 일본에 왔던 1922년 11월 27일, 겐지의 여동생인 도시가 죽었다. 정말로 아인슈타인이 일본에 체재중인 바로 그때였다. 여동생 도시가 사망한 날을 노래한 시는 「영결의 아침」, 「소나무의 침」, 「무성통곡」, 「아오모리 만가」 등이었다. 겐지는 그날, 머릿속에 밀려오는 슬픔을 "도시코, 도시코"라고 울부짖으며, 여동생의 관이 다 탈 때까지 쩌렁쩌렁 법화경을 암송했다.[13] 그 시의 한 구절을 읽어 보자.

> 너무나 힘든 고열과 기침으로 괴로워하며 너는 나를 찾았다.
> 은하와 태양, 대기권의 세계인 하늘에서 내린 눈의 마지막 한 그릇을….[14]
>
> (「영결의 아침」)

가느다란 전신주의 열이
빠르게 이동하는 듯
기차는 은하계의 영롱한 렌즈
거대한 수소 사과 안을 달리고 있다.[15]

(「아오모리 만가」)

은하의 흐름과 법화경의 독송과 아인슈타인 쇼크…. 겐지의 내면에 과학의 지식과 종교의 신앙이 격렬한 불꽃을 흩날리며 교류하고 있는 것을 알 수 있다.

미야자와 겐지는 그가 살고 있는 시대의 과학에 전폭적인 신뢰를 두고 있지 않았다. 과학적 지식에 의심을 품고 있었다고 말해도 좋다. 이와 같이 그는 자신을 둘러싼 정신세계를 조망하고, 지금까지 종교적 믿음이 성숙하지 않은 것에 초조한 느낌을 가지고 있었다. 말하자면 그러한 심정은 「농민예술개론강요」에 다음과 같이 표명되어 있다.

지금 우리에게는 노동이 다만 생존을 위해 있을 뿐이다
종교는 지쳐서 근대 과학으로 바뀌는데, 과학은 차갑고 어둡다.[16]

그리고 이와 똑같은 고백이 경쾌하고 씩씩한 시, 「학생 여러분에게 전한다」 속에도 후렴처럼 등장한다.

오늘 역사와 시구의 자료만 논한다면

우리의 선조에서 우리에게 이르기까지
모든 신앙과 덕성은
단지 오해로부터 생겼다고 보이고
더구나 과학은 아직도 어두우니
우리에게는 자살과 포기만이 보증될 뿐이다.[17]

여기에서는 '어두운 과학'과 '지친 종교'가 대치되고, '차가운 근대 과학'과 '오해로부터 생긴 신앙'이 대비되고 있다. 같은 운명을 '예술'도 걷고 있는 것이 아닐까 하고 그는 다그친다. 그런 정도로 시대는 피할 수 없는 중압감에 압도당하고 있지 않은가. 그렇다면 우리는 지금이야말로 농민예술을 부흥시켜 잿빛 노동을 태워 버리고, 구름과 빛과 바람으로부터 투명한 에너지를 얻어서, 어둡고, 차가운 과학과 종교에 창조의 혼을 불어넣지 않으면 안 된다. 겐지는 이렇게 말하고 있는 것이다.

이와 같은 미야자와 겐지의 충동적 생각이 창작품으로 되어 나온 것은 그의 잘 알려진 동화 『구스코 부도리의 전기』이다. 왜냐하면 그 동화에는 '어두운 과학'에 생명을 불어넣고, '지친 종교'에 피를 통하게 하는 겐지 정신의 발자취가 예리하게 그려져 있기 때문이다. 어두운 과학에 불을 밝히고, 지친 종교에 투명한 에너지가 회복될 때, 과학과 종교 사이에는 은하 공간의 맑은 바람이 흐르기 시작한다. 그는 과학과 종교의 대화가 그렇게 반드시 회복되어야 한다고 생각한 것이 아닐까.

단지 그것을 위하여 실천할 방법을 모색하는 과정에서 겐지는 분명히 앞서 말한 도라히코의 방향과 매우 다른 방향으로 빗나갔다. 두 사람 사이에 미묘하고 중대한 대립점이 그 실천 방향에서 나타나는 데 주의하지 않으면 안 된다. 문제에 들어가기 전에 먼저 『구스코 부도리의 전기』를 살펴보기로 하자.[18]

구스코 부도리와 네리 남매는 나무꾼의 자녀들이었다. 이들은 부모와 함께 숲 속에서 행복하게 살고 있었는데, 어느 날 아버지가 집을 나가 돌아오지 않자 다음 날 어머니도 휘청거리며 집을 나간다. 그 후에 남매에게는 얼마 안 되는 식량이 남아 있을 뿐이었다.

『구스코 부도리의 전기』는 이런 암울한 예감으로 가득한 서두로 시작한다. 갑자기 '기근'이라는 심각한 테마가 나타나며, 양친의 죽음이 암시되고 있다. 겐지는 이 작품과 동일한 구상에 기초한 『펜넨넨넨넨 네네무의 전기』를 1922년경에 쓴 적이 있다. 그 글에서 불완전한 곳을 고쳐서 먼저 『구스코 부도리의 전기』가 되었고, 다시 그것을 퇴고하여 1932년에 『구스코 부도리의 전기』로 이어졌다. 이때는 겐지가 26세부터 36세까지의 시기였다. 하나마키농학교의 교사가 되었다가 곧 그곳을 그만두고 '라스지인협회(羅須地人協會)'를 설립하여 비료 만드는 일과 벼농사의 지도에 헌신한 시기였다. 그러다가 1923년에 간토대지진이 발생하였다. 이 작품에 나오는 지진 재해의 이야기도 아마 그때 보고 들은 것에 자극을 받아 쓴 것이라고 생각된다. 미야자와 겐지도 데라다 도라히코와 마찬가지로 일본 국토에 독특하게 나타나는 '천재'에 크게 자극받았다는 것을 알 수 있을 것이다.

동화로 돌아가서, 부모가 사라지고 난 후 여동생 네리마저 누군가에게 잡혀간 후, 부도리는 홀로 숲에 남겨진다. 그곳에 산림 매매업자로 보이는 남자가 찾아온다. 그는 숲의 나무들을 그물로 걸어 누에의 유충을 기르고 거기에서 산누에 실을 채취한다고 말한다. 부도리는 날마다 그 남자에게 혹사당하고 쥐꼬리만한 식량만 받을 뿐이었다. 그렇지만 어느 해 대지진이 발생하고 산이 불타면서 작은 불씨가 퍼져 그 여파로 산누에 실공장은 전부 소실된다.

숲을 나온 부도리가 마을을 향해 걸어가자 벌판이 펼쳐진다. 그곳에서 만난 붉은 수염의 농부에게 부탁하여 일을 하게 된다. 매일 늪지대 밭에 나가서 흙탕물을 긁어모아 현미 모종을 심고 풀을 뽑는 생활이 시작된다. 그런데 현미에 병이 발생해서 전멸해 버린다. 그 후에 냉해와 가뭄과의 싸움이 계속되어 부도리는 결국 6년간이나 일했던 늪지대 밭을 떠나게 된다.

늪지대 밭을 갈던 시절에 구보 박사의 책을 읽었던 부도는 기차로 이하토부시(市)를 떠나 구보 박사의 학교로 간다. 구보 박사의 강의를 들은 후에 박사의 소개장을 받고 방문한 곳은 이하토부시의 화산국(火山局)이다. 그곳에서 부도리는 노기사인 펜넨나무를 만나고 화산 활동을 관측하고 조사하는 일을 배우게 된다. 화산국은 자연현상을 과학적으로 이용하고 하늘에서 비료와 비를 내리게 하여 화산 분화와 지진의 피해를 막던 곳이다.

부도리는 그곳에서 왕성하게 활동한다. 밭과 논의 수확이 증가하고 여동생 네리와도 재회할 수 있었지만, 그런 행복한 나날은 길게 지속되지 않았다. 그가 27세 되던 해 극심한 추위가 찾아왔기 때문이다. 그는 흉작이 곧 올 것임을 예견하여 구보 박사에게 카르보나트 섬의 화산을 폭발시켜 대기의 온도를 상승시킬 수 있는지에 대해 제안한다. 박사는 그의 제안을 수긍하긴 했지만, 그것을 실행하기 위해서는 마지막 한 사람이 생명을 잃을 각오를 하지 않으면 안 된다고 대답한다.

그로부터 3일 후, 화산국의 배가 급히 카르보나트 섬으로 향했다. 그곳에 전망대를 짓고 전선이 연결된다. 모든 준비가 끝나자 부도리는 사람들을 배로 돌려보내고 홀로 섬에 남는다. 머지않아 폭발이 일어나고, 창공에는 녹색이 펼쳐지며, 해와 달이 붉게 빛난다. 수일이 지나자 기후는 부쩍 따뜻해진다.

이 작품에는 이와 같이 냉해와 가뭄이라는 문제가 나타난다. 그것은 당시 일본 전체의 문제이고 그중에서도 겐지의 생활 터전이었던 도호쿠(東北) 지방의 문제이기도 하였다. 그리고 지방에서 과학 공부를 하면서 재해를 어떻게 방지하면 좋을까 하는 절실한 소망이 있었다. 이 동화는 그런 두 가지 사항을 날실과 씨줄 짜듯이 전개하여 결국엔 주인공 부도리가 희생됨으로써 종결을 맞는다.

고아가 된 부도리는 좁은 숲 속에서 광활한 농촌의 세계로 발을 들여놓고, 결국엔 도시로 나와 이하토부를 멀리 바라보며 지평에 몸을 맡긴다. 노동을 하면서 지혜를 모아 여러 과학적 지식과 기술을 쌓고, 그 결과로 최후에 찾아낸 것이 화산 폭발과 함께 자신의 생명을 바친다는 것이었다. 말할 필요도 없지만 『구스코 부도리의 전기』는 작가인 겐지가 자신의 일생을 하늘의 계시 같은 직관에 의해서 요약한, 상냥한 자서전이었다고 할 수 있다.

냉해와 가뭄에 조토화하는 농업을 과학기술 공부로 어떻게 재건할 수 있을까. '어두운 과학'에 혼을 불어넣는 것이 겐지의 사명감이 되었다. 자연의 맹위에 직면하여 그동안 축적되어 온 과학적 경험과 지식을 총동원해서 대처하려고 한다. 그것은 정말로 잊었을 때 반드시 오는 '천재'에 대비하자고 주장하던 데라다 도라히코의 생각과 같은 선상에 있다고 말할 수 있지 않을까.

하지만 겐지는 결국 그러한 대처치료법적인 구상에도 한계가 있다는 견해를 보였다. '어두운 과학'에 정말로 혼을 불어넣기 위해서는 어떻게 해야 좋을지에 대해 안타까운 마음이 가슴속에 차올라 온다. 그리고 언젠가 '지친 종교'에 피를 통하게 하려는 정열이 그런 안타까운 마음에 겹쳐 나온다. '어두운 과학'에 혼을 불어넣는 제1의 주제와 '지친 종교'에 피를 통하게 하려는 제2의 주제가 겐지의 시적 환상을 자극하고, '카르보나트 화산섬 폭발'이라는 발상으로 결실을 맺게 된다.

데라다 도라히코는 일본인의 과학적 태도는 '천재'에 대처하고 준비해 온 오랜 기간의 경험 속에서 생긴 것이라고 생각했다. 그것은 서구풍의 분석적 과학은 아니지만 일본인의 자연관의 세례를 받은 그 나름의 합리적인 정신을 육성했다. 산과 강과 나무가 신이고 사람이라는 종교관도 거기에 움트고 있었다.

미야자와 겐지는 자연과학의 능동적인 가능성을 인정하는 점에서는 물리학자인 도라히코와 동일한 입장이지만, 현실의 불행(천재)을 구하는 것은 과학의 힘만으로는 불충분하다고 생각했다. 그는 그런 폐색감(閉塞感)을 돌파하는 것처럼 초현실적인 계기, 즉 자연의 맹위 속에 몸을 던져 재난을 피할 수 있기를 바라는 '희생'

정신을 제시했다. 물론 그 점에는 누구도 흉내 낼 수 없는 로맨티시즘의 꿈이 아름답게 빛나고 있다. 과학을 향한 기대와 종교적 열정이 하늘 높이 솟아오르고 메르헨(Märchen: 마술적 또는 초자연적 요소를 특징으로 하는 인간 설화—역자)적 환상을 드러내고 있다고 말해도 좋다. 단지 거기에는 과학의 소생과 종교의 재생을 위한 미래의 기대를 이어가는 근대 일본인의 열망이 동시에 들어 있음을 부정할 수가 없다.

요약하면 데라다 도라히코는 과학적 지식과 종교 사이에서, 말하자면 예정조화적인 관계성을 가정하려는 전제에 서 있는 데 비하여, 미야자와 겐지는 과학적 세계관의 궁극은 종교적 신념에 의해서 내부로부터 확충되고 변혁된다고 생각하는 것 같다. 그리고 그것은 또한 근대 일본이 준비한 또 하나의 과학적 인식의 형태를 나타내는 것이라고 본다.

### 3) '대화'의 갈등—낙태아 공양

과학과 종교의 경우에 근대 일본인들 사이에는 이를테면 데라다 도라히코형의 견해와 미야지와 겐지형의 견해라는 두 가지 유형을 찾아낼 수 있다고 나는 말했다. 물론 그러한 생각에 대해서 지나치게 단순화한 개괄이라고 반론하는 입장도 있을 것이다. 그러나 나는 평균적인 일본인이라면 앞서와 같은 유형화에 크게 위화감을 갖지는 않을 것이라고 생각한다.

단지 여기에서 문제가 된다면 데라다 도라히코도 미야자와 겐지도 전문적인 지식의 훈련을 받은 엘리트였다는 점이다. 두 사람 모두 일본의 전통적인 관념과 민속을 잘 알고 있었지만, 그런 관념의 속박이나 영향으로부터 해방되어 있었다. 그만큼 과학과 종교라는 문제를 자유로운 태도로 객관적으로 생각하는 방법을 이해하고 있었다고 해도 좋겠다.

그렇지만 종교와 과학의 대화라는 문제가 현실보다 한층 심각한 양상을 나타내는 것은, 전통과 근대 사이에서 나타나는 갈등이 고유의 사회적 문맥에서 소용돌이에 휘말리기 시작할 때가 아닐까. 전통적인 관념 속에 과학의 단편적 지식이 던져 넣어지거나 과학적 정보에 전근대적 습속의 이미지가 굴절되어 끼워지기도 한다. 그에 따라 과학 인식이 편향되고 종교 신앙이 방황을 되풀이하는 때가 있다. 전통과 근대의 갈등을 간파하지 못하는 그로테스크한 양상을 나타내는 것이 그러한 때이다.

그러한 일례로서 최근에 사회적으로 화제가 되고 있는 '낙태아 공양'의 문제를 마지막으로 다루어 보자. 이것은 보는 방법에 따라 사회의 저변에서 특이한 화제를 뿌리고 있는 테마로 볼 수 있다. 그러나 일단 그 현상의 실마리를 당길 때 그곳에는 틀림없이 근대 일본이 만들어 낸 파행적인 개성 중의 하나가 선명하게 떠오르는 듯이 여겨진다. '낙태아 공양'이라는 그로테스크한 현상 속에서 원래 '과학'과 '종교'는 어떠한 고유의 관계성을 맺고 있는 것일까.

'낙태아'라는 것은 유산되거나 혹은 낙태된 아이를 말한다. 근대 이전에는 솎아 낸 아이라고 하여 암암리에 매장되었다. 그래서

'솎아냄'도 '유산아'도 모두 '낙태' 행위로 연결되는 점에서는 같은 이미지를 가지고 있었다고 할 것이다.

낙태아에 대한 공양은 대략 1975년을 경계로 널리 시작되었다고 한다.[19] 그것은 처음에 나라(奈良)의 변천종(辯天宗) 등의 신흥종교 교단, 가마쿠라(鎌倉)의 하세데라(長谷寺)와 교토(京都) 사가(嵯峨)의 아다시노(化野)의 넨부쓰지(念佛寺) 등에서 행해졌고, 더욱이 이시키리신사(石切神社)와 구로즈미교(黑住教) 같은 신도색이 강한 교단에게까지 확산되어 갔다. 그 보급과 전파의 기세는 오늘날 여전히 멈추지 않고 사람들의 이목을 끌고 있다.

도대체 왜 이러한 낙태아 공양 붐이 발생한 것일까. 거기에는 어쩌면 전통적인 관념과 새로운 현대 사회의 상황이 복잡하게 얽혀 있음에 틀림없다. 덧붙여 말하자면 전통적인 윤회전생 이미지가 현대의 산부인과적인 의료기술과 접촉하여 색다른 인간 행동을 일으키는 면이 있을지도 모른다.

먼저 생각하지 않으면 안 되는 것은 낙태아 공양 붐이 지금 말한 것처럼 1970년대에 들어서면서 급상승하는 모습을 보여 주고 있다는 것이다. 일본에서는 전시중이었던 1940년에 '국민우생법(國民優生法)'이 제정되었는데, 그것이 종전 후의 신헌법 제정에도 불구하고 1948년에 '우생보호법(優生保護法)'으로 개정되었다. 다음 해에는 인공임신중절이 모체의 건강과 경제적 곤란을 이유로 합법화되었다.

그렇지만 얼마 안 되어 '중절'이 지나치게 증가하자 우려하는 여론이 들끓었다. 그리하여 1972~1974년과 1983년에는 중절에 대한 규제를 강화하는 개정안이 논의되었다. 물론 이에 많은 부인 단체가 반대 의견을 표명했다. 반대운동의 배경에 서서히 열기를 강화시켰던 페미니즘운동이 있었던 것은 말할 필요도 없다. 요컨대 인공임신중절이 뜨거운 논쟁점이 된 것은 1970년대 초였던 것이다.[20]

마침내 고민하지 않으면 안 되는 문제가 발생하였다. 1960년대 후반부터 새로운 의료기술이 개발되어 태아에 관한 의학적인 지식이 급속도로 발전하게 되었다. 수정란은 세포로 분열하여 증식하고 분화하여 태생 2개월을 지나서야 '태아'로서 자라기 시작한다. 그때부터 태어나기 10개월까지 '태아'는 심장이 뛰고, 양수를 들이쉬고 내뱉는 호흡운동을 하며, 입과 손발을 움직이는 등 인간 활동의 대부분을 행한다. 특히 6개월부터는 적극적인 정신활동까지 하게 된다. 태아는 적어도 6개월 이후에는 '마음'을 가지게 된다는 것이다.[21]

'태아학'의 새로운 지식이 '낙태천국 미국'(버나드 너선슨Bernard Narthanson 박사의 명명)에 의해서 제시되었고, 중절에 대한 큰 의문을 품게 되는 계기가 되었다. 즉, 태아가 하버드 메디컬 스쿨이 세웠던 생명 기준(하버드 기준)의 전부를 만족시키게 되어, 중절 기피의 여론이 크게 일어나게 된다. 이 하버드 기준이 만들어진 것이 1960년대 말 무렵이었다는 것을 주의하지 않으면 안 된다.

이와 같이 생각해 볼 때 1970년대는 인공임신중절을 둘러싸고 내외부적으로 크게 흔들렸던 시대였음을 알 수 있다. 의학계의 지혜와 여론의 동향이 각 분야에 반영되었다고 말해도 좋다. 그것은 또한 산부인과 의원의 창구와 여성잡지 등의 매체를 통해서 일반인에게 침투되었다. '우생보호법'에 의하면 합법화된 '중절'의 주변에 이변이 생기기 시작한 것이다. 산부인과 의학의 진보가 모친의 육체에 사는 '태아'를 점점 더 선명한 이미지로, 하나의 침범할 수 없는 생명으로 자각하게 된 것이다.

1970년대에 들어 낙태아 공양이 급속도로 보급된 배경을 나는 이렇게 해석한다. 그러나 그 배경에 문제가 없다고는 할 수 없다. 그것은 즉 '중절'에 의한 심리적 상처를 둘러싼 문제이다. 앞서 '낙태천국 미국'에 대해서도 언급했지만, 미국의 경우 중절은 중대한 심리적, 생리적 장애가 거의 보이지 않는다고 한다.[22] 그렇지만 일본의 경우에는 그것이 이상하게도 높은 비율로 나타나고 있다. 아마 거기에 1970년대를 경계로 붐을 일으키고 있는 낙태아 공양의 비밀을 해석하는 열쇠가 숨겨져 있는 것은 아닐까.

여기서 조사 데이터 하나를 소개하겠다. 미국의 칼턴대학 교수인 바드웰 L. 스미스(Bardwell L. Smith)와 시카고대학 문과대학 대학원생 엘리자베스 G. 해리슨(Elizabeth G. Harrison)의 '낙태아 공양 앙케이트 조사'라는 것이 있다.[23]

이 조사는 '낙태아 공양 경험자'에 대한 앙케이트를 근거로 하고 있는데, 회답자의 많은 수가 중절을 한 것에 죄악감을 갖게 되었다고 고백하고 있다. 그중에는 중절 당시에는 자각하지 못하였으나, 그 후에 타인에게 설교를 듣거나 비판을 받아서 죄악감을 갖게 되었다고 한다. 그 죄악감이 앞서 말한 '심리적, 생리적 장애'를 일으키는 원인이 된 것이다.

무엇보다도 조사결과의 해석은 매우 신중하게 행하지 않으면 안 될 것이다. 거기에서 내가 재미있다고 생각한 것은 불과 두 줄이지만, 중절을 하고 낙태아 공양을 하는 중에 새로 임신한 아이를 중절한 아이가 '다시 태어난' 아이라며 윤회전생 이미지에 연결한 죄악감이 합법적인 중절행위와 표리일체를 이루는 형태로 부상하고 있다는 것이다.

스미스 · 해리슨 조사는 회답자에 대해서 당연히 중립적인 태도를 유지하면서 '다시 태어난'이라든가 '윤회전생'이라든가 '조상숭배' 등의 말을 유도하는 질문은 일체 하지 않고 있다. 그렇지만 가령 질문 항목 속에 "자신의 '태아'가 '조상'이나 누군가가 '다시 태어난' 것이라고 생각하는가"라는 의미의 질문이 있었다면 "예"라고 대답하는 비율이 급격히 상승했을 것라고 예측할 수 있다.

이러한 낙태아 공양에 대하여 무서운 비판이 일고 있다. 그 실체는 반성도 후회도 아니다. 사소한 '감상의 레저화' 혹은 인간의 나약함을 파고든 스님의 '상행위', 절의 '협박'은 아닌가라는 견해이다. 분명히 그런 비판을 받아도 어쩔 수 없는 점이 있을 것이다. 그렇다고 해서 모든 것이 해결되는가 하면 사정은 그 정도로 단순하지가 않다. 낙태아 공양을 흥행의 도구로 삼는 측에 악랄한 '협박'과 '상업주의'가 보임에도 상관없이 여전히 그 '공양'으로 마음의 상처를 치료하려는 여자들의 내왕이 후에도 끊길 것 같지 않기 때문이다. 무엇이든지 미신, 속신이라고 하며 끝낼 수 없는 뿌리 깊은 불안과 동요가 낙태아 공양자들에게 나타나기 때문이다.

앞서의 스미스 · 해리슨 조사에서는 중절을 했을 때 나쁜 일을 했다는 의식이 없었지만, 그 후에 비판을 받으니 자책감이 들어서 낙태아 공양을 하게 되었다고 대답한 사람이 몇 명인가 있다. 이것은 분명히 사람의 나약함을 파고들어 협박한 효과로 볼 수도 있겠다. 그러나 그와 동시에 다시 태어난다든가 윤회전생이라는 전통적인 관념이 돌연히 여성들의 기억 속에서 되살아난 결과라고 볼 수도 있다.

생각해 보면 이와 같은 윤회전생의 사고는 일본에서는 오랜 역사를 갖고 있다. 크게 나누어 거기에는 두 가지 흐름이 있었던 게 아닐까. 한 가지는 죽은 인간의 혼이 산과 바다로 간다는 신앙이다. 그 후에 조상신이 되어 세상을 방문한다는 관념이 더해졌다. 또 하나는 불교의 내세관에서 온 것으로 사후에 가는 지옥과 정토의 신앙이 널리 퍼졌다. 이상 두 가지 흐름이 겹쳐져서 죽은 자의 성불을 기원하는 조상 공양이 형성되었다. 영혼의 행방이 '유도(六道)'라는 형태로 세밀하게 분류되고 다채롭게 이미지화 되었다. 민간전승 속에서 널리 보이는 '다시 태어난다'는 신앙도 이러한 전통적인 영혼관의 유위전변(有爲轉變)을 통해 민중들 사이로 널리 퍼지게 된 것이다.

그 때문일까. 그러한 영혼관이 비교적 농후했던 근대 이전의 사회에서는 중절은 그렇게까지 크게 정신적 부담이 되지는 않았던 것 같다. 예를 들어 태아를 유산하더라도 다시 태어날 가능성이 있다는 믿음이 공동체 안에서 승인되어 있었기 때문이다. 말하자면 지바 도쿠지(千葉德爾)와 오쓰 다다오(大津忠男)에 따르면 근세에 있어 중절, 즉 '솎아 냄'은 아이의 영혼을 일시적으로 '놀려 주는'

것을 의미한다고 말한다.[24]

그러한 공동체의 암묵적인 이해가 있었지만 오늘날 우리 사회에서는 상실되고 있다. 대가족제도가 퇴색하고 핵가족이 형성되는 와중에 개인의 책임상, 정신적인 버팀목 없이 중절을 행하지 않으면 안 되는 여성이 증가하고 있다. 자연히 낙태아 공양으로 심리적 조건도 점점 강해지고 있다는 것이다.

게다가 앞서 언급한 바와 같이 의학의 진보로 생명 탄생의 신비가 마이크로의 세계에서 명확하게 밝혀지게 되었고, 아주 작은 태아에 대한 관심이 한층 더 깊어지게 되었다. 자신의 태내에 살았던 생명에 대한 관심이 기억의 저쪽에 가라앉아 있던 과거의 영혼 감각과 결합될 때 태아는 단순한 생물학적인 존재임을 뛰어넘는 계기를 갖게 될 것이다. 우리 주변에서 보이는 낙태아 공양 현상은 그런 어머니들의 마음의 풍경을 넌지시 비추고 있는 것이 아닐까.

# 3. 갓난아기의 울음소리
## —니시다 덴코의 경우

### 1) 병역거부 행동—북쪽 바다를 건너다

니시다 덴코(西田天香)의 회심은 갓난아기의 울음소리를 들었을 때 시작되었다. 며칠 동안 식사도 거르고 거지 같은 생활을 하고 있을 때 그는 갓난아이의 울음소리와 만났다. 누구의 것인지도 알 수 없는 갓난아기의 울음소리가 신의 계시처럼 그의 귓가를 때린 것이다. 마침 밤이 하얗게 밝아 오고 있었다. 니시다 덴코가 32세 때이다.

단순히 니시다 덴코와 갓난아기의 만남이라고 한다면 이것은 기이한 만남이라고는 말할 수 없을 것이다. 왜냐하면 종교천재(혹은 기인)와 갓난아기의 만남이라는 모티프는 동서양에서 그 예를 쉽게 찾을 수 있기 때문이다. 그것은 오히려 보편적인 현상이라고 해도 좋다. 그렇지만 니시다 덴코와 아이를 이어 주는 것이 사실은 바로 갓난아기의 울음소리였다고 하면 어떨까. 그것을 이해하기 위해서는 약간의 주석이 필요한 것은 아닐까. 물론 이 점에 대해서 나중에 니시다 스스로 여러 가지 이유를 붙이고 있다. 이유를 붙이고 있을 뿐만 아니라 그것에 대한 아름다운 한 편의 이야기를 만들어 내고 있다. 하지만 그 이유를 붙이는 것과 아름다운 이야기는 조금 박력이 모자라는 것처럼 보인다. 이렇다 할 자신도 없이 중얼거린 구실은 갓난아기라는 순진무구한 이미지에 붙인 후 얻은 지혜라고 말하는 것처럼 비치는 것이다. 그러나 그렇게 말하기 전에 니시다의 이력을 살펴볼 필요가 있다.

니시다 덴코는 20세에 홋카이도(北海道)로 건너갔다. 직접적인 이유는 징병기피 때문이었다. 그는 1872년에 사가현(佐賀縣) 나가하마시(長浜市)의 지물포 집안에서 태어났다. 징병기피를 위해서 홋카이도로 건너간 것은 1891년이다. 2년 전 그가 18세 때, 군(郡)의 분할문제가 일어났다. 그는 마을 주민대표로 선출되어 오쓰(大津)의 현청에 찾아가 현지사와 담판을 짓게 되었다. 그런데 오히려 지사 눈에 들게 된다. 결국에는 니노미야 손토쿠(二宮尊德)의 가르침을 받아 그의 신자가 된다. 이야기는 어느덧 바뀌어 홋카이도 개척의 이야기로 진행되었다. 결국 홋카이도의 돌 채집을 할 수 있는 벌판 500정보(町步)를 빌려 원주민을 이주시켜 개척하는 사업을 시작하게 되었다. 2, 3명의 자본가가 이 기획에 참여하고 지사도 뒤를 밀어 주어 니시다가 책임자가 된 것이다.

징병기피와 홋카이도 개척과 니노미야 손토쿠의 사상이 어떠한 인과관계로 이어지고 있는지는 잘 알 수 없다. 어찌되었든 그것이 혼연일체가 되어 니시다를 자극하여 움직인 것만은 틀림없다.

당시 광대한 황무지였던 홋카이도를 개척하기 위해서 '내지(內地)'를 버리면 군대에 가지 않아도 된다는 제도가 있었다. 그는 이 법을 이용한 셈이었지만, 그중에는 나쓰메 소세키처럼 홋카이도로 적을 옮긴 것만으로 그 은전(恩典)을 입는 사람도 나타났다. 니시다의 경우는 실제로 개척단을 조직해서 북쪽의 바다를 건넜던 것이다.

니시다가 홋카이도 개척에 몸을 투신하는 것으로 징병기피를 한 것처럼 마침 그와 동시에 '정교분리'의 깃발을 든 징병기피운동을 일으킨 단체가 있었다. 전통적인 불교 교단에 속한 사람들의 운동이다. 니시다 시타로(西田市太郎, 市太郎는 덴코의 본명)가 홋카이도에 건너간 것은 1891년이지만, 그해 12월에 '승려병역면제청원이유서'라는 팸플릿이 비매품으로 발행되었다. '청원인'란에는 진언종(眞言宗), 임제종(臨濟宗), 천태종(天台宗), 일련종(日蓮宗), 정토종(淨土宗), 조동종(曹洞宗)의 승려의 이름이 별기되어 있었다. 이처럼 '청원서'에 기록된 청원인의 소속 종파는 모두 일본을 대표하는 불교 교단이다. 그러나 어째서인지 정토진종(淨土眞宗)의 이름만은 동서 양쪽파 모두 보이지 않는다. 1888년(메이지 20년)에는 '혼간지교단(本願寺敎團)'이 메이지 정부와 결탁한 후 한층 강력해져 불교계에도 은연중에 세력을 심어 놓았다. 그럼에도 어째서 그 이름이 '병역면제청원서'의 서명인들 속에 보이지 않는 것일까. 여기에서는 그 문제에 대해서 다룰 여유는 없지만 단지 니시다의 생가가 정토진종의 오타니파(大谷波)에 속한다는 것만은 말해두는 편이 좋겠다. 무엇보다 그 후의 니시다는 생가의 '종교'였던 혼간지교단을 한 번도 생각하지 않고 스스로 외길로 나아간 것이지만….

메이지 유신 후에 일본 정부는 '성직자'에 대한 병역면제 규정을 만들었는데, 1889년이 되어 그 제도의 전면적인 철폐에 들어갔다. 그에 대한 대항조치로서 1891년에 승려의 병역을 면제해 달라는 앞서의 청원서가 만들어지게 되었다. 청원서에 담긴 반대 이유의 첫 번째는 화족(華族: 귀족계급)과 사족(士族: 무사계급), 그리고 평민이 '혈세(병역)'의 의무를 다하면서 국회에도 참가하고 있기에 결국 선거권과 피선거권을 가지고 있다는 것이었다. 하지만 '승려'는 '혈세'가 요구되지만 의원선거에서 '피선거권'이 주어지지 않기에 이것은 불공평하다는 것이었다.

승려에게 '피선거권'이 주어지지 않은 것은 말할 필요도 없이 메이지 정부가 채택한 '정교분리' 정책에 의한 당연한 귀결이었다. 정치와 종교의 분리, 그것이 승려로부터 피선거권을 박탈한 중요한 원리라고 한 것이다. 그렇다면 이 정권분리의 정책은 동시에 성직자에 대한 '혈세'의 면제라는 또 하나의 보편적인 원리를 인정해야 할 것이다. 예를 들면 프랑스, 러시아, 영국, 미국 등의 국가에서도 성직자는 병역이 면제되고 있지 않은가. 그것이 '청원서'에서 말하는 두 번째 반대 이유였다.

'신앙'과 '애국'은 지구상의 중대한 문제들 중 두 가지라고 '청원서'는 주장한다. 그러나 이 두 과제를 한 몸으로 동시에 행할 수 없는 사항이라는 사실은 말할 필요도 없다. '신앙'과 '애국'은 정치와 종교가 분리되지 않으면 안 되는 것처럼 나누어지지 않으면 안 된다. 종교의 가톨리시즘과 국가의 내셔널리즘은 원래부터 물과 기름의 관계였고 서로 손을 잡을 상대는 아니다. 이 근대적인 이론이 결국 정부에 의하여 받아들여지지는 않았다. 그러나 '청원서'의 주장에는 그 나름대로의 논리가 통하는 것이었다고 말하지 않을 수 없다.

1888년에 병역을 거부하기 위하여 홋카이도 개척을 지망했던 니시다처럼 행동하는 방법과 정교분리의 깃발을 들고 투쟁했던 승려 집단처럼 행동하는 방법이 이미 존재했다는 사실은 흥미있는 일이라고 말하지 않을 수 없다. 신천지에서 자신의 노동력을 쏟아부음으로써 국가에 대한 의무를 대신하는 방법과 근대적인 이론을 내세워서 의무를 회피하려는 방법이다. 그러나 이 단계에서는 두 가지의 '방법'이 아직 '신앙'의 문제에 직접 관련되어 있지 않다. 그렇게 말하는 것은 개간의 사상도 정교분리사상도 그것 자체로서는 신앙의 윤리를 단적으로 표현한 것이라고는 말할 수 없기 때문이다. 니시다의 경우를 말하자면 그의 회심은 개간사상이 좌절된 후에 이루어진 것이리라. 바꿔 말하면 병역거부의 논리가 파탄되고 나서 드디어 니시다 앞에 속세를 초월한 지복의 순간이 찾아온다. 회심이 새로운 종교운동을 만들어 내게 되는 것이다.

## 2) 거지체험—거리의 사람으로 살다

좌절은 의외로 빨리 찾아왔다. 토지를 빌린 사람과 토지를 빌려 준 사람 사이에 이해가 충돌하였기 때문이다. 소작인 · 노동자와 지주 · 자본가 사이에서 균열이 생기고 대립의 감정이 형성되었다. 니시다는 이해관계의 한가운데 서서 진퇴양난의 난처한 입장에 빠져들었다. 니시다의 입장에서 소작인은 주야로 침식을 함께하는 형제이고, 자본주는 후원자이다. 그렇다면 자신은 어떤 면으로는 자본가이고 또 다른 면으로는 노동자가 아닌가. 양쪽의 입장에서 어떻게 하면 좋을까. 니시다는 그 상극 모순을 어떻게 해결하면 좋을까 하는 문제에 대하여 고민했다.

그 결과 니시다가 선택한 길은 모든 것을 버리고 맨몸으로 빠져나오는 것이었다. 그의 말에 따르면 니노미야 손토쿠의 『보덕기(報德記)』에는 근면, 절약, 절도, 양보의 네 가지 덕이 설명되어 있다. 자신은 지금까지 처음의 세 가지 덕은 어떻게든 실천이 가능하였지만 마지막 양보만은 실천하지 못한 채 있었다는 것이다. 이제 양보를 실행할 때가 온 게 아닌가. 자신이 직면하고 있는 노동자와 자본가의 대립은 양보를 철저하게 실천하지 않고서는 극복할 수가 없을 것이다.

어쨌든 니시다는 손토쿠의 양보를 그렇게 해석하여 모든 것을 버리는 쪽으로 나아갔다. '모든 책임을 짊어지고 맨몸으로' 홋카이도를 뒤로한 것이다. 어떻게 '모든 책임'을 짊어진 것인가? 니시다는 그것을 명확하게 밝히지는 않았다. 보는 사람에 따라서 그것은 모든 책임을 지는 것을 의미하는 게 아니고, 단순히 적 앞에서 비겁하게 도망친 것에 지나지 않은 거 아닌가. 손토쿠의 이름을 빌려서 책임회피을 위한 전선이탈을 한 것이 아닌가. 그러한 비판이 생겨나도 어쩔 수 없는 상황이었다고 생각할 수도 있다. 어쩌면 그런 차가운 눈으로 니시다를 전송했던 소작인들이 있었을 것이다. 그는 차가운 시선을 뒤로하고 홋카이도를 떠난 것이 아니었을까.

홋카이도를 탈출한 후의 니시다의 족적은 잘 알려져 있지 않다. 결혼해서 아이도 두 명이 생겼지만, 그 전후의 경위를 니시다 자신이 말하지는 않았다. 후에 '잇토엔(一燈園)'에서의 새 생활에 들어가기까지의 삶과 심경에 대해서는 그의 자전적인 에세이 『참회의 생활』에 어느 정도 고백하고 있다. 그러나 결혼과 가족의 문제에 대해서는 최소한의 언급만을 하고 있다. 홋카이도를 떠난 직후의 생활에 대해서도 거의 언급하지 않는다. 그것은 아마도 이야기하고 싶지 않았기 때문일 것이다. 숨길 수 있다면 숨기고 싶은 일이었을지도 모른다. 그리고 니시다의 마음 깊숙이 자리 잡고 있던 어두운 부분이 그의 후반 인생에 크게 중압감으로 작용했을 것이다. 어두운 부분이 사라지지 않고 니시다를 계속 고통스럽게 했을 게 틀림없다.

니시다가 다시 자신의 인생에 대하여 이야기하기 시작한 것은 32세 때 경험했던 획기적인 사건에 대해서이다. 본 장의 처음 부분에서도 말했듯이 갓난아기의 울음소리와 만난 것이 바로 그 사건이다. 니시다 덴코에게는 '회심'의 순간이었다고 말할 수 있다. 종교가들이란 모두 예외 없이 자신의 '회심'에 대하여 이야기하기를 좋아한다. 그들은 자신의 '회심'체험에 지구의 모든 비중을 걸려고 하는 것 같다. 그것에 비교할 때 회심에 이르는 길을 밝히는 부분은 언제나 형편없는 것에 지나지 않는다. 회심의 전 단계가 지나치게 압축되고, 회심 후의 세계가 과도하게 비대해진다. 그것은 일반 종교경험이라는 것에 본래 들어 있는 특징이다. 일종의 정신병리라고도 할 수 있지 않을까. 물론 그것은 니시다의 경우만이 아니었다. 석가모니나 예수도 그랬으며, 바울이나 신란도 그랬다.

32세의 니시다 시타로를 『참회의 생활』에서 기술한 내용에 의해 재현해 보자. 이것은 후에 니시다 덴코가 젊은 시절을 뒤돌아보며 그린 자화상이다. 자화상에 떠오르고 있는 그림자는 당시 니시다 덴코의 마음의 궤적에 의해서 투영되고 있는 점을 주의해 보자.

32세의 어느 때, 니시다는 교토 기야마치(木屋町)에 있는 한 여관에 묵었다. 1903년의 일이다. 그가 홋카이도로 건너간 것이 1891년, 20세 때라는 것을 생각하면 그로부터 10여 년의 세월이 흘렀다. 두 날짜는 그의 뇌리에서 떠나지 않고 잊지 못하는 날임에 틀림없다. 그것은 니시다 인생의 본질을 소위 불가역적으로 나누는 부동의 척도였다.

그때 그는 가족과 떨어져 혼자 살았다. 처자를 시골에 돌려보냈다고는 하지만 거의 가족 해체 상태였을 것이다. 교토에 살게 되었으므로 4, 5년은 찻집에 놀러 다녔다고 한다. 일정한 직업도 없이 찻집에 놀러 다녔으니까 화려하게 놀지는 못했을 것이다. 그러나 역시 생활에 무리가 와서 서서히 궁핍한 상태에 빠지게 되었다. 그때 '신문에 폐를 끼쳤다'는 사건도 있었다고 한다. 신문에 나는 사건을 일으키게 되었다는 것이다.

니시다는 무의식적으로 몸에 준비를 하고 있었던 것이다. 스스로 자신을 벗기는 행위에 몰두하고 있었다고 말해도 좋을 것이다. 정신이 들었을 때 그는 '거지꼴'이 되어 있었다. 후에 니시다는 탁발(托鉢)을 하였고, 방법이 없으면 구걸하면 된다고 입버릇처럼 말하게 되었다. 그 원체험이 이때 만들어졌을 것이다. 어느 날 그는 '거지꼴'이 되어 기온(祇園)을 향해서 시조(四條) 다리를 혼자 터벅터벅 걸어갔다. 그러자 찻집 출입으로 다소 안면이 있던 기생이 주인 여자와 손을 잡고 걸어왔다. 순간 어깨에 힘이 들어가며 기분이 좋았지만 그 여자는 니시다의 거지꼴을 보고 그냥 도망가 버렸다. 그는 급하게 기온을 빠져나가 돌계단 아래서부터 야사카(八坂)신사로 갔고, 서둘러 공원의 벚나무 왼쪽을 비켜 내려가서 치온인(知恩院)의 정문 오른쪽 옆까지 갔다. 거기에 '그리유 관음상'이 있었기 때문이다. 그다지 크지 않은 연못 한가운데 화강암이 놓여 있고, 그 위에 세 척 정도의 관음금불상이 안치되어 있었다. 불상의 용모는 더없이 단정하고 자비스러운 모습이 부드럽게 드러나 있었다. 저도 모르게 '기생 같은 것보다 훨씬 더 좋다'라는 말이 나와 버렸다고 한다.

그러한 '거지'의 처지를 왔다 갔다 하고 있을 때의 일이다. 앞에서 언급했던 기야마치에 있는 여관방에서 밥도 먹지 않고 틀어박혀 있었다. 그렇게 이틀 정도 폐쇄적인 생활을 하고 있을 때, 마침 고향 친구로부터 톨스토이의 『나의 종교』라는 책을 받았다. 책의 제목에 끌려서 읽어 가는 중에 끝 부분에서 "살기 위해서는 죽어라"라는 톨스토이의 강한 말과 만났다. 그 말이 그의 전신에 전기 충격과 같은 충격을 가했다. 그때 니사다는 『참회의 생활』 속에서 자신의 상태를 다음과 같이 기술하고 있다.

> 거기에서 나는 집을 버릴 결심을 했다. 먼저 집을 없애 버릴지도 모른다는 것을 조상 앞에 고하고, 처자를 보살피지 못할지도 모른다는 것을 처자 앞에 고하고, "죽었다 생각하고 용서해 주십시오"라고 은밀히 사과의 말을 올렸다. 그 결과 그 날 이후 권리도 의무도 일체를 신에게 맡기고 죽을 각오로 여관을 뛰쳐나와 그대로 거리의 사람이 되었던 것이다.[1]

여기에는 니시다가 '거지꼴'인 자신을 '거리의 사람'이라고 바꿔 부르게 된 경위가 단적으로 이야기되고 있다. 거지꼴인 자신을 밥도 먹지 않는 단식의 상황으로 몰아넣고, 죽음으로의 여행으로 방황하는 환상 속에서 거리의 사람으로 전환시킨 드라마가 교묘히 적혀 있다고 해도 좋을 것이다. 더욱이 그의 마음을 사로잡은 톨스토이는 이미 시대정신을 물들이는 선명한 상징이었던 것이다. 톨스토이가 야스나야 폴랴나 땅을 떠나서 '세상을 버린 사람'이 되었고, 아스타포보 역에서 객사한 거나 다름없이 죽은 것처럼 니시다도 집을 버리고 죽자고 생각했다. 죽어도 좋다고 생각했던 것이다.

### 3) 회심의 이야기 — 갓난아이의 괴로운 외침

니시다 시타로가 거리의 사람이 되기로 결심하였을 때, 전보가 한 통 날아들었다. 고향집에서 온 것으로 지금 집은 파산 직전인 상태로 친족회의를 열고 있으니 빨리 돌아오라는 내용이었다. 그러나 친족회의에 나타난 거지꼴의 니시다는 거의 일상적인 언어를 잃어버린 것 같았다. 거리의 사람이 하는 인사가 그 자리에 참석한 사람들에게는 의미를 알 수 없어 미친 사람이 하는 혼잣말처럼 들린 것이다.

자리를 떠나 니시다는 씨족신을 모신 신사의 경내에 있는 아이젠당(愛染堂)을 거닐고 있었다. 그 절 가장자리에 집에서 들고 온 얇은 방석을 깔고 좌선을 흉내 내본다. 싫증이 나면 일어서서 주변을 어슬렁거린다. 그러는 동안에 밤이 밝아 왔다. 그런 행동이 2, 3일 계속되었다. 3일째에는 기분이 안정되지 않아 답답한 채로 아무것도 먹지 않고 앉아 있었다. 몸의 살이 닳아 없어져 가고 눈이 컴컴하게 되어도 먹을 것을 찾아보려는 기색이 없었다. 죽음이 가까이서 그림자를 드리우고 있었다. 죽음의 열락을 향한 속삭임이 공중에서 메아리 치고 있었다. 3일째 밤도 지친 채로 앉아서 또 다시 밤을 하얗게 지새웠다.

그때였다. 갓난아이의 격렬한 울음소리가 그의 귓가를 때린 것이. 니시다가 말한 '전기(轉機)'가 그때 활짝 열렸다. '전기'는 그때 돌연히 습격했던 것은 아닐 것이다. '전기'에는 움틈이 있고, 징조가 있으며, 그리고 숙성기가 있다. 그러한 징조와 숙성이 축척되고 압축된 에너지를 한 번에 분사시킨다. 그런 계기가 된 것이 갓난아이의 울음소리였다고 할 수 있다.

후에 니시다는 그때 받은 충격을 설명하면서 다음과 같이 기록하고 있다. 『참회의 생활』에 실려 있는 '전기'라는 장에 나오는 한 문장인데, 본 장의 서두에서 내가 니시다에 의해 지어진 '아름다운 한 편의 이야기'라고 말한 문장이다.

> 밤은 하얗게 밝았다.
>
> 이때 문득 귀에 들려온 것은 갓난아이의 울음소리였다. 어라! 하는 생각이 들었다. 나도 아이처럼 운다면…이라고. 저 아이는 지금 울고 있다. 저 아이 어머니가 젖을 주지 않은 거야. 일에 쫓겨서 부푼 젖을 잡고 허둥지둥 오고 있겠지. 만약 그 애가 울지 않고 굶주려 죽는다면 엄마는 젖을 흘리며 또 얼마나 한탄을 하리오!
>
> 울어 주면 그야말로 다행이다. 젖을 먹는 것은 생존경쟁도 아니고 투쟁도 아니다. 다른 것을 견디는 것은 아니다. 젖을 빨면 엄마도 아이도 기뻐진다. 갓난아이가 태어나기 전에는 젖은 없었다. 그가 태어난 후 처음으로 젖이 나온다. 갓난아이는 젖을 위해 아무런 노력도 하지 않는다. 엄마도 그렇다. 자연의 혜택은 둘에게 돌아간다. 인류의 먹을거리도 필경 그래야 된다. 자연에 어긋나는 일을 하기 때문에 받을 수 있는 은혜를 잃은 것이다. 갓난아이처럼 나를 위해서도 어디선가 밥을 준비하고 기다려 줄지도 모른다. 물론 무리하게 살려고 할 게 아니다. 허락된다면 말이다. 그렇다면 어떻게 울면 좋을까. 또 여기에 가만히 있어도 좋은 것일까.[2]

갓난아기가 울고 어머니가 갓난아기의 입에 젖을 물리는 자연스런 관계에 니시다의 간절한 생각이 멈추어지게 된다. 그것은 인간이 태어나 처음으로 타자와 관계를 갖는 원래의 풍경이라고 해도 좋을 것이다. 그 원풍경이 감미로운 죽음을 눈앞에 둔 니시다의 의식에 되살아난 것이다. 그때 니시다는 오로지 갓난아기처럼 울고 싶다고 생각한다. 갓난아기처럼 울 수 있다면 하고 원한다. 만약 갓난아이처럼 운다면 어머니가 그 갓난아이에게 젖을 물리는 것처럼 반드시 자신에게도 음식을 주는 사람이 나타나게 될 것이다.

원풍경이라는 것은 언제나 아름다운 이야기의 첫머리를 장식하는 문과 같은 것이다. 라파엘로의 '성모자상'이 그런 것처럼 갓난아기에게 젖을 물리는 모자의 모습만큼 원풍경에 어울리는 것은 없다. 그에 비교할 때 "젖을 빠는 것은 생존경쟁이 아니다"라든가 "인류의 먹을거리도 필경 그래야 할 것이다"라는 말은 단지 이데올로기적인 말을 진열해 놓은 것에 불과한 게 아닐까. 니시다가 그 순간에 그런 관념적인 세계를 즐길 수 있었다고는 생각할 수 없다. 아마 그런 일은 없었을 것이다. 그 아름다운 한 편의 이야기 속에서 니시다가 진심으로 말하고 싶었던 것은 필시 갓난아기처럼 울고 싶었다는 한 가지로 귀결되는 것이 아니었을까. "나도 갓난아기처럼 울 수 있다면…", "저 아이는 지금 울고 있다", "울어준다면 다행이다", "그러면 어떻게 울면 좋을까"— 짧은 한 문장 속에서 얼마나 니시다는 '우는 것'에 집착하고 있는가. 어쩌면 큰 소리로 울부짖는 갓난아이에게 마음을 빼앗긴 것일까.

프라하에서 태어난 미국 정신병리학자인 스타니슬라프 그로프(Stanislav Grof)는 최근까지 트랜스 퍼스널 국제학회의 회장을 하였다. 1986년 일본에서 학회가 개최되었을때 그가 일본에 왔다. 그로프는 『죽음을 넘어서—의식의 입구』라는 저서에서 갓난아기가 탄생하는 순간에 대해서 다음과 같이 말하였다. 갓난아기의 탄생은 죽음과 재생의 투쟁을 그대로 나타내고 있다. 그것은 자궁 속에 갇혀 암흑 속에 있던 태아가 백주의 전혀 다른 공간으로 방출되기까지 공포로 가득 찬 과정인데, 그는 그 국면을 다음과 같이 적고 있다.

> 그곳에선 자궁의 수축이 계속되고 있지만 자궁경부는 입을 열고 있다. 분만 직전 진통이 시작되고 자동적으로 강한 압력이 더해져 생을 향한 투쟁과 동시에 때때로 질식 등의 위험이 찾아온다. 출산의 마지막 단계에서 태아는 혈액과 점막, 양수, 그리고 소변과 대변 등 여러 생체분비물과 직접 마주치게 된다. 격렬한 투쟁의 분위기, 사디스트 · 마조히스트적인 전개, 강한 성적 흥분의 일탈된 여러 형식, 분뇨체험, 정화(淨火)의 요소(불로 인한 카타르시스)….[3]

어머니 자궁의 양수에 둘러싸여 있던 태아가 질식의 위험과 표리관계에 있는 내부를 떠나 체외로 방출된다. 분뇨투성이가 되는 격렬한 정서적 갈등으로부터 전혀 차원이 다른 세계로 던져지는 것이다. 그것은 양수에 싸여 있던 암흑의 공간 쪽에서 본다면 죽음으로부터 재생으로의 도정일 뿐만 아니라, 처음으로 죽음이나 재생이냐 하는 알 수 없는 카오스를 향한 강제적인 유기의 경험이 아닐까. 만약 그렇게 생각해도 좋다고 한다면 탄생의 순간에 격렬하게 공기를 가르는 갓난아기의 울음소리는 생의 기쁨을 상징하는 목소리가 아니라 정말로 공포에 질린 고민의 비명이라고 해야 할 것이다. 어머니의 양수에서 잠시 조는 상태에서 미지의 다른 공간으로 방출될 때 눈앞에 나타난 패닉, 그것이 그 울음소리에 메아리친다.

생명의 탄생이라는 아름다운 신화에 익숙해 있는 우리의 귀에는 갓난아기의 울음소리에 응축되어 있는 공간 공포의 절규가 들리지 않는다. 갓난아기가 경험했던 패닉은 우리가 마치 태반을 벗어던지는 것처럼 어둠 속에 들어박혀서 살아왔음을 기억하게 한다. 이제 와서 그것을 파헤친다고 해서 도대체 무엇이 달라질까. 원초적인 공간 공포의 현장으로 되돌아가려고 하면 거기에서는 자기 파멸의 이미지가 다시 떠오를 뿐이다.

그러나 아이젠당에서 밤을 새우고 돌연 갓난아이의 울음소리에 습격당했을 때의 니시다는 그렇지 않았다고 생각된다. 니시다는 그때 어린 생명의 무구한 환희의 목소리를 만난 것은 아니었다. 그가 절규 소리를 통해 들은 것은 양수에서 빠져나온 갓난아기가 내는 고통의 비명이었을 거라고 생각한다. 그리고 그 고통의 비명 속에서 니시다는 분명히 자기 자신의 고통의 비명을 들었을 것이다. 어디에서든지 솟아 나와 귓가를 때리는 공포의 절규에 둘러싸여 꼼짝 못하고 있던 것이다. 무엇보다 후에 니시다는 예전의 경험을 한 편의 아름다운 회심이야기로 지어 냄으로써 그때에는 들린 고민의 비명을 싹 망각하고 말았지만.

### 4) 종교운동의 원점 — 체험에서 이야기로

니시다는 홋카이도의 이시카리 벌판에 살던 친구를 버리고 본토로 돌아왔다. 적 앞에서 도망쳤다는 죄책감의 짐이 그의 양 어깨를 짓눌렀다. 게다가 그 짐 속에서 징병기피의 낙인이 아직 빨갛게 타오르고 있었을 것이다. 그는 병역이라는 이름의 세금을 회피하고 그 구실로 사용했던 노동 · 개척이라는 비단 깃발도 외면하였다. 아니 그것을 헌신짝처럼 버렸다. 본토에 돌아가서도 가업을 잇지 않았다. 실업계로 눈도 돌리지 않고 처자식마저 고향으로 돌려보내 멀리 두었다. 그것은 문자 그대로 출구 없는 경험이고 자신이 판 함정에 빠져 몰락한 상태에 이른 것이다. 그 어두운 구멍 속에 봉인된 그대로 그를 둘러싼 모태의 자궁경부는 단단하게 닫힌 채였다.

그의 눈앞에 서광이 비치기 시작한 것은 교토 기야마치에 있는 여관방에서 기거할 때였다. 먹지도 않고 톨스토이와 만나던 때였다. 자궁의 수축이 시작되고 자궁경부가 약간씩 입을 벌리기 시작했다. 질식의 위험이 그래도 주위에 많이 있었으나 분만이 가까워지자 확실히 진통이 시작되고 서서히 강한 압력이 가해졌다. 태어난 고향인 아이젠당에서 며칠인가 밤을 새우던 때가 있었다. 니시다는 그때 뜨거운 양수에 싸여 있으면서 혈액과 점액으로 뒤덮여 소변과 대변 그리고 여러 가지 생체분비물 속에서 떠다니며 뒤척이고 있었을 것이다. 그것과 함께 사디스트 · 마조히스트적인 고민의 비명을 높이고 있었던 것은 아닐까.

갓난아이의 울음소리가 들려왔을 때가 바로 그때였다. 그리고 자신도 그 갓난아기처럼 울 수 있다면…, 저 아이는 지금 울고 있다… 라고 생각했다.

이야기가 비약되지만 키르케고르(Kierkegaard)는 어른은 슬픔(Schmerz)으로 눈물을 흘리지만, 아이는 고통(Leiden)에 운다라는 의미있는 말을 했다. 어른은 긴 인생 속에서 역경과 불행, 병을 경험한다. 사람 간의 이별에 슬퍼하기도 하고, 경제 사정이 좋지 않아 힘들었던 과거를 떠맡고 있기도 한다. 어두운 과거를 떠맡을 뿐만 아니라 현재에도 그런 역경과 불행 속에서 살아가고 있다. 그리고 후에 과거나 자신을 돌아볼 때 슬픈 감정이 가슴을 적신다. 슬픈 자신에 대하여 연민의 정이 솟아 올라온다. 어른은 슬픔의 파도에 몸을 맡긴 채 운다. 슬픔의 흔들리는 요람 속에서 겨우 눈물을 흘릴 수가 있는 것이다.

하지만 아이의 경우는 그렇지 않을 것이다. 인생의 경험이 없으니 삶의 역경과 비애도 아직 없을 것이다. 소년에게는 원래 세상을 싫어할 이유가 없다. 세상을 부정할 적극적인 체험이 없다. 그렇지만 인생은 점차 그 앞에 부조리한 모습을 가지고 나타날 것이다. 그때, 소년은 단지 소년의 정신이라는 무기를 가지고 그런 세상과 인간의 부조리에 대면할 수밖에 없다. 그 소년의 정신은 순수한 마음이라고 해야 좋을지도 모른다. 아니면 완강하게 폐쇄된 마음일지도 모른다. 그 마음이 부조리와 정면충돌할 때 대부분 이유를 알 수 없는 통증이 스쳐 갈 것이다. 그때 생기는 강압적인 통증은 어딘가 갓난아기의 그것과 비슷하지 않을까.

울부짖는 갓난아기는 전신에 힘을 주며 운다. 갓난아기는 반성적인 의식을 갖고 있지 않기 때문에 육체의 울부짖음은 말하자면 고통 그 자체이다. 갓난아기는 생리적 원인 이외에 아무 이유 없이도 무조건 울부짖는다. 게다가 갓난아기는 존재의 괴로움 때문에 울고 있다. 그것을 키르케고르는 말하고 싶었던 것이 아닐까.

나는 니시다가 아이젠당에서 우연히 갓난아기의 울음소리를 들었을 때 틀림없이 고통의 울음소리에 습격당한 것이라고 생각한다. 땅속 깊은 곳에서 들려오는 존재의 괴로움에 몸부림치는 비명을 들은 것은 아니었을까 하고 생각한다. 그리고 그 존재의 괴로움이란 말할 필요도 없이 바로 그 자신의 존재의 괴로움을 제외하고는 다른 어디에도 없는 것이다. 니시다는 그때 아마도 고통으로 울부짖는 갓난아이의 존재에 자기를 동일시하고 있던 것이다.

그러나 후에 『참회의 생활』을 썼던 아이젠당에서의 체험을 회상할 때, 니시다는 자신의 인생의 중요한 한 부분을 비애의 눈빛으로 아름답게 물들이게 된다. 왜냐하면 이미 언급했듯이 거기에는 어머니와 자식이 사이좋게 지낼 예정조화의 낙원이 홀연히 그려지게 되었기 때문이다. 모유를 생명그물로 하는 '성모자'의 신화가 탄생한 것이라고 해도 좋을 것이다. 하지만 아마도 그것의 불가피한 대가로서 괴로움으로 인해 울부짖는 갓난아기의 존재 즉 공포의 존재라는 이미지가 아름다운 이야기의 배후에 있는 암흑 저편에 빈틈없이 도배되고 말았다는 것이다.

나는 니시다의 '회심'체험은 그의 '참회'이야기에 의해 초월되고 말았다고 생각한다. 초월되었다고 말하는 것이 애매하다면 상쇄되고 말았다고 생각한다. '회심'의 실존이 '참회'의 자각에 의하여 날아가 버린 것이다.

만약 그렇다면 그런 전환은 일종의 정신적 속임수가 아닐까. 갓난아기의 울음소리라는 원래 모습이 먼 과거의 기억 속에서 용해되어 버린다. 교활한 역사의 날조가 아니면 무엇일까. 그러나 생각해 보자. 불가피하게 처음 '종교운동'이라는 것이 그런 것은 아니었을까. 회심체험에 대하여 회심이야기를 대치시켜, 장엄하고 환상적인 곳에 회심의 역사화를 위한 첫 발걸음이 있었기 때문이다. 체험의 조직화라는 정신적 속임수와 날조에서 처음 종교운동이라는 것이 싹트기 시작했기 때문이다.

예수 그리스도의 체험에 대하여 가톨릭교회의 조직과 운동이 본래 그런 관계였을 것이다. 고타마 붓다의 체험에 대해서 원시승가(僧伽)의 계율운동이 원래 그런 성격의 것이었다. 그러나 그런 대비는 아직 표층의 영역에 머물러 있다. 문제는 오히려 예수 개인의 인생에서의 체험과 이야기의 상극 장면일 것이다. 암흑에 침식당한 청춘의 악마적인 체험과 30세가 되어 처음 요르단 강에서 세례를 받는 회심이야기 사이에 가로놓인 상극, 균열의 문제이다. 마찬가지로 붓다의 경우에도 예외는 아닐 것이다. 처자식을 버리고 집을 나와 돌연 습격받은 항마(降魔)체험, 그리고 그 후에 찾아온 아름다운 득도이야기—두 가지 사이에 무한히 떨어진 거리가 우리에게 말해 주는 것은 역사가 언제나 예외 없이 회심이야기와 득도이야기 쪽에 미소를 던져 왔다는 것이다. 그것만이 아니다. 사실은 그러한 역사의 간사한 연출에 가장 먼저 손을 빌려 준 것은 다름 아닌 예수의 존재였고, 붓다의 존재 그 자체였다.

이렇게 생각해 볼 때 나는 니시다 시타로가 회심체험을 참회이야기에 의해서 없애 버리는 삶의 태도를 일종의 운신할 수 없는 불가피한 운명이었다고 생각하지 않을 수가 없다. 이것을 그의 원초체험 쪽에서 말한다면, 그는 갓난아기의 울음소리가 갖고 있던 의미를 근본적으로 바꾸어 읽는 것에서 비로소 자신의 종교운동의 출발점에 설 수 있었다고 말할 수 있다.

# 제 II 부

# 1. 마른 '부처'
## —기무라 다이켄, 우이 하쿠주, 와쓰지 데쓰로

### 1) 『파리대왕』이 의미하는 것

1987년 새해는 윌리엄 골딩(William Gerald Golding)과의 신기한 만남으로부터 시작한 것 같다. 실제로 만난 건 아니고, 그의 작품을 특히 많이 읽은 것도 아니다. 다만 오랜만에 그의 소식을 듣고 그에 관한 글을 접한 곳이 인도였기에 내 마음을 동요시키는 기연이 되었는지도 모른다.

그해 2월 하순부터 3월 초순에 걸쳐 나는 인도 델리에 단기간 체류하고 있었다. 우연히 얻은 영자신문 『선데이 스테이츠맨(Sunday Statesman)』에 윌리엄 골딩에 관한 특집기사가 크게 게재되어 있었다. 그 사람도 인도를 여행하고 있는 중이었는데, 인터뷰 기사를 중심으로 작가 윌리엄 골딩의 인물됨이나 몇 개의 대표작품이 사진과 함께 소개되어 있었다.

골딩의 작품에 대해서는 전에 『파리대왕』을 한 번 읽은 것뿐이지만, 강렬한 인상을 받았던 기억이 있다. 그는 1911년 영국 콘월에서 태어났다. 옥스퍼드대학교를 졸업하고 배우로 연기의 세계에 들어갔지만 제2차 세계대전에서는 로켓포함의 함장으로서 노르망디상륙작전에 참가하였다. 전쟁 후에 그래머스쿨에서 교사를 하면서 1954년에 『파리대왕』을 출판하였다. 이 작품은 서구의 독자, 특히 젊은 세대들에게 큰 충격을 주었다. 이후 계속해서 화제작을 발표하였고, 1983년에는 노벨문학상을 수상했다.

『파리대왕』은 남태평양의 한 무인도에 남겨진 소년들에 관한 잔혹한 이야기이다. 패싸움과 내부 분열로 인하여 그들은 처참한 투쟁에 휘말린다. 그리고 야성적으로 변한 소년들은 결국 서로 살육하는 파국을 맞이한다. 작품의 구성은 '우화' 형식으로 되어 있지만 비관적 색조로 일관된 이야기 전개는 현대적 묵시록으로서 기묘한 광채를 발하고 있다고 말할 수 있을 것이다.

『파리대왕』의 저자는 이미 75세가 되었는데도 일관되게 인간의 악을 치밀하게 응시해 온 작가이다. 그는 앞서 『선데이 스테이츠맨』 인터뷰 기사의 첫 부분에서도 인간의 근원적인 악에 대한 큰 관심을 솔직하게 말하고 있다. 기독교적인 문맥에서의 원죄에 해당하는 단어로 근원악이라는 말을 사용하여 죄의 문제에 주의를 환기시키고 있다는 것이 인상에 남는다. 하지만 내가 현기증을 일으킬 것 같은 충격을 받은 것은 이야기가 좀 더 진행된 다음이다.

조금 지난 후에 기자가 골딩에게 『파리대왕』에 나오는 소년들은 작가의 교사시절의 경험이 투영된 것이 아니냐고 질문한 데 대하여 그는 다음과 같이 대답했다.

> 일부는 나 자신의 소년시절의 경험에서 나온 것이다. 또한 동시에 일부는 말할 것도 없이 나의 교사 경험이 반영되고 있을 것이다. 그런데 최근에 나의 75세 생일을 축하하는 책이 간행되었다.[1] 그 책 속에서 어떤 친구가 앤서니 스토어(Anthony Storr)라는 유명한 정신과 의사의 이름을 들면서 미국에서 발표한 그의 실험 결과를 내가 미리 읽은 게 아닌가 하고 쓰고 있다. 물론 나는 그런 실험이 있었는지 전혀 알지 못했는데, 그것은 일정 수의 소년들을 두 개의 그룹으로 나누고 자유롭게 행동할 수 있는 상태로 두었을 때 서로 철저하게 적대 관계 속에 버려 두면 도대체 어떤 일이 일어날까 하는 것을 관찰하자는 실험이었다. 결과는 막판에 정말로 살육전이 일어나려고 했던 것이나. 실험자는 일촉즉발의 위기를 회피하기 위해서 서둘러 개입할 수밖에 없었다.

골딩의 말투에서 그런 실험을 하다니 역시 미국이구나 하는 감탄이 나왔지만, 『파리대왕』에서 묘사하려고 한 세계가 바로 그 '실험실'에서 일어난 사건과 같은 것이었다고 분명히 단언하고 있다. 소년들이 일단 야성상태로 돌아가면 자연스럽게 서로 살육하게 된다는 것은 현대의 염세작가인 골딩의 무서운 통찰인 동시에 세기말의 불안을 진단한 도스토예프스키의 통찰이기도 하다. 그렇게 말하는 것은 그가 『카라마조프가 형제들』과 같은 작품에서 이런 아이의 잔학성에 대해 자주 언급하고 있기 때문이다.

소년에게 야수성과 잔학성은 인간의 근원악을 비추어내는 원형질임에 틀림없다. 야수성과 잔학성이 본래적으로 소년의 속성이라는 인식은 인간의 응축된 본질을 알아맞히기 위한 단적인 직설법임에 틀림없기 때문이다. 골딩이 『파리대왕』에 대한 자작 해설을 하는 부분을 읽을 때 순간적으로 머릿속을 스쳐 지나가는 생각은 그런 문제였다. 『파리대왕』의 주제가 그 한 점을 향하여 응축된 것이라고 말해도 되겠으나, 이때 참 신기하게도 '무명(無明)'이라는 정체를 모르는 말이 어둠의 저편으로부터 문득 눈앞에 다시 다가왔다. 인도라는 작열하는 무대와 『파리대왕』의 골딩이라는 기묘하다면 기묘한 배합이 나를 그런 몽상의 세계로 이끌어 준 것일지도 모른다. 그러나 한 번 말을 내뱉어 보니 그것이 꼭 인도 세계에서 또 하나의 근원악을 비추어 내는 불길한 물체인 것 같이 생각되었다. 분명히 『파리대왕』은 '무명'이라는 주제를 소년들의 운명에 투영하여 그려 낸 상징적인 우의극이라고 말할 수도 있지 않을까. 그때까지 '무명'이라는 애매모호한 단어의 벽에 차단된 채로 의기소침하고 있던 나는 우연히 윌리엄 골딩의 말에 끌려 생각지도 못하던 이미지의 광장에 끌려 나온 것 같은 생각이 들었다.

'무명'이 나에게는 애매모호한 단어의 벽이라고 말했지만, 그것은 '부처'라는 존재가 어둠 속에 갇혀 있는 것과 거의 동의어라고 말해도 된다. 무명을 모르면 비리곡직(非理曲直)을 넘어 부처의 존재를 알 리가 없다고 생각해 왔기 때문이다. 그것에 기인한 사고의 허무함과 불확실한 생각이 오랫동안 내 마음을 점령해 왔다. '무명'은 도대체 불교 전통 속에서 어떤 대우를 받고 얼마나 그 장엄함을 드러내 왔는가. 그것은 얼마나 생생한 모습을 우리 눈앞에 보여 왔는가. 아니면 숨이 끊어질 듯하며 말라죽어 가는 이미지의 잔해만 보여 주고 있는가.

### 2) 무명(無明)론의 발단

일본에서의 불교연구가 언제나 불교의 생명을 선양해 온 것은 아니지만 아무튼 비약적인 수준에 달했다는 것은 메이지 시대 이후라는 것은 다시 언급할 필요도 없다. 전통적인 한문서적 중심의 연구 축척에 근대 유럽의 정밀한 문헌학적 방법이 접목되어 새로운 불교연구의 길이 가능하게 되었던 것이다. 이러한 불교연구는 반드시 불교의 생명력을 언제나 보존하여 전개하도록 한 것은 아니라고 해도 적어도 불교의 근본 문제가 어디에 있는가에 대하여 얼마간의 교통정리를 해온 것만은 아무도 부정할 수 없을 것이다. 그 전체의 흐름에 대하여 언급하고 있을 여유는 없지만, 당장의 문제로 앞서의 '무명'과 같은 주제가 말하자면 근본 문제 중 하나였다고 나는 생각한다. 그렇기 때문에 이 과제는 불교연구사에서 중요한 논의의 초점이 될 수 있었다.

하지만 여기서 결론을 먼저 말하면 그것은 단 한 번 학문의 세부 분야에서 다루어졌을 뿐이고, 그다음은 '정설'이라는 이름의 학문적 상식의 티끌에 매몰되고 조용하게 시들어서 풍화의 과정을 겪었다. 그리고 풍화와 매몰에 걸린 시간은 거의 반세기를 넘는 장시간에 달한다. 우리는 그 기간, 불교의 가장 중요한 과제의 하나여야 할 '무명'이라는 주제의 존재를 저 먼 망각의 피안으로 밀어낸 채 오로지 불법의 광명을 향하여 해바라기처럼 얼굴을 돌렸다는 것이다.

불교의 '무명' 문제를 갑자기 대낮 밝은 곳으로 끌어낸 이는 기무라 다이켄(木村泰賢)이라는 인물에 의해서이다. 1921년에 일어난 일이다. 그 일에 대해 기무라가 얼마나 의식하고 있었는지는 몰라도 '무명'이라는 불교의 근본 주제에 대한 새로운 문제제기였다고 말해도 된다. 물론 기무라 자신이 '무명'이라는 주제를 직접적으로 우리 앞에 제시한 것은 아니었다. 그는 무명을 원시불교에서의 연기관(緣起觀)에 관한 해석의 문제로 논하고 있었던 것이다. 연기의 각 항목에 대하여 사색을 거듭하는 중에 '무명'의 문제에 빛을 비추어 주었던 것이다. 예상한 대로 반응이 각 방면에서 들어왔다. 반론은 먼저 기무라의 연기론 해석 전체에 대하여 일어나기 시작해서 결국 각각의 논점에 대하여 공격의 화살이 날아오게 되었다. 먼저 1925년에 아카누마 지젠(赤沼智善)과 우이 하쿠주(宇井伯壽)가 기무라 다이켄의 견해를 비판의 도마 위에 올리고(후술하는 바와 같이 우이는 기무라의 이름을 직접 거론하지 않는다) 그다음 해에 와쓰지 데쓰로(和辻哲郎)의 철저한 공격을 불러오게 되었다. 그 가운데도 우이와 와쓰지의 주장은 거의 같은 관점과 논리로 풀어 낸 비판이었고, 그 후 논쟁의 전개에 크게 영향을 미쳤다.

기무라 다이켄이 '무명'에 관하여 학계에 새로운 학설을 제시한 것은 이미 말한 바와 같이 1921년인데, 그것은 그해에 간행된 『원시불교사상론(原始佛教思想論)』의 공표에서 비롯된다. 다시 말해서 이 책의 각 내용에 전개되어 있는 '십이연기론(十二緣起論)' 속에서 그것을 논하고 있다. 그 문제에 들어가기 전에 여기서는 기무라에 의해 『원시불교사상론』이 집필된 사정에 대하여 약간 언급해 두기로 하자. 그것은 기무라의 인간성이나 경력의 대강을 아는 데 필요한 과정이라고 생각하기 때문이다. 또한 후에 우이와 와쓰지 사이에 일어나는 논쟁의 배경을 아는 데도 도움이 될 것이라고 생각하기 때문이다.

### 3) 기무라 다이켄의 『원시불교사상론』

기무라 다이켄은 1881년에 이와테현(岩手縣)에서 태어났지만, 성장해서 불교의 소토슈(曹洞宗)대학을 거쳐 도쿄제국대학 문과대학 선과(選科)의 학생이 되었다. 러일전쟁에 종군한 후에 다시 문과대학에 복학하여 1909년에 동 대학의 인도철학과를 졸업했는데, 그때 상으로 은시계를 받았다. 더구나 특별히 선발되어 1912년 9월, 31세로 문과대학 강사로 임명되고, 1915년에는 『인도육파철학(印度六派哲學)』을 저술하고 다음 해에는 그것으로 또 상을 수여받았다. 1917년에는 문과대학 조교수로 승진하고, 1919년에 영국으로 유학을 가게 된다. 정말로 순풍에 배를 탄 출세 코스를 매진하게 되었다고 말할 수 있다.

영국 체류중에는 원시불교연구가인 W. 스테드(William Stead)와

데이비스 라이스(Davids Rhys) 등의 영향을 받고 1922년 5월에 귀국했다. 약 2년 반에 걸친 유럽 체류중에 그는 앞서의 『원시불교사상론』과 『아비달마론(阿毘達磨論)의 연구』를 썼는데, 귀국 후인 1923년 『아비달마론의 연구』로 문학박사학위를 받고, 동시에 교수로 승진하여 인도철학 제1강좌를 담당했다. 한편 『원시불교사상론』은 1921년에 런던 교외에서 원고를 쓰기 시작해 연말이 되어 베를린에서 탈고한 후 곧 초고가 도쿄로 보내져 인쇄, 간행되었다. 이렇게 해서 기무라 다이켄은 1923년(다이쇼 10년) 초에 선진 유럽의 아카데미즘의 학풍을 전한 신귀국자로서 일본의 인도철학과 불교학계에 사뿐히 등장했던 것이다. 그래서 그의 저서인 『원시불교사상론』에 신선한 열정과 뿌듯한 자부심이 맥박치고 있다고 해도 결코 이상한 것은 아니다.

새 저서의 머리말에서 기무라는 부처님의 '진설(眞說)'을 대표하는 아함부(阿含部) 경전을 거론하면서 이 경전을 조직적, 논리적으로 깊이 연구하여 일종의 '아비달마론서'로서 쓰고 싶었다고 말하고 있다. 여기서 말하는 '아비달마(abhi-dharma)'는 교의에 관한 이론서라고 말할 만큼 의미가 있으며, 따라서 기무라의 의도도 원시불교에 관한 사상적인 이론서를 구성하려는 데 있었다. 또한 기무라가 증명하려고 한 것은 부처님 자신의 입장이 소위 순 소승도 아니고 순 대승도 아닌 소승과 대승 그 어느 쪽도 동시에 될 수 있다는 점을 증명하려 하였다. 이와 같이 기무라는 무엇보다도 그 책을 사상적인 이론서라고 특정 지움으로써 경전의 표면적인 구절에 구속될 수밖에 없는 문헌학적 해석의 수렁에 빠지는 것을 회피하려고 했다. 다음으로 그 책의 체계를 대승, 소승의 두 시점을 조감하는 구도 속에 넣으려고 한 점에서 보면, 역사적 흐름 속에서 불교사상의 전개를 찾아보려고 했다고 말해도 좋을 것이다.

그런데 문제의 『원시불교사상론』은 세 편으로 구성되어 있다.[2] 제1편 「대강론」, 제2편 「사실적 세계관」('苦'와 '集'이라는 두 명제에 관한 논의), 제3편 「이상과 그 실현」('滅'과 '道'의 두 명제에 논의)이 그것이다. 제1편이 방법론, 시대사조론, 근본교리론으로 나뉘어 전체의 서론으로서의 성격을 갖는 데 대하여, 본론인 제2편은 사제론(四諦論) 중의 고(苦)－집(集)론, 즉 원시불교의 인식론을 연구하고 있고, 제3편은 같은 사제론 가운데 멸(滅)－도(道)론, 즉 원시불교의 실천론을 연구한 것은 말할 필요도 없다.

기무라가 원시불교사상론을 전개하며 그 중심에 부처님의 사제론을 놓고 출발한 데 주의할 필요가 있으나, 당장의 과제인 '무명'에 대하여 말한다면 제2편 「사실적 세계관」의 제5장 '특히 십이연기론에 대하여'가 문제가 될 것이다. 즉, 거기에 무명은 원시불교의 인간고와 관련한 '사실적 세계관'의 하나의 실례로 취급되고 있다. 기무라가 말하는 '사실적 세계관'의 사상 내용이 반드시 명석하게 드러나는 것은 아니지만, 아무튼 인간의 '고(苦)'의 세계에 표적을 맞추어 논설하려고 하는 점은 앞으로 논쟁의 경과를 음미하기 위해서 빠뜨려서는 안 되는 점이다.

여기서 문제의 핵심에 들어가기 전에 원시(阿含) 경전에서 설명하고 있는 연기(緣起)의 내용에 대하여 대체적인 내용을 파악해 둘 필요가 있을 것이다. 알려진 비와 같이 『아함경(阿含經)』에서는 십지(十支), 구지(九支), 육지(六支) 등의 연기설을 논하고 있지만, 그 대표적인 것이 십이지연기설(十二支緣起說)이라는 것은 말할 것도 없다. 여기서는 그 전형적 형식에 따라 설명해 두자. 십이지라는 것은 서로에 의존하며 연계되는 12개의 요소인데, 그것은 순차로 무명(無明), 행(行), 식(識), 명색(名色), 육처(六處), 촉(觸), 수(受), 애(愛), 취(取), 유(有), 생(生), 노사(老死)라고 설명하고 있다.

이 12개의 요소들을 어떻게 해석하는가에 따라 연기설 전체를 이해하는 입장에 차이가 생긴다. 여기서는 우선 문자적인 해설로 마치고 계속하도록 하자. 제1지인 '무명'은 '명(明)'의 부정어이다. 본 장의 중요한 주제이지만 문자적으로 말하면 그렇게 말할 수밖에 없다. '행'은 생활경험이다. '식'은 의식. '명색'은 마음과 물건. '육처'는 눈, 귀, 코, 혀, 몸, 의라는 감각기관. '촉'은 대상과의 접촉. '수'는 감각. '애'는 욕심. '취'는 집착. '유'는 생존. 거기에 '생'과 '노사'를 더하여 합친 것이 십이연기의 시스템이다.

12개 요소의 상호 연관에 대해서는 "이것이 있으므로 그것이 있고, 이것이 생기니 그것이 생기고, 이것이 없어지니 그것이 없어지고, 이것이 멸하니 그것이 멸한다"라는 정형구로 설명하고 있다. 무명으로부터 노사에 이르는 과정은 전자가 후자를 각각 상대적으로 규정하는 인과의 고리로 연결되어 있다. 그것을 서로 의지하고 서로 대립하는(相依相對) 관계라고도 한다. 그리고 여기서 '연기'라는 것은 '연(緣)'에 의하여 일어나는 것을 의미하지만, 동시에 그것은 앞에서 본 바와 같이 '연'에 의하여 멸하는 것도 포함하고 있다. '인과'가 원인으로부터 결과에 이르는 직선적인 과정에 기반을 둔 현상 해석의 방법이라고 한다면, 이 '연기'는 인과 과가 서로 규정하여 서로 자극하는 과정에 기반을 둔 현상 해석의 방법이라고 해도 될 것이다. 하지만 원래 이러한 '연기'의 해석도 앞서 말한 바와 같이 그것을 근본적으로 어떻게 인식할까 하는가라는 방법상의 차이에 따라 다른 전개를 보여 주는 것임에 틀림없다.

#### 4) 기무라 다이켄의 '무명론'의 의미

앞에서 말한 것을 염두에 두고 기무라 다이켄에 의한 '연기론'에 관한 대체적인 내용에 귀를 기울여 보도록 하자. 그에 따르면 원시불교의 연기설은 대체로 다음의 세 가지 입장에서 해석될 수 있다고 말한다. 첫 번째는 현실생활에서의 상호 의존관계를 심리활동의 양식에 따라 고찰하는 입장이다. 두 번째는 우리 생애를 사정거리에 넣어서 그것을 생명활동의 진전 경과로 설명하고 해석하는 입장이다. 그리고 세 번째는 소위 분위설(分位說)이라고 말하는 것인데, 과거 · 현재 · 미래에 연결되는 윤회의 모습을 분명하게 한 것이라고 해석하는 입장이다.

기무라에 따르면 첫 번째 입장에서는 반야(般若)사상과 화엄사상이 나타나고, 두 번째 입장에서는 유식(唯識)사상이 나타나며, 그리고 마지막 세 번째 입장에서는 후에 소승불교의 삼세양중관(三世兩重觀)이 나타나게 된다고 말하고 있다. 이것은 다시 말하면 첫 번째 입장은 '연기(緣起)'를 현상에서 관찰하려고 하고, 두 번째 입장은 그것을 생명에서 보려고 한 것이었다. 그렇다면 세 번째 입장은 연기를 시간(역사)에서 투시하려는 것을 알 수 있다. 불교의 근본 문제 중 하나인 '연기'를 고찰하면서 현상, 생명, 시간의 세 방법적 관점을 제안한 기무라의 견해는 포괄적이며 또한 타당한 것이라고 생각할 수 있지만, 그 가운데 특히 두 번째 입장에 따라그가 생명약동의 진전이라는 관점을 더욱 중요시하고 있다는 점에 주의해야 된다. 그에 따르면 첫 번째(현상론)와 세 번째(시간론)의 해석은 경전의 표면적인 언설에서 바로 이끌어 낼 수 있는 것이지만, 두 번째(생명론) 해석은 말하자면 첫 번째와 세 번째의 해석을 지양한 입장에서 온 것이다. 그리고 두 번째 해석의 입장이야말로 원시불교사상의 근간을 그 후 대승사상과 소승사상으로 연결시키는 가장 유효한 방법이라는 것이다.

이러한 '연기'의 세계를 생명약동의 진전이라는 구도 속에서 포착하려고 할 때, 저자가 그 생명약동의 시원에 '무명'이라는 근본명제를 자명한 것으로 주장하는 게 매우 인상적이다. 그 이유는 저자가 무명은 '연기'라는 시스템의 시작을 장식하는 명제일 뿐이라는 데 그치지 않고, 원시불교 자체를 전개하게 하는 발생 기반이며 더 나아가 부처님에게의 종교활동을 지지하는 어둠의 모태였다는 확신을 가지고 있었기 때문이다. 억지로 말하면 '무명'이라는 주제는 기무라 다이켄의 『원시불교사상론』 전체의 방향을 결정짓고 논리 전개에서 나침반 역할을 했다고 보인다. 그야말로 저자의 부처관의 출발점을 지시하는 주제였다고 말해도 된다.

따라서 기무라에 의하면 첫째로 '무명'이란 '번뇌의 근원'을 말하는 것이며 모든 '인연의 근원'을 가리킨다. 이 무명의 힘에 의하여 우리의 의식활동이 발생하고, 그 활동이 나중에 인간의 성격을 형성하여 미래의 인간을 규정해 간다. 그 경과가 '업(業)', '상속회전(相續回轉)'이라는 것이다.

둘째로 이러한 무명은 지적으로 해석하면 '무시(無始)의 무지'를 가리키지만, 이것을 생명론과 관련시켜 생각할 때 거기에는 '정의(情意)적 의의'가 발생한다. 따라서 쇼펜하우어(Arthur Schopenhauer)의 말을 빌리자면 그것은 '살려는 의지'(Wille zum Leben)이며, 이 의지는 본성상 '맹목적인' 것이 아니면 안 된다. 요약하면 우리에게 생명활동이 있는 것은 그 근저에 이 '무시 이래의 맹목적인 의지'가 작용하고 있기 때문이다.[3]

셋째로 부처가 말하는 '무명'은 한편으로는 원시불교의 근본명제인 '사제(四諦)'의 뜻을 알지 못하는 것을 의미하지만, 또 한편으로는 '사제'의 이(理)가 논의되기 전이라는 것이 부처가 세상에 나타나기 이전 무시의 시대로부터 끊임없이 계속하여 살아온 '중생의 무명'을 의미한다. 무명은 이러한 무시 이래의 출생을 갖고 있지만, 그렇기 때문에 '맹목의지'라는 별명을 남기고 있는 것이다.

그리고 마지막으로 이는 '무명'적 상황으로부터 탈각(脫却)하는 방도를 제시하고 있다. 즉, 우리의 생명활동은 결국 이러한 무명의 범위를 벗어나지 못하는 것이지만, 부처에 의하면 우리의 본질은 예지(叡智)에 의하여 무명이라는 맹목의지로부터 해탈하는 데 있다고 말한다. 우리의 인생의 의미는 무명에 근거를 두는 본능의지와 이것에서 벗어나서 순수한 정신생활로 들어가려는 지혜 사이의 '투쟁'이라는 것이다. 달리 말하면 의지긍정의 세계에 나타나는 윤회계 법칙과 의지부정을 통하여 나타나는 해탈계 법칙의 갈등, 초극의 드라마에 다름 없다는 것이다.

이상이 『원시불교사상론』에 전개되어 있는 기무라 다이켄의 '무명론'의 요점이다. 원시불교에서 '연기'-'무명'의 사상 내용을 '생명약동'의 진전 경과 속에서 다시 보려고 한 것이 논지의 중심 부분이다. 말하자면 첫 번째의 현상론적 방법과 세 번째의 시간론적 방법을 지양했다는 두 번째의 생명, 심리론적 방법으로부터 역동적인 연기-무명론이라고 해도 좋을 것이다.

앞서 말한 바와 같이 기무라는 부처가 말한 '연기'시스템을 관조적 인식에 의하여 파악된 그물의 끈이라고 생각하는 데 만족하지 않는다. 그것을 단지 시간의 흐름 속에서 변화하는 만상의 상(相)과 체관(諦觀)하는 것도 좌시하지 않는다. '연기'라는 복잡한 현실의 얽킴을 바라볼 때, 그의 시선은 내부로부터 분출해 나오는 과도한 충동에 이끌려서 결국 그 하나에 붙잡히고 만 게 아닐까. 기무라가 말하는 '생명약동'의 근원과 그 진전이라는 명제가 부처의 연기론과 사제론에서 말하는 활발한 육신의 대동맥인 것처럼 비쳐진 것이다. 만약 그렇게 해석해도 문제가 없다면 기무라가 말하는 무명-맹목의지에 관한 논의는 『원시불교사상론』에서 핵심적인 테마이다. 말하자면 그 성립 근거를 가리키는 알파이고 오메가라는 사실을 알게 될 것이다.

### 5) 우이 하쿠주와 와쓰지 데쓰로의 반론

기무라 다이켄의 문제제기는 당시 학계를 자극하고 동요시킬 만한 영향을 가지고 있었다. 그러나 그에 대한 유력한 반론과 공격의 시도도 있었다.

첫 번째는 1925년 1월호 『종교연구』에 발표된 아카누마 지젠의 「십이인연의 전통적 해석에 관하여」라는 논문이고, 두 번째가 같은 달 잡지 『사상』 제39호에 발표된 우이 하쿠주의 「십이인연의 해석—연기설의 의의」라는 논문이다. 그리고 다음 해 같은 『사상』에 7월부터 9월에 걸쳐 와쓰지 데쓰로의 이미 알려진 비판논문(「원시불교의 연기설」)이 게재된다(이러한 논문은 개정을 거쳐 『원시불교의 실천철학』 제2장 '연기설'에 수록되었다).[4] 원시불교에서의 연기설의 본질에 관하여 정면에서 대립하는 논쟁이 갑자기 시작되었다.

그런데 암묵의 이해가 있었는지, 1925년 우이의 논문과 1926년 와쓰지의 논문이 기무라 비판에서 그 방법과 논리가 거의 일치하여 같은 입장에서 공격하고 있는 것이 눈에 띈다. 그리고 우이와 와쓰지의 비판논문의 기조는 기무라의 입론의 기초와 타협을 허락하지 않는 대립을 드러내고 있는데, 거기에는 원시불교의 근본 이해에 관한 대립이 포함되어 있다. 그 점에서 우이와 와쓰지의 비판은 전술한 아카누마 지젠과는 그 본질을 달리한다고 해도 좋을 것이다. 본 장의 의도도 또한 기무라와 우이 · 와쓰지 사이에 노정된 '대립'의 의미를 탐구하는 데 있기 때문에 아카누마설에 대한 검토는 여기서는 행하지 않는다.

기무라가 우이와 와쓰지의 비판을 조금도 타협이 없는 매우 엄격한 도전으로 받아들였다는 사실은 상상하기 어렵지 않다. 그는 심호흡을 하면서 전열을 가다듬고 반론의 씨름판에 올라갔다. 그것이 1927년 1월호부터 5월호에 걸쳐 『종교연구』에 게재한 「원시불교에서 연기관의 전개—특히 아카누마 · 우이 · 와쓰지 교수의 학설을 읽고」라는 논문이다. 이 논문에서 기무라는 자기의 이론에서 발견한 결점에 대하여 언급하면서 비판자의 바른 지적에 경의를 표하고, 더욱이 감사의 뜻마저 토로하고 있다. 그러나 그는 서서히 공격의 방향을 바꿔서 반증의 항목을 찾아 조금씩 역습해 간다. 반증과 역습은 때로 직진하거나 때로 우회하는 경우는 있어도 전체적으로 보면 아카누마설에 대해서보다도 우이와 와쓰지설을 향한 것임이 분명하다. 다시 말하면 우이와 와쓰지 중에서 특히 와쓰지설의 내용을 강하게 의식하면서 만들어 낸 것이라는 사실이 행간에서 읽혀진다.

기무라는 『종교연구』 지상에 반론을 게재하면서 자신의 진짜 '적'은 실로 와쓰지 데쓰로라는 사실을 자각하고 있었던 게 틀림없다. 그는 와쓰지의 주장이 자기의 논리 체계의 심부에 폭탄을 던지는 일이라고 생각하고 있었던 게 틀림없다. 게다가 기무라는 자기의 진짜 적인 와쓰지의 배후에 우이 하쿠주라는 견고한 장갑차가 대기하고 있어서 와쓰지를 위하여 강력한 엄호사격을 가하고 있다는 것도 인정하지 않을 수 없었다.

자기 눈앞에 전개되는 적진은 정말로 이중의 포위망을 두르고 있는 것처럼 보였던 게 틀림없다. 그 포위망은 때로 적절한 대응을 하지 못하면 곧 자신의 존재의 근거를 위협할 수 있는 불길한 에너지를 숨기고 있는 듯했다. 그때 기무라는 이중의 포위망 저쪽에 일종의 집념과 같이 넘어가기 힘든 라이벌의 '의지'가 작동하고 있는 것을 느끼지 못했을까. 그것이 과연 맹목의지였는지 아닌지 알지 못한다고 해도, 하여간 그 '의지'의 소재를 드러내는 전제로서 여기서는 그것에 관한 약간의 주변적인 문제에 대하여 생각해 보려고 한다.

### 6) 라이벌—기무라 다이켄과 우이 하쿠주

앞서 말한 바와 같이 기무라 다이켄이 『원시불교사상론』을 간행한 것은 1921년인데, 그때는 그가 도쿄제국대학 문과대학의 조교수로 있을 때였다. 하지만 곧 2년 후인 1923년, 「아비달마론의 연구」로 문학박사학위를 받고 같은 해 3월에 교수로 승진하여 인도철학 제1강좌를 담당하게 되었다. 일본에서 명실상부한 인도철학, 불교학계의 중추 자리를 차지하는 학자가 되었지만, 그 기무라라는 권위에 대한 비판을 우이 하쿠주가 『사상』에 발표한 게 2년 후인 1925년이고, 계속해서 와쓰지가 공격의 전열에 가담한 것이 1926년이었다.

그런데 1926년이라는 시점에 우이 하쿠주는 학계의 어느 쪽에 위치하고 있었을까. 이미 그는 당시 신설된 지 얼마 안 되는 도호쿠(東北)제국대학 교수로 있으면서 인도학 제1강좌를 담당하였으며, 센다이(仙台)에 살고 있었다. 한편 와쓰지 데쓰로는 1925년 서쪽에 있는 교토제국대학의 강사에서 조교수로 승진한 지 얼마 되지 않았을 때였다. 그때 우이는 43세, 와쓰지는 36세, 그리고 기무라가 우이보다 한 살 위인 44세였다. 세 사람 사이에 보이는 나이 차, 제국대학에 포진, 그리고 도쿄, 센다이, 교토 지역이라는 세 가지 요소가 오늘날 우리의 눈으로 보아도 그러한 논쟁에 결과적으로 좋은 무대 효과를 연출할 수 있게 한 것을 알 수 있다.

그런 관점에서 좀 더 사족을 붙여 보도록 하자. 지금 기무라가 우이보다 1년 먼저 태어난 동시대인이라고 말하였지만, 두 사람은 도쿄제국대학에서 거의 같은 시기에 인도철학을 배운 동기생이었다. 다만 두 동기생은 젊은 시절에 꼭 같은 미래를 바라보는 게 아니었다. 우이 하쿠주는 1906년에 제일고등학교를 졸업하고 도쿄제국대학 문과대학에 들어갔다. 한편 기무라 다이켄은 거의 같은 시기에 소토슈대학을 거쳐 도쿄제국대학 문과대학 선과생(選科生)이 되었다. 정과생과 선과생의 차이는 있지만, 그들은 함께 다카쿠스 준지로(高楠順次郎) 아래서 인도철학을 전공하여 1904년 7월 함께 졸업하였다. 다만 졸업식에서 기무라는 은시계를 수여받고 계속해서 특선 국비장학생이 되었다면, 우이는 대학원에서 계속 연구하면서 소토슈 제일중학의 교사로 재직하다 다음 해 1910년 소토슈대학의 강사로 전근했다. 소토슈대학의 강사로 한 발 먼저 일한 기무라가 도쿄대학의 강사로 간 다음에 우이가 그 강사직을 이어받았다.

소토슈대학의 전임이 된 우이는 1913년 9월 동 대학에 강사직에 있으면서 소토슈 해외유학생이 되어 유럽으로 유학을 갔다. 처음에는 독일 튀빙겐대학에 들어가 베다학의 대가 가르베(Richard Garbe) 교수의 가르침을 받았으나, 1914년 8월 제1차 세계대전의 발발로 인하여 영국으로 피했다. 그 후 거의 혼자 힘으로 런던에서 1년, 옥스퍼드에서 반년, 케임브리지에서 1년 반 동안 머무르며 연구를 계속하였다. 그리고 1917년 7월 영국을 떠나 인도를 거쳐서 11월에 귀국했다. 그동안 그는 소토슈대학 교수로 승진하여 1919년 9월에는 도쿄제국대학 문과부 강사를 겸임하였다.

그렇다면 그 시기에 기무라는 어떻게 지내고 있었는가. 앞서 말한 대로 그는 1912년에 문과대학 강사에 임명되어 1914년에 『인도철학종교사』를 간행하고, 바로 1915년에 『인도육파철학』을 간행하여 1916년 6월에 은사(恩賜)상을 받는다. 우이가 유럽에서 고생하면서 가난한 유학생활을 하고 있을 때, 기무라는 바로 순풍에 돛단 것 같은 출세가도를 달리고 있었던 셈이다. 그 결과 기무라에게는 1917년에 문과대학 조교수 자리가 주어졌다. 그리고 그해에 우이는 4년간에 걸친 서구 유학을 마치고 귀국하여 소토슈대학의 교수가 되었다.

입장이 바뀌어 2년 후에 기무라는 후배인 우이가 간 길을 따라 서구로 떠난다. 앞서 말한 바와 같이 1919년 10월 영국에 유학하여 데이비스 라이스 부부와 스테드 교수를 만나게 되는데, 이 동서를 대표하는 학자들 사이에 계몽기의 아함(阿含)연구를 둘러싼 논쟁의 불꽃을 피우게 된다. 기무라가 「아비달마론의 연구」와 『원시불교사상론』 등의 성과를 들고 귀국한 것은 1922년 5월이었다. 그리고 여기서도 운명은 우이와 기무라라는 라이벌에게 같은 미소를 던지며 갈등의 씨를 뿌리는 것을 잊지 않았다. 기무라가 귀국하기 1년 전 우이는 문학박사 학위를 받았고, 기무라가 귀국한 다음 해인 1923년 4월에는 신설된 도호쿠제국대학 교수로 전임되어 센다이로 갔기 때문이다. 한편 기무라는 귀국한 후에 「아비달마론의 연구」로 문학박사 학위를 받았고, 그것을 계기로 1923년 3월 도쿄제국대학 교수로 승진했다.

이렇게 볼 때 기무라와 우이가 도쿄제국대학에 입학한 때부터 얼마나 라이벌 관계에서 살고 있었는지 알 수 있을 것이다. 1년 선배인 기무라가 소토슈대학에서 전학 온 선과생인 데 비하여 우이는 제일고등학교로부터 도쿄대학으로 직진하였다. 하지만 기무라는 화려한 활약에서 우이를 훨씬 넘어서고 있었다고 말해도 좋을 것이다. 유럽의 유학생활은 우이가 기무라에게 한 걸음 앞섰다고 하더라도, 귀국 후 제국대학에서의 지위를 비교한다면 기무라 쪽이 거의 약속된 것 같이 계속 왕도를 걸어갔다. 기무라가 도쿄라는 중심지에 근거를 둔 반면, 우이는 도호쿠라는 변경으로 떨어져 나갔다. 이리하여 기회는 점점 더 익어 가고 있었다고 말해도 될 것이다. 다음은 억제되고 응축된 갈등의 내부에 점화의 순간이 다가오는 것을 기다릴 뿐이었다. 그때 기무라의 『원시불교사상론』이 등장했다. 양자의 갈등이 심화된 시기가 '연기설'의 이해를 둘러싸고 찾아왔던 것이다.

반복하여 말하면 기무라가 도쿄대학 교수에 취임한 후 2년이 된 1925년에 '연기설'의 이해를 둘러싸고 치열한 논쟁이 야기된 것에 주목하자. 이 논쟁은 학계의 새로운 포진이 이루어져 아카데믹한 경력에 가까스로 균형이 잡혔을 때, 학계의 젊은 사자들이 '학문' 자체 때문에, '학문' 자체가 요구하는 논리에 이끌려서 드디어 상대 학설을 공격하고 타도하기 위하여 일어난 것이다.

### 7) 우이에 공감하는 와쓰지 데쓰로

격동의 시대에 센다이의 우이에 대하여 멀리서 호응하는 참신한 소리가 들려왔다. 때가 되어 드러나기 시작한 우이의 작업을 주시하며 전면적으로 지지하는 새로운 성원이 전해졌다. 교토대학 조교수로 승진한 지 얼마 안 된 수재인 와쓰지 데쓰로에 의한 성원이 그것이다. 그는 이미 1913년에 『니체연구』를 써서 지식인들의 주목을 끌었고, 예리한 신진 철학자로서 두각을 나타내고 있었다.

와쓰지는 교토로부터 매우 먼 도호쿠 지역인 센다이의 우이에게는 격려를 보내고, 중앙에 버티고 있는 기무라의 『원시불교사상론』에는 도전의 화살을 던지게 된다. 여기서 와쓰지가 제일고등학교에서 도쿄제국대학 철학과에 진학하여 우이와 똑같은 길을 걸어서 학자가 되었다는 사실을 상기해 보아도 좋다. 와쓰지는 학생 때 제2차 『신사조』의 동인으로서 오사나이 가오루(小山內薰)와 다니자키 준이치로(谷崎潤一郎) 등과 함께 활약하여 나쓰메 소세키와도 면식을 가졌고, 소세키 산방에 출입하였다. 그 와쓰지가 지금 도쿄를 떠나서 교토에 일시적으로 물러나 있었다. 물론 마음속에 변방으로 유배당했다는 생각은 조금도 없었을 것이다. 그렇지만 중앙으로부터 떨어져 나갔다고 하는 의식이 전혀 없었다는것은 거짓말이다. 하여간 교토에 있던 와쓰지는 그때 '학문'적으로 센다이의 우이에게 공감하는 동시에 '심리'적으로도 변방인 도호쿠 지방으로 물러나 있는 우이에 대하여 열렬히 지지하는 상황이었다고 할 수 있다.

이리하여 견고한 공격 태세가 형성된 것이다. 그것을 뭐라고 부를까. 변방인 도호쿠 지방과 기세가 사그라지는 옛 수도인 교토에서 새로운 수도에 우뚝 선 도쿄제국대학의 기무라를 정조준한 아카데믹한 '학문' 분야에서의 공격 태세! 그리고 물샐틈없는 협공 포진은 또한 인간의 '심리'에서도 집요한 공격 태세를 만들어 내고 있었다. 하지만 이율배반적이게도 운명의 줄에 의하여 조종되듯이 완성한 공격 태세는 결국 우연한 사건에 의해 자연히 해제된다. 이 학문적 삼각관계의 정점에 서 있던 기무라가 심장협착증으로 갑자기 세상을 떠나 버렸기 때문이다. 그의 나이 겨우 50세였다. 그것은 너무 일찍 온 우연한 죽음이었다. '논쟁'이라는 이름 아래서 만들어진 무대의 긴장감이 금방 밀도를 잃어버리고 주인공이 사라진 드라마가 이렇게 급속히 종언을 맞이한 것이다.

기무라가 죽은 후에 곧 우이가 도쿄제국대학 교수로 전직하여 인도철학 강좌를 담당하고, 다음 해 5월 주저인 『인도철학연구』 6권의 업적으로 제국학사원상을 수여받았다. 우이와 같이 와쓰지도 독일 유학을 거쳐서, 1943년 도쿄제국대학 교수로 전직함으로써 오랜 세월에 걸친 교토의 유배생활에 종지부를 찍었다. 우이와 와쓰지는 기무라가 없는 도쿄에서 오랜만에 재회를 하게 되었다.

이때 지하에 잠든 기무라가 저세상에서 인생에 나타나는 '맹목의지'의 절묘한 섭리에 탄성을 발하고 있지 않았을까. 아니면 우이나 와쓰지가 주장하는 역사발전의 논리를 인정하지 않을 수 없다며 체관하고 있었을까.

### 8) 우이와 와쓰지의 연기관 지평

이야기가 약간 핵심에서 벗어났을런지도 모른다. 기무라와 우이 · 와쓰지의 논쟁 내용을 살펴보기 전에 그 배경적 기술에 다소 집착했을지 모른다. 하지만 우회와 집착은 그들이 행한 논쟁의 발화점에서 갈등의 농도를 측정할 때 필요한 일이었다고 나는 생각한다. 여기서 이야기를 처음으로 돌아가 보자.

추상적이나마 자세한 내용을 말해 보면, 기무라의 생명, 심리적 관점으로부터의 '연기설'에 대하여 우이와 와쓰지가 한 비판의 요점은 대체로 다음과 같은 것이다. — 원시불교에서 연기관의 참 의미는 주어진 현실 생활에 관하여 그것이 어떻게 된 것인지를 논리적으로 규명하려는 것에 있다. 그것은 아카누마 지젠이 주장한 바와 같이 윤회를 시간적으로 밝히려 한 것도 아니고, 기무라가 주장한 바와 같이 생명 활동의 진전 상태를 밝히려는 것도 아니다. 특히 와쓰지에 의하면 연기설에서 각 지(支)의 관계는(원시경전에는 6지, 9지, 12지로 된 연기설이 설명되어 있다) 기무라가 말하는 바와 같은 생명, 심리적 관점에 대한 분석적 관찰이 아니고, 주로 법과 법 사이의 논리적 관계(근거를 밝히는 관계)를 밝히려고 한 것뿐이다.

더욱이 와쓰지 데쓰로는 법과 법 사이의 논리적 관계를 해석하여 다음과 같이 말한다. 예를 들어 십이연기에서 '생(生)'이라는 것은 결코 태어나는 것을 의미하지 않고 생기는 일반적인 의미를 나타내는 것으로 독일어의 Entstehen에 해당하는 개념이라고 한다. 같은 의미로 '노사(老死)'란 생리적으로 늙어 죽는 것이 아니라 단지 지나가는 것의 일반, 즉 Vergehen의 의미라고 해석한다. 기무라의 생명, 심리론적 해석을 물리치고 논리적, 분석적인 해석으로 대치하고 있다고 해도 될 것이다.

그러면 이러한 관점에서 볼 때, 본 장의 주제인 '무명(無明)'에 대하여 우이와 와쓰지는 어떤 해석을 내리고 있는가. 그것에 대하여 양자가 기무라가 말하는 '맹목의사'론에 정면으로 대항하는 것으로 보아 반대하고 있는 게 틀림없다. 자세한 문헌고증 부분을 생략하고 말하면 결국 십이연기의 '무명'은, 우이에 의하면 '부처의 근본 사상을 모르는 것'이며 그래서 부처의 근본 사상을 알지 못하는 사람의 '심행(心行)'이 어떤 구조로 되어 있는지를 논리적으로 구성하려고 십이연기가 성립한 것이다. 같은 의미에서 와쓰지도 우이설을 그대로 계승하여 '무명'이란 무상과 사제(四諦)의 개념을 모르는 것 즉 모든 법에 대하여 무지(無知)한 일반인의 입장을 말하는 것으로, 다시 말하면 '자연적인 입장'에 있는 것을 가리킨다고 한다.

와쓰지는 '그렇지만'이라는 말로 계속한다. 원시불교에서 '법을 본다'라는 말은 '자연적 입장'을 초월하여 주객이 없는 무아(無我)

의 입장에 서서 그러한 자연적 입장을 가능하게 하는 법을 직관하는 것이었다. 직관에서 무명이 멸하여 명(明)의 입장이 드러나게 된다. 무명에 조건 붙여진 모든 법이 명=깨달음에서 멸한다고 주장하는 것이다.

이상에서 우이와 와쓰지는 원시불교에서의 연기관을 우선 인간에게서 인식을 정적(靜的)인 지평으로 되돌려서 해석하려는 것을 알 수 있을 것이다. 기무라가 그것을 인간에게서 생명 활동의 역동적 지평으로 재구성하려고 한 데 대하여 세계와 현상을 논리의 그물 속에서 이해하는 방법이라고 해석한 것이다. 그 결과 무명이란 불교의 근본 입장에 대한 무지, 세계와 현상에 관한 논리적인 상호규정성에 대한 무지라고 해석하게 된 것이다. 이러한 우이 · 와쓰지의 비판이 출발부터 기무라의 방법에 대한 정면에서의 공격을 의미하는 것이라는 사실은 말할 필요도 없다. 그것은 『원시불교사상론』 자체의 존재 이유를 잃어버리게 하는 것이었다. 그것을 기무라가 쉽지 않은 도전이라고 생각했다고 해도 이상할 것이 없다. 기무라는 그대로 방치한다면 신상에 튄 불똥이 피부를 태워 버리고 다음에 골수에 이를지도 모른다고 하는 불안을 느끼지 않았을까.

### 9) 기무라 반론의 근간

이리하여 기무라는 곧 반격준비를 끝내고 곧바로, 1927년 1월호부터 5월호에 걸쳐 『종교연구』에 「원시불교에서 연기관의 전개—특히 아카누마 · 우이 · 와쓰지 교수의 주장을 읽고」를 썼다. 오랫

동안 힘을 다한 반론이었다.

거기에서 그는 먼저 논객들에게 감사를 표하고 자기의 방법상의 특징을 다시 개진하고 강조하는 동시에 비판 논문의 내용을 요약하면서 반론을 전개해 간다. 일반적으로 학문적 반론이라고 해도 때로는 그 언설의 배후에 논리를 일탈하는 감정의 가시가 숨겨져 있는 경우가 있을 것이다. 기무라의 반론에도 그런 구절이 보이지 않는 것은 아니다. 예를 들어 다음과 같은 말이 삽입되어 있는 것에 나는 일순간 놀랐다.

> 솔직히 고백하면, 특히 와쓰지의 치밀한 논리적 해석에 대해서는 적어도 불교사상을 깊이 파고든 느낌이 들고, 게다가 어떤 의미에서는 현대의 유행 사상과 연결시켜 보려는 시도를 보면, 나의 기호에서 보아도 거의 찬미하고 싶을 정도로 특별한 느낌이 있다.[5]

이 말이 대담자인 와쓰지 데쓰로에게 잘 보이려고 한 말이 아니라는 것은 말할 필요도 없을 것이다. 왜냐하면 기무라는 그 후 와쓰지의 논거에 대하여 한 치도 양보하지 않는 반격을 전개해 나가기 때문이다. 그렇다면 앞서 말한 문장에서 기무라의 겸허한 마음이나 관용만을 찾으려고 하는 것은 타당하지 않을 수도 있다. 그때 기무라의 복잡한 심정을 추측하는 것은 어렵지만, 그만큼 그가 당시 와쓰지에게 존경하는 마음을 갖고 있던 것만은 확실한 것이다. 이러한 기무라의 의외라고 할 수 있는 대응법에 대하여 그 후에 와쓰지가 어떻게 응답하고 있는지는 나중에 볼 것이지만, 여기서는 수순대로 기무라의 반론내용에 대하여 언급하지 않을 수 없다.

첫 번째 우이와 와쓰지는 기무라의 해석이 엄밀한 문헌비판에 입각한 것이 아니고, 문헌적 또는 이론적인 면에서는 물론 '원시불교를 일관하는 근본적 분위기'에서도 도저히 유일한 근본적 해석법이라고 할 수 없다고 말한다. 그것은 외견상으로는 매우 면밀한 고증을 받은 것 같지만 일종의 선입관에 근거하는 해석법이며 독단적 요소를 적지 않게 포함하고 있는 것이라고 말한다.

두 번째는 특히 와쓰지가 주장하는 연기설의 논리적 관계에 관하여 언급하는 문제인데, 연기를 법과 법 사이의 논리관계라고 생각하는 그의 주장은 칸트식으로 말하면 범주라는 생각에 가까운 것이 아닐까. 십이연기설을 구체적인 인생의 설명원리로서가 아니라 개념적, 모형적으로 인생 존재의 양식을 분명히 한 것이라는 점에서 그것은 지나치게 칸트적 범주론에 기울어져 있다고 말한다. 그런데 이에 반하여 실제로 연기에 관하여 설명하는 경전 속에는 그러한 범주론을 거부하는 글이 많이 나타난다. 와쓰지가 말하는 생기는 것의 일반 Entstehen, 지나가는 것의 일반 Vergehen 이라는 개념적 규범에는 넣을 수 없는 단순한 생리적 사실을 가리키는 글을 볼 수 있는 것이다. 따라서 이러한 와쓰지의 칸트적 범주론은 논리주의적 해석에 이용되어 재편된 허구의 산물에 지나지 않는다.

그리고 세 번째 무명에 대한 반박이 나타난다. 무명이란 기무라에게는 욕심과 함께 불교의 인생관에 가장 중요한 의미를 가지는 것이며, 십이연기 이해의 출발점이 되는 것이다. 앞서 기무라가 말하는 무명이 생에 대한 맹목의지에 귀착하는 것이라고 말하였지만, 그것에 대해서 우이와 와쓰지는 부처의 근본 사상을 알지 못하는 것, 세계 현상의 논리적 구조에 관한 무지 때문이라고 해석한다. 이 반박에 대해 기무라는 다음과 같이 말한다.

경전에는 정말로 무명을 설명하면서 사제의 개념을 알지 못하는 것이라고 쓰여 있다. 하지만 만일 이것을 자의로 이해한다면 무명의 의미는 너무나 천박한 수준에 머물러 버리지 않을까. 왜냐하면 무명에 대하여 사제의 개념에 대한 무지 때문이라는 틀에서만 고찰한다고 하면, 부처에 의하여 사제의 법문이 나오기 이전에 살았던 중생들의 무명에 대해서는 도대체 어떻게 설명해야 할지 애매하게 되기 때문이다. 그러면 '부처가 나오든지 부처가 나오지 않든지 다를 게 없으리'라고 알려진 연기법칙, 즉 연기의 상시성(常時性)의 의미가 완연하게 밝혀지지 않는 게 아닌가. 부처가 나온 후에 무명은 그것으로 좋다고 해도, 나오지 않았던 이전의 무명은 적어도 그것만으로는 설명되지 않는 결점을 가지고 있다 할 것이다.

한 발 양보해서 만일 부처의 근본 사상이 법의 진상(眞相)을 의미하며, 따라서 무명이 그것을 이해하지 않겠다는 뜻이라고 한다면, 이것은 이전보다 더 바른 견해이다. 그렇다면 왜 우리 같은 범부(凡夫)는 법의 진상을 이해하지 못하는가. 그런 몰이해의 근본 동력이 도대체 무엇인가를 논하지 않고는 수습되지 않는 게 아닐까. 이 점에서 우이의 주장도 와쓰지의 주장도 응답하기에 충분한 논거를 가지고 있지 않다. 그중에서도 와쓰지의 주장에는 '자연적 입장'에서 무명에 대한 논리적인 의미 부여로서 그것에 선행하는

'행(行)'이 언제나 제약된 것이라는 사실을 나타내기 위해서, 단지 이것을 위해서만 세워진 것이 무명이라는 결론을 도출하고 있다. '행'과 '무명' 사이의 논리적 관계를 단지 개념적으로만 의의를 부여하기 위하여 이 놀랄 만큼 천박한 결론을 이끌어 내고 있는 것이다.

### 10) 기무라와 와쓰지의 응수

기무라의 반론은 지금까지 개괄한 것보다 더 많지만, 중요한 부분만 다뤄 보면 대체로 다음과 같다. 그의 반론 가운데 재미있는 점은 첫째로 기무라가 원시불교를 관통하는 '근본적 분위기'라는 것을 언급하고 있는 점이다. 그것은 우이 · 와쓰지의 주장이 이 '근본적 분위기'에 근본적으로 배치한다는 기무라의 직관에 대한 것이다. 그런 직관적인 인상을 노골적으로 말하고 있는 것이 재미있다. 그리고 이 '직관'에 대하여 우이와 와쓰지의 '비판'이 날카롭지 못하다는 것은 부정할 수 없는 사실이다. 왜냐하면 그들은 부처의 종교체험에 대하여 마치 관조의 철학자 같은 태도로 대응하는 것처럼 보이기 때문이다.

둘째로 기무라의 와쓰지 비판의 바닥에 깔려 있는 방법의식이 칸트 범주론이라는 점이다. 다시 말하면 칸트의 방법으로 정말 불교를 이해할 수 있는가, 불교의 '근본적 분위기'를 진정으로 이해할 수 있는가라는 것이리라. 물론 기무라가 그런 표현을 사용하지는 않았지만, 와쓰지의 주장 속에 칸트적 사고방식의 반영을 담지

할 수 있었다는 말의 본래적 의미는 그런 게 아닐까 생각한다.

셋째로 무명에 관한 논리주의적 해석의 천박함이라는 문제가 있다. 부처의 근본 사상을 알지 못한다는 것이 불교의 '근본적 분위기'에 숨겨져 있는 무명의 문제와는 반드시 연결되지 않는다. 역사와 인간의 배후를 관통하는 무지의 근본 동력—그것이야말로 불교를 관통하는 근본적 분위기여야 한다는 것이 주장의 배후에 들어 있는 기무라의 신념이었기 때문이다.

기무라는 혼신의 힘을 다해서 반박문을 집필했다. 그의 글 속에서는 힘이 맥박치고 있는 게 읽어 보면 전달되어 온다. 기무라의 반론에 대하여 우이는 침묵을 지키고 있었지만, 와쓰지는 바로 격렬한 반응을 나타냈다. 첫 기무라의 반론이 『종교연구』 신4권 1호에 게재된 것은 1927년 1월호였는데, 이것을 읽은 와쓰지가 바로 1927년 4월호 『사상』에 「기무라 다이켄 씨의 비평에 답한다」라는 글을 발표하였기 때문이다. 하지만 이때 기무라의 반론은 첫 회가 공표되었을 뿐이며 미완이었다. 미완성의 논문에 대하여 와쓰지가 급히 글을 쓴 이유는 그에게 서구 유학의 시기가 다가오고 있었기 때문이다. 글의 말미에 '남중국해에서 3월 1일'이라고 쓴 것에서도 당시의 사정을 알 수 있을 것이다. 그러므로 와쓰지의 반론이 직접적으로는 기무라의 첫 회 글에 대한 것이었다는 사실은 말할 것도 없다. 무엇보다 와쓰지 자신이 그것에 관해 서두에서 양해를 구하고 있다. 그럼에도 와쓰지의 응답이 기무라의 주장에 대한 전면적인 비판의 화살이라는 색조를 지니고 있는 것도 부정할 수 없을 것이다. 논증을 위한 지면의 분량이 많이 제한되어 있는 데 반하여 와쓰지의 반론의 기조에는 한 발도 양보 없는, 단호한 기무라 비판이 넘쳐흐르고 있기 때문이다.

학문에 관한 학설의 충돌에서 세부는 양보해도 중추는 사수한다는 게 일반적이다. 말하자면 그것이 논쟁이라는 것의 숙명일 것이다. 그 점에 대해서는 기무라와 와쓰지의 논쟁에서도 물론 예외가 아니었다. 그러므로 여기서는 '세부'에 들어갈 필요가 없다. 그리고 '중추' 부분을 점유하는 논리의 전개에 대해서는 이미 자세하게 소개하고 있기 때문에 여기서는 재론하지 않기로 한다. 다만 와쓰지의 반박문 속에는 그냥 넘어갈 수 없는 문제가 두 가지 포함되어 있다. 그것은 본 장의 본론에는 관계없을지 모르지만, 그들의 '논쟁'의 심층적 의미를 생각할 때 반드시 무익한 것은 아니다.

### 11) 우이의 교활, 와쓰지의 혈기

첫 번째는 반박문의 머리말에 와쓰지가 우이를 위해서 변명하는 한 절을 덧붙이고 있는 점과 관련된다. 즉, 기무라는 반론 속에서 때때로 우이 · 와쓰지의 주장이라고 표기하면서 비평을 전개하고 있지만, 기무라의 해석에 대해 실제로 '공개적으로 공격'한 이는 와쓰지 본인일 뿐이지 우이가 아니다. "원래 우이 씨는 기무라 씨를 전혀 언급하고 있지 않았기 때문이다. 우이가 공격한 해석 가운데는 기무라의 해석도 포함되어 있을 게 틀림없다고 해도, 기무라의 말대로 우이가 기무라의 해석에 이의 제기를 한다는 것은 우이의 논문에 표면적으로 나타나지 않을 뿐만 아니라 이면의 숨은 약속에서도 존재하지 않는다. 그러므로 나(와쓰지)에 대한 그 반론은 당연하다고 해도 우이에 대한 반론은 별도로 고려해야 할 성격이다"라는 것이다.

와쓰지의 우이를 위한 변명은 일견 가장 주요한 주장인 것 같이 보인다. 하지만 과연 글자 그대로 받아들여도 좋을 것인가. 우이가 기무라의 이름과 그의 주장을 직접 다루지 않는다고 하여 그의 마음속에 기무라에 대한 비판을 숨기지 않았다고 과연 단언할 수 있을까. 와쓰지가 말한 바와 같이 기무라에 대한 우이의 이의 제기가 표면에 나타나지 않았을 뿐만 아니라 '이면'에도 '숨은 약속' 사이에도 존재하지 않았다는 것은 조금 궤변에 지나지는 않을까라는 의문이 머리를 든다. 굳이 말하자면 그러한 와쓰지의 변명은 오히려 기무라에 대한 성급한 야유 혹은 수사 같이 보이는 것이다. 왜냐하면 당시 우이는 연기설 해석에서 기무라와 자기가 정면 충돌하는 상황에 처해 있다는 것을 통감하고 있었기 때문이다. 오히려 사건의 진상은 그러한 절박한 상황이 오히려 그에게 기무라의 이름과 학설을 직접 거명하는 것을 포기하게 하는 원인이 된 것은 아닐까.

그럼에도 우이가 기무라의 이름과 그의 학설을 직접 언급하지 않았다는 것은 이상한 게 아닐까. 그 점에서 우이의 침묵은 거의 예절의 영역에 들어가서 오히려 교활함의 경지에 이르는 것 같이 보인다. 그러한 우이의 신중한 태도와 비교할 때, 와쓰지의 기무라 비판의 말투에서 마치 혈기 충만한 청년의 우쭐대는 기분을 느끼지 않을 수 없다. 앞서 본 와쓰지에 의한 우이의 변명의 어조에도 그러한 우쭐대는 기분이 나타나고 있다.

내가 재미있다고 생각한 두 번째로는 와쓰지 데쓰로가 기무라 다이켄의 방법 · 해석을 평하면서 쇼펜하우어 사상을 너무 많이 원시불교에 주입시키고 있는 점이다. 이것이 앞서 말한 바와 같이 기무라가 와쓰지의 방법과 해석을 평하면서 칸트의 범주론과 비슷한 전개라는 지적에 대한 반론이라는 사실은 말할 필요도 없다. 다시 말해서 기무라의 비판의 내용은 이렇다.—와쓰지의 연구는 우이의 '논리주의적 해석'을 받아들여 그것을 더욱 논리화하고 인식론화하여, 말하자면 칸트의 범주론과 비슷한 부분까지 추진한 것이다.

한편 기무라는 우이의 연구가 신칸트파에 의한 발레서(Max Walleser, 하이델베르크대학 교수, 신칸트학파의 리더인 리케르트 Heinrich Rickert의 동료)의 해석의 연장선에 있다고 하여 그 입장을 와쓰지 또한 계승하고 있다고 한다. 따라서 와쓰지의 주장을 칸트의 범주론과 신칸트파적 방법에 근거하는 논리주의적 해석이라고 단언한 것이다. 이러한 기무라의 비판에 대하여 와쓰지도 변명을 시도하였는데, 그러한 판단이 일방적인 것이라는 사실을 강조하면서 마지막으로 그런 기무라의 입장이야말로 완전히 쇼펜하우어의 사상에 의거한 것이 아닐까라고 반격한 것이다.

기무라에 의하면, 와쓰지 해석의 난점은 원시불교를 관통하는 생명적 근본 분위기가 나타나지 않는다는 데 있었다. 이에 대하여 와쓰지는 원시불교 철학 속에서 내용 없는 논리적 형식만을 찾으려는 것은 절대 아니라고 한다. 다만 가장 구체적인 생생한 현실을 파악하려는 것이었다고 단언하고, 자시과 기무라 사이에 "의견의 차이"가 아니라 "기무라 씨의 이해력에 관한 문제"라고 일축한다.

나는 기무라와 와쓰지 사이에 나눈 응수를 즐겁게 보았다. 그러한 응수가 상대 입장을 칸트의 방법이나 쇼펜하우어의 방법에 각각 의존하여 구성했다고 하는 사실에 흥미를 갖게 되었다. 이렇게 말하는 이유는 두 개성 있는 학자 사이의 논쟁이라는 범위를 넘어서 일본에서의 학문하는 방식의 성격을 드러내는 요소가 있다고 생각하기 때문이다. 양자의 논쟁을 객관적으로 읽고 비교해 보면 기무라가 쇼펜하우어의 발상에 의존하고 있는 것은 본인 자신도 기록하고 있는 대로 전혀 의심할 필요가 없다. 동시에 와쓰지의 문장이 칸트의 방법을 강하게 의식한 것은 누가 봐도 분명한 것이다. 그러한 일종의 자부심을 두 사람 모두 자신들의 의식 속에 가지고 있었던 것도 틀림없다.

그럼에도 언제나 한편이 다른 편을 칸트의 제자라고 비평하자마자 맹렬히 역습하고, 또한 다른 편도 쇼펜하우어의 제자가 아닌가라고 눈을 부라린다. 자신은 칸트의 제자도 아니고, 쇼펜하우어의 제자도 아니라고 말하며 격정적인 말로 대응하지 않을 수 없다. 그렇게 말하는 것은 그들 자신이 쇼펜하우어의 모방자이거나 칸트의 졸개라고는 전혀 생각하지도 못했기 때문이다. 쇼펜하우어에게 의지하면서 독자적 견해를 전개하고 있으며, 칸트에 의지하면서 창조적 견해를 펼치고 있다고 믿었기 때문이다.

그런데 우이는 그런 논쟁에 말려 들어가는 것을 경계한 것일까. 아무튼 논쟁이 일어나는 현장으로부터 선을 긋고 몸을 사리는 것처럼 보인다. 기무라의 이름과 학설을 직접 거론하지 않지만, 그 해석을 근본에서 비판하고자 한 우이는, 말하자면 학계에서 더욱 신중하고 교활하게 행동했다고 말할 수 있다. 그에 비하면 기무라를 향한 와쓰지의 비판은 논리를 직선적으로 전개하는 혈기와 가차 없는 솔직성에서 특이하다. 그리고 우이의 교활함과 와쓰지의 혈기가 기무라를 협공하고, 그의 학설을 거의 없애 버릴 정도로 궁지에 몰리게 하였다. 교활과 혈기의 악수가 쇼펜하우어류의 새로운 해석에 한 방 먹이고, 학계에서 그 숨통을 끊을 기세를 나타낸 것이다. 격투의 배후에 칸트적 논리주의라는 이름의 수호신이 우이, 와쓰지의 창조적 견해의 전개를 주의 깊게 지켜보고 있었다.

다시 말하면 보이지 않게 그려져 있는 대립의 도식—쇼펜하우어와 칸트의 이름에 의한 대립의 도식—이 너무 단순한 유형이었기 때문에 기무라나 우이 · 와쓰지는 그 도식을 한 마디로 부정한 것이었으리라. 하지만 학문에서의 발상과 방법이라는 관점에서 바라볼 때, 대립의 도식은 객관적으로 성립되지 않을 수 없는 진실성을 가지고 있다. 그리고 그것을 누구보다 잘 알고 있었던 이는 사실은 당사자들인 기무라와 와쓰지였다. 다만 그들은 그런 대립의 도식을 강력하게 의식하고 있어도 그것을 백일하에 공개하는 것에 대해 불쾌감을 가지고 있었다. 왜냐하면 논쟁에서 비난공격의 응수에서 상대 논적을 서구 지성의 에피고넨(Epigonen, 아류)이라고 단정하는 것만큼 안타깝고, 그리고 자극을 주는 행위는 없기 때문이다.

깨닫게 되었을 때에는 그러한 안타깝고 자극을 주는 행위에 지무라도 와쓰지도 어느새 빠져 있던 것이다.

### 12) 쇼펜하우어와 칸트의 위상

기무라가 쇼펜하우어에 의거하고 와쓰지가 칸트에 의거하여 이론을 세운 게 그들의 논쟁에 처음부터 그늘을 드리우고 있었다. 시대정신은 압도적으로 칸트적 사고의 경향을 나타내고 있었다. 시대정신은 그들의 논의, 그 자체의 수준을 넘어서 작용하여 논쟁의 미래를 방향 짓고 있었다. 쇼펜하우어의 여력에 칸트를 능가하는 가능성이 있었던 것은 아니다. 그런 의미에서 승부는 처음부터 이미 끝난 것이었다고 해도 좋을 것이다.

쇼펜하우어의 주저 『의지와 표상으로서의 세계』가 일본에서 처음 번역된 것은 1910~1912년이었다. 번역자는 이상하게도 기무라 다이켄의 은사 가운데 한 사람인 아네자키 마사하루(姉崎正治)이며, 이때는 『의지와 현식(現識)으로서의 세계』라는 제목으로 소개되었다. 니시오 간지(西尾幹二)에 의하면 일본에서 쇼펜하우어가 유행하기 시작한 것은 메이지 중기부터 다이쇼에 걸쳐서였다고 한다.[6]

먼저 모리 오가이(森鴎外)는 『무희(舞姫)』(1890)나 『망상(妄想)』(1911)에서 자살이나 무(無)에 대하여 논하는 우수(憂愁)에 젖은 대철학자라는 이미지로 쇼펜하우어의 이름을 언급하고 있다. 후에 아쿠타가와 류노스케(芥川龍之介)는 유서로 쓸 예정으로 쓴 『어느 친구에게 보내는 수기』에서 오가이의 의견을 인용하고 있다. 또한 오구리 후요(小栗風葉, 『청춘』 1905년)와 다야마 가타이(田山花袋, 『처』 1909년)도 쇼펜하우어에게 관심을 보여 그의 연애론을 다루며 소설의 주제를 전개했다. 이들 작품에서 쇼펜하우어는 육체나 본능을 긍정하고 연애에 냉소하는 비관주의자로 등장하며, 여성무시론의 대변자와 같은 의상을 두르고 있다. 그런 사회풍조 속에서 주저서인 『의지와 표상으로서의 세계』가 아네자키 마사하루에 의해 '대앙(大仰), 심각, 장중, 비참에 넘치는 문체'(니시오)로 번역되었고, 일본 독서층의 호기심 많은 눈에 띄게 되었던 것이다.

쇼펜하우어의 초상은 점점 편견과 굴절을 더하게 된다. 더구나 '우울한 철학자'에 관한 편견과 과장은 그의 철학적 주제를 둘러싸고도 증폭되었다. 그것은 그의 주저작에 전개된 맹목적 충동인 '의지'가 인식 이전의 억제할 수 없는 성격이며, 맹목의지에서 적극성을 보는 그의 사상이 독일 비합리주의의 계보에 속한다고 보이기 때문이다. 독일 비합리주의의 계보가 칸트로부터 헤겔에 이르는, 무엇보다도 이성을 존중하는 독일 관념론의 왕도와는 대치되는 비주류의 지위에 있는 것으로 평가된 것도 어쩔 수 없었다. 당시 일본의 학문 또한 이 '왕도'에 추종하고 비합리의 정신을 배제하여 이성적 실증정신을 우월시하는 방향으로 자기 형성을 성취하려고 한 것은 말할 것도 없다.

쇼펜하우어가 당시에 의심의 눈으로 보여진 것은 앞서 말한 원인 외에 또 다른 중요한 이유 때문이었다. 즉, 『의지와 표상으로서의 세계』는 그 서두에서부터 칸트 체계를 보충하는 형식으로 논의를 전개하고 있는 데 비하여, 결국 후반에 이르면 독일 철학의 명제를 자신의 학설에 끌어들여 해석하는 곳이 나온다. 여기서는 상세하게 논할 여유가 없지만, 쇼펜하우어는 한편으로는 칸트의 제자 혹은 보충자임을 표방하고 다른 한편으로는 동양의 난해한 형이상학적 사변의 풀숲에 발을 들여놓는다. 진퇴를 결정하지 못하고 망설이는 점에 실로 쇼펜하우어 학설의 매력과 생명력이 있다고 생각되지만, 그것이 소위 칸트파의 이성 존중의 계보에서 오면 의심스럽고 불쾌한 눈빛으로 보게 되는 원인이 된다.

이렇게 쇼펜하우어와 칸트 사이에 보이는 철학상 위상의 차이는 그대로 기무라 다이켄과 와쓰지 데쓰로 사이의 학문적 위상을 정하는 데 이율배반적인 요인으로 작용했음을 인정하지 않을 수 없다. 쇼펜하우어가 의심스럽고 불쾌한 눈빛으로 보인 만큼 기무라 또한 와쓰지와 그 배후에 있는 칸트파의 시대정신에 의하여 움추려들 수밖에 없었다. 게다가 이후 일본 학계의 인도철학, 불교학 연구의 주류가 오로지 서구에서 직수입한 문헌실증주의, 우이 · 와쓰지류의 논리존중주의의 계보 속에서 단련되고 훈련되었던 것을 생각할 때, 우리는 쇼펜하우어 · 기무라의 2인 3각에 의한 사고방식이 의심할 수 없는 퇴락의 말로를 암시하고 있음을 인정하지 않을 수 없는 것이다.

### 13) 아폴로형과 디오니소스형

내가 기무라와 와쓰지의 논쟁을 읽고 생각하는 것은 남태평양에 떠 있는 사모아 섬 주민의 생활 실태를 둘러싸고 전개된 두 인류학자의 논쟁이다. 그중 한 사람은 섬주민을 조사하여 1928년 그 성과를 『사모아의 사춘기』라는 저서에 공표한 미국인 인류학자 마거릿 미드(Margaret Mead)이다.[7] 마거릿 미드는 태평양의 작은 섬에 조용하고 평안한 이상향의 세계가 펼쳐진 모습을 정교하게 묘사하였다. 사모아 사람들은 한가하고 편안한 생활을 사는데, 그 성질은 관대하고 성적으로 자유로워 실로 매력적인 모습을 하고 있다는 것이 미드가 생각한 동경의 '유토피아'관이었다.

그런데 미드에 의하여 보도된 사모아 섬에 대한 기술이 실은 새빨간 허위라는 악의적인 비판이 나타났다. 바로 1983년 발표된 데릭 프리먼(Derek Freeman)의 「마거릿과 사모아」라는 논문이다.[8] 프리먼에 의하면 미드의 민속지 기술은 '과학'이라기보다는 거의 '우화'에 가까운 것이고, 있음직한 미국 '이야기'화라는 것이다. 그러나 실제로 조사한 결과에 의하면 사모아인은 미드가 말하듯이 관대하고 한가한 성격의 사람들이 결코 아니다. 그뿐이 아니라 그들의 현실은 언제나 긴장감에 눌려 있고 폭력적이고 수많은 질병의 위협에 놓여 있다. 프리먼은 과거의 역사적 기록과 현장조사의 성과를 바탕으로 미드의 사모아 실태에 대한 반증의 산을 높이 구축한다.

마거릿 미드와 데릭 프리먼은 같은 조사대상인 사모아를 명과 암, 동경의 이미지와 비참의 이미지로 나누어 묘사하고 있다. 그렇다면 진실은 도대체 어떤 쪽에 있는가. 만일 한편이 진짜라면 다른 한편은 거짓 증언이 되는 것일까. 물론 '사모아'의 진실이 두 견해 가운데 있다는 생각도 가능하지 않은 것은 아니다. 이 문제에 대하여 판단할 능력이 나에게는 없다. 여기서는 앞서 두 사람에 의하여 제시된 사모아론을 도마 위에 올려서 흥미있는 논평을 한 제임스 클리퍼드(James Clifford)의 견해를 소개하고 본 장에서 제기하려는 주제로 들어가고자 한다.

클리퍼드는 최근에 『문화를 기술한다—민족지의 정치학과 시학(詩學)』이라는 저서를 편찬하고 글을 게재했다.[9] 이 저서는 현대 미국의 인류학자들에 의한 이론적 공동연구 성과이지만, 처음부터 다층의 '우화'와 '이야기'를 포함한 하나의 '정치학'이며 '시학'이라는 가설을 검증하고 있다. 민족지는 객관성과 과학성에 의하여 무장될 수 있는 게 아니고, 더구나 어디에서도 통용되고 있는 보편타당성이라는 것도 존재하지 않는다는 것이다. 그 점에서 마르셀 모스(Marcel Mauss)의 『증여』도 에번스프리처드의 『누에르족』도 예외가 아니다. 그리고 앞서의 미드와 프리먼의 '사모아 섬'론도 하나의 정치학이며 시학이라는 것을 결코 벗어날 수 없다.

전술한 클리퍼드의 견해에 따라 그 요지를 말하면 미드가 사모아섬 주민들에게서 본 '유토피아'는 관찰자 자신(혹은 미국)의 닮은꼴을 투영하려고 한 일종의 아이덴티티 환상이며 하나의 '우화'일 뿐이다. 그리고 이 '우화'에는 사모아 섬 주민에게서 발견되는 문화의 형식을 소위 '아폴로'적인 감각으로 통합하려고 하는 테마가 바탕에 흐르고 있다. 이 점에 대하여는 미드의 비판자인 프리먼의 기술 속에서도 같은 종류의 '우화'가 삽입되어 있는 것을 인정해야 한다. 다만 이 우화는 미드의 경우와는 달리 암울한 선율이 흐르고 있다는 점에서 차이가 있을 뿐이다. 즉, 미드를 공격하는 프리먼 또한 같은 시대정신이라는 회로를 거쳐서 사모아인의 인간성 깊은 곳에 생물학적인 지표, 말하자면 '디오니소스'적인 성향을 읽어 내려고 하는 것이다.[10]

요약하면 미드의 '아폴로형' 문화에 대하여 프리먼은 또 하나의 '디오니소스형' 문화라는 알레고리를 제시한 데 불과하다고 클리퍼드는 말하고 있다. 아폴로와 디오니소스라는, 말하자면 서구 신화의 이원론에 발을 딛고 있다는 점에서 프리먼 또한 미드와 전혀 다르지 않은 관점에 있다. 이렇게 사모아인에 관하여 일견 대립하는 듯이 보이는 그들의 상반되는 묘사는 처음부터 '미개인'이라는 관념에 대하여 서구인이 품는 플러스/마이너스라는 양면의 감정을 재현한 것이다.

그런데 미드와 프리먼의 사모아 민족지를 이렇게 비교, 논평할 때의 클리퍼드의 머릿속에 루스 베네딕트(Ruth Benedict)의 논문 「문화의 형식」(1934)이 들어 있었던 게 틀림없다. 왜냐하면 베네딕트는 논문 속에서 문화에는 아폴로형 문화와 디오니소스형 문화가 존재한다는 가설을 제시하고 있기 때문이다. 그녀는 주로 아메리카 인디언의 민족지 조사를 행한 경험에서 그런 유형론을 고안해 냈다. 이 점에서 베네딕트가 마거릿 미드의 선배이며 스승이기도 하다는 점을 특히 유의하면 좋을 것이다.

클리퍼드는 베네딕트가 주장한 개념구조를 역으로 받아서 미드와 프리먼의 사모아 섬 민족지에 재현된 세계의 본질에 날카로운 메스를 댄 것이다. 일반적으로 '미개인'이라는 관념에 대하여 서구의 인류학자들이 품고 있는 유형론적 편견, 그것이 이를테면 베네딕트가 말하는 두 가지 '문화의 형식'이라는 테마이며, 미드와 프리먼의 민족지를 물들인 두 개의 색다른 디자인이었다. 이율배반적이게도 베네딕트의 아폴로형-디오니소스형이라는 유형론이 실은 니체의 『비극의 탄생』에서 전면적으로 전개된 발상이었음을 상기해 본다면, 베네딕트는 니체의 직관에 이끌려 자신의 필드 체험을 정리하고 개념화한 것이었다.

### 14) '부처'에 대한 일본 신화

나는 미국의 미드와 프리먼 사이에 나타난 대립이나 논쟁이 이미 일본의 기무라와 와쓰지 사이에서 전개되었음을 매우 재미있게 생각한다. 그리고 기무라와 와쓰지에 의한 불교철학상의 논쟁이 미드와 프리먼이라는 인류학자의 민족지 논쟁 형식과 같은 양상이라는 것에 매우 관심을 갖는다.

원래 일본의 불교사상가들에 의하여 받아들여진 형식은 유럽의 칸트와 쇼펜하우어의 사고방식이었다. 그에 비하여 미국의 인류학자에 의하여 받아들여진 형식은 니체나 베네딕트에 의존한 사고방식이었다. 여기에서 인과관계를 생각해 보면 아폴로-디오니소스형의 제창자인 니체가 실은 쇼펜하우어 철학의 이해자 또는 후계자였다는 사실이다.

역사는 반복된다고 해야 할까. 아니면 그것이 학문이라는 것의 숙명일지라도 그 '숙명'엔 미묘한 뉘앙스의 차이가 있을 것이다. 이를테면 '사모아' 논쟁에서는 '미개인'이라는 관념에 비하여 서구인이 품고 있는 서구 신화(아폴로-디오니소스)가 깊은 그림자를 드리우고 있다. 그에 대하여 일본의 '연기-무명' 논쟁에서는 '부처' 혹은 '불교'라는 관념에 관하여 일본인이 품는 일본 신화라는 '이야기'가 성립하고 있다. 다만 여기에서 말하는 일본 신화라는 것은 소위 자신들이 만든 '일본 신화' 가 아니었다. 그것은 칸트와 쇼펜하우어라는 서구의 지식인으로부터 고안되어 관념적으로 재구성된 '일본 신화'였기 때문이다.

나는 인류학적인 '민족지' 연구라는 것이 결국에는 정치학이나 시학으로서의 '우화'라는 클리퍼드의 견해에 찬성한다. 그리고 그와 같은 운명이 본질적으로는 지금까지 누누이 설명한 기무라와 와쓰지 사이의 논쟁에도 그대로 해당된다고 생각한다. 거기에는 일본 학문의 특이성이 고려됨과 동시에 세계의 학문에도 공통되는 어떤 보편적인 특질이 발견될 것이다. '미개인'에 대한 서구인의 환상과 관념이 특이한 것과 마찬가지로 인도의 '불교'나 '부처'에 대한 일본인의 환상과 관념에도 아시아 극동의 개성이 나타난다. 그러나 그런 환상과 관념이 다층의 우의성(寓意性)이나 허구성을 포함하고 있다는 점에서는 일본도 서구도 아무런 차이가 없다. 즉, 1920년대의 기무라와 와쓰지라고 해도 원시불교와 부처의 체험 내용을 규명하는 과정에서 정치학 또는 시학이라는 궤도를 달리게 된 것이라고 말해도 좋은 게 아닐까.

일본에서 기무라-와쓰지 논쟁이 학계의 화제가 된 이래, 지금까지 이미 반세기 이상의 시간이 경과하고 있다. 그리고 그 논쟁이 정치학 또는 시학의 궤도에 부설되었음이 분명해지기까지는 반세기의 시간이 필요할지 모른다. 그러나 그 반세기가 지금 우리 앞에 보여 주는 세월의 단층은 극도의 편향으로 인한 상처를 노출시키는 듯이 보인다.

마지막으로 그 상처의 흔적이 의미하는 바를 지적하면서 본 장을 끝마칠까 생각한다.

### 15) 근대 스노비즘을 넘어서

반세기라는 시간의 경과가 연출하여 나온 편향의 상처란 단적으로 말하면 한쪽에 의한 기무라 다이켄 학설의 철저한 말살과 그것을 대신한 다른 쪽, 즉 와쓰지(혹은 우이 · 와쓰지) 학설의 압도적인 번영이라는 파행적인 단층의 흔적이다. 이렇게 말하는 것은 원시불교 사상에 관한 논리주의적 해석이 생명, 심리적 해석을 압도하고 결국에는 그것을 질식시키는 과정을 나타냈다는 것이다. 원시불교의 연기설의 기반을 '무명'이라는 악마적 맹목의지에서 찾으려는 기무라의 방법이 부정되고 동시에 연기설의 구조를 논리적 반성의 사고틀에서 정태적으로 파악하려고 한 우이 · 와쓰지의 방법이 권위를 갖게 된 것이라고 말해도 좋다.

앞서도 말한 바와 같이 칸트가 승리하고 쇼펜하우어가 패배하였다. 칸트의 아폴로적인 이해가 칭송받고 쇼펜하우어의 디오니소스적인 의지가 추방당한 것이다. 이러한 사정은 단지 인도철학, 불교학 영역의 문제에 한정되지 않고 의식적, 무의식적으로 일본 학문계의 왕도를 활보하게 되었기 때문이다. 심하게 말하면 그러한 궤도 설정이야말로 일본 근대의 운명을 선명하게 상징하고 있는 것이라고 말할 수 있다. 실증성이라는 깃발 아래, 객관성이라는 이름의 금과옥조를 은신처로 하여 이렇게 이성신앙, 논리신앙이라고도 할 수 있는 신념체계가 탄생한 것이다.

일본 근대의 인도철학, 불교학 연구는 '이성신앙'과 '논리신앙'이라는 권위의 바닷가에 물밀 듯이 쇄도하고, 그러한 바람 밑에 스스로 안식처를 찾아왔다고 해도 좋을 것이다. 그것을 위한 근본 궤도를 설정한 이가 우이 하쿠주이며, 그것의 계몽과 보급에 큰 위력을 발휘한 이가 와쓰지 데쓰로였다. 그 방법과 사고는 이윽고 학계의 주류를 형성하여 소위 학계에서 공통의 상식, 즉 정설의 지위를 획득하기에 이른다.

지금까지 이 상식과 정설의 유효성을 의심한 자가 얼마나 있었을까. 그리고 오늘날 이 상식과 정설의 권위에 의신의 눈을 돌리는 자가 얼마나 있었을까. 과거에 있었다고 해도, 그리고 현재에 있다고 해도 그 숫자는 형편없는 것이리라. 이러한 반세기에 걸친 '이성신앙'과 '논리신앙'의 추이를 바라볼 때, 나는 일본 근대에서의 인도철학, 불교철학 연구의 이해하기 어려운 스노비즘(snobbism, 속물근성)과 오퍼튜니즘(opportunism, 편의주의)을 생각하지 않을 수 없다. 그리고 스노비즘과 오퍼튜니즘은 문헌실증의 정치(精緻)를 경쟁하는 지적 기술과 밀접하게 연결되어 있다. 이 지적 기술, 그야말로 뼈를 깎는 경쟁 속에서 '정설'이 만들어지고 '상식'이 형성되었다.

그 결과 스노비즘은 도대체 무엇을 만들어 내었을까. 오퍼튜니즘은 어떤 과실을 가져다주었을까. 불교라는 거대한 성운에 이론 실증의 끌로 파서 아름답고 맑은 높은 하늘의 조화를 연주하는 아폴로적인 조각을 만들어 내는 데 성공한 것이다. 이성이라는 근대적 의상으로 치장한 장려한 불상을 그리스적 균형에 빛나는 간다라 불상의 이미지에 중첩시켜서 관조의 대상으로 만들었다. 아폴로적 불상이 탄생하고 순수이성에 의하여 이해한 불교가 그 윤곽을 나타내게 되었던 것이다.

그러나 그것로 인해 부처와 불교에서 잃어버린 것이 있다는 것을 누구도 부정할 수 없을 것이다. 거기서 단번에 버려진 것, 그것은 부처의 빛나는 몸의 그 밝고 깨끗함 깊은 속에 숨겨져 있는 내적 생명의 세계였다. 부처의 신체적 표층의 껍질을 가르고 그 심층에 내려가는 방법과 문제의식이 방기(放棄)된 것이다. 부처의 내적 생명의 근저에 카오스의 소용돌이가 분출되고 있다는 사실을 잊은 것이라고 말해도 좋다. 그러한 카오스의 소용돌이 속에서 원시불교의 에너지가 얻어지고 있다는 사실에 대한 통찰이 놀랍게도 결여된 것이다.

사실로 말하면 그 표층으로부터 심층에 이르는 회로를 터 보려고 한 것이 기무라 다이켄이었다고 생각한다. 그의 무명-맹목의 지론이야말로 그러한 시도를 가능하게 하는 필요한 핵심 개념이었다고 나는 생각한다. 다시 말하면 기무라는 부처의 종교체험 저편에 악마의 부르는 소리를 구별하려고 했던 것이다. 악마의 소리는 부처라는 존재를 넘어서 역사의 시원의 암흑 속으로부터 들려오는 큰 반향이라고 그는 생각했던 것이다. 만일 간다라 불상에 상징화된 부처를 아폴로적이라고 부른다면, 이 역사의 암흑 속으로부터 모습을 드러내는 부처의 움직임은 디오니소스적 움직임이라고 말해도 좋은 것이다.

지금 생각하면 기무라 다이켄이 제시한 '맹목의지'론은 부처의 심층체험과 원시불교의 심층구조를 밝히기 위한 중요한 문제제기를 포함하고 있다. 이를테면 맹목의지론이 쇼펜하우어의 철학에 의존한 것이었다고 해도 문제제기의 중요성을 부정할 수는 없다. 아니면 기무라가 말하는 맹목의지론으로 와쓰지의 논의와 같이 유럽에서 발생한 문화유형론의 한 변종이라고 비방하는 견해도 있을 것이다. 그렇다고 해도 부처와 원시불교가 인간 욕망의 본질과 생명의 근원적인 의미를 추구하는 것을 본래적인 과제로 생각할 때, 기무라가 가장 이른 시기에 그 문제의 해명을 위해 선구자적 노력을 기울였음에 대해 결코 과소평가할 수 없는 것이라고 생각한다.

기무라 다이켄의 발상과 방법의 싹이 처음 발화점에서 미연에 뽑혀 버렸다. '근대'라는 가면을 쓴 스노비즘의 파도가 그것을 단숨에 삼켜 버렸다고 말해도 좋을 것이다. 이후에 부처와 불교에 대한 논리주의적인 실증연구가 산처럼 쌓이고, 반세기가 경과했다. 그 결과 우리 앞에는 기무라 다이켄의 학설이 표백된 것 같은 잔해로 던져져 있는 반면, 우이 · 와쓰지의 학설은 영광으로 빛나는 모습으로 머리 위에 높이 드리워져 있다.

그러나 시대는 크게 변화되어 있지 않은가. 오늘날 기무라 다이켄의 잔해와 와쓰지 데쓰로의 영광의 모습이라는 대조는 미묘하게 변화의 징후를 나타내는 것으로 보이기 때문이다. 부처와 불교를 재평가하는 움직임이 오늘날 내적 생명의 영역으로부터 탐색되는 것으로 보이기 때문이다. 탐색의 시도는 불교세계의 내부로부터는 물론 불교세계를 둘러싼 다종다양한 지식 진영으로부터도 시작되고 있는 듯하기 때문이다. 문제에 대한 그들의 관심의 태동은 표백된 잔해와 영광에 빛나는 모습이라는 지금까지의 도식을 확실히 역전시키는 원인이 될 것이라고 생각하지 않을 수 없다.

# 2. 윤리에서 예술로

## — 와쓰지 데쓰로의 경우

### 1) 고사순례의 '불효자'

나는 일생 동안 쾨니히스베르크 땅을 떠나지 않았던 칸트보다 항상 여러 곳을 걸어 다니며 자신의 학설을 널리 알렸던 공자를 더 좋아한다. 물론 칸트의 『순수이성비판』은 싫고 공자의 『논어』가 재미있다는 것은 결코 아니다. 이 말은 철학의 내용보다 철학자의 행동에 더 흥미를 가진다는 뜻이다. 그러나 그것은 철학적 사고의 유형 문제와도 관련이 있을 것이다. 예를 들어 한 점을 중심으로 사고를 집중하여 피라미드와 같은 수직구조로 쌓아 올리는 철학보다 같은 사고에 원심력을 사용하여 어디까지든 수평선 방향으로 넓게 펼치는 철학 쪽에 나는 끌린다.

그러한 원심적인 철학을 여기에서는 임시로 편력(遍歷)하는 철학이라고 부르자. 그런 방향으로 가는 철학자를 순례하는 철학자라고 명명해 보자. 그렇게 편력하는 철학을 생명의 양식으로 한 인물로 과거에는 소크라테스가 있었고, 예수 그리스도가 있었다. 그와 똑같이 순례의 철학자 가운데 고타마 붓다가 있었고, 공자가 있었다. 물론 여기에서는 철학과 종교를 구별할 필요는 없을 것이다. 인간과 세계에 관한 근원적인 사상이라는 점에서 이들 네 명의 성인이 주장한 가르침 사이에 질적인 차이는 추호도 발견되지 않기 때문이다.

그 의미를 누구보다도 잘 알고 있던 사람이 일본 근대의 와쓰지 데쓰로가 아닐까. 편력하는 철학, 순례하는 철학자에 그만큼 뜨거운 정열을 쏟아붓고 주체적인 공명, 공감을 가진 철학자는 다른 어디에도 없었던 게 아닌가 싶다.

물론 와쓰지 자신은 서재에 틀어박힌 사람이었다. 원래 병약하기도 했거니와 인간으로서의 원심적인 활동을 극도로 자제하는 삶을 관철한 사람이었다. 그런 의미에서는 와쓰지에게 편력하는 철학 등의 이름을 붙일 수 없을지도 모른다. 그렇지만 와쓰지가 생애를 바친 철학과정을 더듬어 보면 그의 사고가 어떻게 여러 영역으로 뻗어 나가고, 어떻게 자유분방하게 갑의 테마로부터 을의 테마로 옮겨 갔는지 잘 알 수 있을 것이다. 거기에는 단순히 서재에 틀어박히고 산 사람이라고는 도저히 생각할 수 없는 편력과 순례 정신이 샘처럼 용솟음치고 있는 것이다.

와쓰지 데쓰로의 대표작인 『고사순례(古寺巡禮)』는 1919년에 이

와나미쇼텐(岩波書店)에서 간행되었다. 그의 나이 30세에 발표한 작품이다. 나라(奈良)의 옛 절들을 방문하여 절, 탑, 불상을 혀로 핥듯이 감상하고, 자유롭게 느낌을 기록한 것이다. 스스로는 미적 탐닉의 여행이었다고 말하는데, 말 그대로 고사내력(故事來歷)을 더듬어 그리스, 인도, 중국의 문물에까지 미치고, 새의 눈으로 보듯 광범위하게 비교해 보기도 하며, 벌레의 눈으로 보듯 미세한 부분의 광택을 드러나게 하기도 한다. 감상기와 문화비교론을 섞은 것 같은 자유로움 그대로의 모놀로그라고 해도 좋을 것이다. 그러니까 정확히 말하면 이것은 '고사순례'가 아니고, 오히려 '고미술순례'인 셈이다. 영적인 성소를 향한 순례여행이라기보다는 오히려 성역의 보물고로 통하는 미적 탐험여행의 성격이 짙다. 그것을 와쓰지 자신은 충분히 자각하고 있었다.

그렇다고 해도 와쓰지의 『고사순례』가 당대에 미친 영향은 대단하다. 우선 그 작품은 일본의 전통예술에 관한 일본인의 눈을 뜨게 한 획기적인 이정표 역할을 하였기 때문이다. 1884년에 어니스트 페놀로사(Ernest Fenollosa)는 오카쿠라 덴신(岡倉天心)을 따라 호류지(法隆寺)를 방문하여 몽전(夢殿)에 '비불(秘佛)'로 모셔진 구세관세음상을 공개하는 데 큰 역할을 했다. 그 후 일본 미술연구가 활발해졌는데, 그 흐름을 교양주의적인 입장에서 널리 국민들에게 침투시킨 점에서 그 책은 기념비적인 작품의 지위를 확실하게 가질 수 있었다. 그리고 두 번째 이유로 전통예술에 대한 지적 관심을 '순례'라는 실천적 퍼포먼스를 바탕으로 개발하려고 하는 독자적 방법의 고전적 모델에 이 작품이 포함된다는 데 있다. 사람들은 와쓰지의 『고사순례』를 단순히 지적 호기심을 만족시키려고 읽는 것이 아니다. 와쓰지의 책 한 권을 손에 들고 나라를 방문하여 와쓰지의 논의에 이끌려서는 '옛 절'이라는 정밀(靜謐)의 세계에 몸을 담그고, 자신의 삶을 생각하는 계기로 삼으려는 것이다. 이런 의미로 독자들은 『고사순례』를 야마토고사(大和古寺)에 관한 특별한 연구서인 동시에 자신의 내심을 엿보기 위한 인생서로도 읽어 온 것이다. 하지만 와쓰지 자신은 당시에 자신의 책이 후세에 그 정도로 큰 영향을 미칠 것이라고는 생각하지도 못했다.

와쓰지는 작품을 간행하기 1년 전인 1918년 5월에 두세 명의 친구와 함께 나라 근처의 옛 절을 구경하며 거닐었다. '순례'의 여행을 떠나기 직전, 마침 효고(兵庫)의 고향으로 귀성해 아버지와 만났다. 그때의 장면이 『고사순례』의 첫머리에 나온다.

> 어젯밤 아버지는 말했다. "네가 지금 하고 있는 일은 길(道)을 위해 얼마나 도움이 되는가." "퇴폐한 세상인심을 구원하는 데 얼마나 공헌할 수 있는가." 이 질문에는 답을 할 수 없었다. 56년 전이라면 바로 반발하였을지도 모른다. 그러나 지금은 아버지가 이 질문을 하는 마음가짐에 대하여 머리를 숙이지 않을 수 없었다. 아버지는 길(道)을 지키는 일에 강한 정열을 가진 사람이다. 의술은 인술이라는 표어를 한시도 잊지 않고 실행하기 위해 자기의 복리와 안일을 버리는 데 아까워하지 않는 사람이다. 불효자는 끊임없이 빈둥거리는 생활을 하며 옆길로 새고 있다. 그 무렵 나로서도 그런 흔들림에 식상해 있던 만큼, 아버지의 말씀이 지독하게 가슴에 사무쳤다.[1]

아버지의 말씀을 가슴 깊이 새기면서도 '불효자'는 아버지의 집을 떠나 여행에 나섰다. 고미술 감상은 틀림없이 자신의 마음속 요구를 만족시켜 주는 일이 아니라는 것을 내심으로 느끼면서도 아버지의 말씀을 뿌리치듯 나라로 향하였다. 그리고 이렇게 쓴다.

> 내 마음은 방랑자처럼 미술 탐닉을 향해서 치닫고 있다. 나는 허둥지둥 집을 떠난 자신을 반성하며, 뼛속까지 스며드는 한기를 느끼지 않을 수 없었다.[2]

이 글에서는 확실하게 자책의 마음이 배어 나오고 있다. 그는 자책감을 안고 집을 나왔다. 마음속 깊이 한기를 느끼면서 방탕자처럼 미의 탐닉을 향한 여행길을 떠나려 하고 있다. 방탕자처럼이라는 말은 앞으로 자신이 가는 길의 끝을 돌이켜 보려는 것이다. 어느 쪽으로라도 결정하기 힘든 우유부단을 말하는 것은 아니다. 오히려 그런 모순적인 기분이 솔직하게 표명되어 있다고 해도 좋을 것이다. 결론적으로 말하자면 이미 청춘의 절정을 지나 버린 미적 탐닉자의 마음속에 후년의 윤리학자로서의 씨앗이 어렴풋이 피어나기 시작했다고 할 수 있지 않을까. 그러나 여기에는 "네가 지금 하고 있는 일은 길(道)을 위해 얼마나 도움이 될 수 있는가"라는 질문을 받았을 때 궁색하게 답변했던 '불효자'가 마음에 '살을 에는 한기'를 느끼면서 미적 탐닉으로의 여행에 나서고 있음을 알 수 있다. 깊은 마음속에 자리 잡고 있는 '살을 에는 한기'로부터 그 후에 그가 어떻게 자유로워질 수 있었을까. 본 장은 우선 거기에 초점을 맞춰서 진행해 보려고 한다.

### 2) 『시골집』의 '우울한 고독'

문제를 논의하기 전에 꼭 말하고 싶은 것이 있다. 거듭 말하면 그것은 고사순례 여행을 나서는 아들을 향해 "네가 지금 하고 있는 일은 길(道)을 위해 얼마나 도움이 되는가"라고 질문하는 아버지의 엄한 말과 관련된 것이다. 『고사순례』에 인상 깊게 쓰인 이 말은, 어찌된 영문인지 훨씬 후에 나카노 시게하루(中野重治)가 직면하게 된다. 나에게는 이 말은 절벽처럼 우뚝 솟아 있는 것 같이 느껴졌다.

나카노 시게하루는 1934년 5월, 2년여 간의 옥중생활을 마친 후에 전향한다. 공산주의운동에서 발을 빼는 조건으로 출소한 것이다. 그때의 체험으로 고향인 후쿠이현(福井縣) 다카보코촌(高椋村) 이치혼다(一本田)를 무대로 쓴 개인 고백소설이 『시골집(村の家)』이었다.

전향 후 아버지에게 끌려서 돌아온 시골집에서 주인공인 다카바타케 벤지(高畑勉次)는 당분간 번역을 하면서 장래 일을 생각하려고 한다. 벤지는 그때 33세였다(앞에서 말했듯이 『고사순례』를 출판하였을 때 와쓰지는 이제 막 30세가 되었다). 벤지를 향하여 아버지 손조(孫藏)는 아들이 감옥에 들어간 후에 일어난 시골집 안팎의 모습을 차례차례 이야기해 나간다. 푸념에 가까운 이야기는 대부분 원망을 늘어놓는 것처럼 계속 이어지지만, 마지막에는 "아버지는 죽어가는 존재로서 모든 일을 처리해 왔다. 고쓰캇파(小塚原)에서 뼈를 묻겠다는 생각으로 만사를 처리해 왔다"라고 말하며, "아버지는 그런 글 따위 버려야 한다고 생각해"라고까지 말한다. 아버지의 말을 잠자코 듣고 있던 벤지는 자기는 기질적으로 설명해도 알아듣지 못하는 '파렴치한'이 아닐까 하며 막연히 '우울한 고독'을 느낀다. 그리고 무겁게 입을 연다. "잘 알겠습니다만, 그래도 글을 쓰고 싶습니다"고 대답한다.[3]

와쓰지가 아버지 말에 주죽이 들면서도 '미술의 탐닉'을 향한 '뼛속까지 시리게 하는 한기'를 느낀 것은 1918년이었다. 그리고 나카노가 그와 같이 아버지 말에 쫓겨 "그래도 글을 쓰고 싶습니다"라고 대답하면서 자신이 '파렴치한'일지 모른다고 생각하며 '우울한 고독'을 느꼈던 것은 1934년이다. 마음을 시리게 하는 한기에서 우울한 고독 사이에는 16년이라는 세월이 가로놓여 있다. 단순하게 말하면 그 세월은 다이쇼 시대로부터 쇼와 시대에 걸친 과정을 나타내고, 제1차 세계대전이 끝난 시점부터 5·15(1932년 해군 급진파 장교 등의 반란사건, 이누카이 쓰요시犬養毅 수상 암살—역자)와 2·26(1936년 국군주의 성격의 육군 황도파 장교 등의 반란사건—역자) 등의 사건으로 전환점을 돈 시대와 대응된다. 시대적 전환점에는 사회적 맥락에서의 '아버지'에 대한 문제가 고개를 들기 시작한다. '집'이라는 주제가 갈등의 불꽃을 당겼다고도 말할 수 있다. 사회주의와 자유주의가 서로 다투기 시작한 때였기도 하다. 시간은 누더기를 깁듯이 깊은 곳에서부터 조금씩 진행되고 있었다. 그러나 보기에는 혼돈과 착종(錯綜)의 느낌마저 드러내는 시대적 전환 가운데, 말하자면 염치와 자책을 둘러싼 예민한 감각이 뚜렷한 빨간 실처럼 관통하는 것처럼 보인다. 그런 아픈 감각은 와쓰지 데쓰로와 나카노 시게하루가 모두 아버지와의 사이, 그리고 아버지의 배후에 깔려 있는 세상과의 사이에 빵 둘러 있고, 눈에 보이지 않는 그물코에서 솟아오르고 있다. 그 점에서 와쓰지의 '마음을 시리게 하는 한기'와 나카노의 '우울한 고독' 사이에는 한 치의 간격도 보이지 않는다고 말할 수 있겠다.

두 사람은 그때, 이를테면 염치와 자책이라는 무거운 짐을 짊어진 채 살고 있었다. 염치와 자책을 유일한 생명의 양식처럼 여기며 살아가고 있었다. 그나마 자신의 길(道)을 그처럼 살피면서 정신의 안정을 지탱한 것은 아니었을까. 그렇게 생각할 때, 와쓰지도 나카노도 동시대인으로 같은 정신에서 태어난 피를 나눈 형제라고 말하는 게 이해가 될 것이다. 지금 염치와 자책의 무거운 짐이라고 말했지만, 그것은 두 사람에게는 결국 변제되지 않는 책임이었음은 말할 필요도 없다. 그리고 그것을 위한 무대로서 나카노가 선택한 공산주의 사상에 대해서 와쓰지의 사상은 윤리학이라는 가상의 구원원리였다고 생각한다. 나카노는 전향하는 자세 그대로 공산주의에 자신을 맡겼고, 와쓰지는 와쓰지대로 미의 탐닉자를 수면 아래로 밀어 넣은 채 윤리학을 모색하는 길을 선택한다. 또한 염치와 자책의 정신이 강요되는 일종의 편향의 궤적을 밟게 된다.

### 3) '윤리'의 원점

와쓰지가 '마음을 시리게 하는 한기'를 느낀 것은 반복해서 말했듯이 "네가 지금 하고 있는 일은 길(道)을 위해 얼마나 도움이 되는가. 퇴폐한 세상 인심을 구원하는 데 얼마만큼 공헌할 수 있는가"라는 말을 듣고 난 후였다. 아버지의 질문에 답하지 못한 채 그는 그대로 '미'의 탐닉을 위해서 '집'을 나왔다. 그때 그는 '아버지'가 품고 있던 절실한 의문에 솔직히 대답하는 것을 피한 것이다. 자신이 앞으로 하려는 일에 대해서 그만큼 마음을 빼앗겼다고 해도 좋다. 그러나 와쓰지는 그때의 일을 평생 잊을 수가 없었던 게 아닐까. 잊기는커녕 언제나 아버지의 말씀이 그의 가슴속에서 울린 게 아닌가 생각한다. 물론 그렇게 말하는 데는 그만한 이유가 없는 게 아니다. 말하자면 와쓰지의 『인간학으로서의 윤리학』 서두에 다음과 같은 문장이 나온다. 그 문장에는 그의 옛날 체험이 흐릿하게 나타나다가 확실하게 반사된 것처럼 비친다.

> 그런데 인간공태(人間共態)에서 '불변하는 것'은 무엇을 의미하는 것일까. 인간 생활의 부단한 변화를 관통하여 상주불변(常住不變)하는 것은 예부터 풍습이라고 이해하게 되었다. 풍습은 지나가는 생활에서의 '습관', '형식'이며, 따라서 변하는 생활이 거기서 달라져 가는 것들의 질서, 즉 인간들이 통과해 가는 길이다. 인륜에서 오상(五常)이란 분명 이런 질서 혹은 길임에 틀림없다. 그런데 인간공태는 과거와 같은 질서에 바탕을 두기 때문에 가능한 것이다. 부자간에 부자로

서의 질서가 없다면 부자관계는 성립하지 않고 결국에는 아버지를 아버지, 아들을 아들로서 규정할 수 없다.[4]

『인간학으로서의 윤리학』은 잘 알려진 대로 와쓰지 데쓰로의 윤리학자로서 출발을 알리는 작품이다. 이 책을 시작으로 그는 『윤리학』 상 · 중 · 하를 집필함으로써 체계화 작업을 착수한다. 윤리학자로서 기념비적인 저작의 첫 부분에서, 그는 '윤리'란 무엇인가에 대해 묻고, 변하는 생활이 달라져 가는 것들의 질서, 즉 인간들이 통과해 가는 길이 윤리의 근본 명제라고 말하고 있다. 그 '길'을 연구하는 것이야말로 윤리학자의 사명이라고 말한다. 일찍이 와쓰지의 아버지는 와쓰지에게 "네가 지금 하고 있는 일은 길을 위해 얼마나 도움이 되느냐"라고 물었다. "퇴폐한 세상 인심을 구하는 데 얼마나 공헌할 수 있느냐"라고 물었다. 와쓰지는 아버지의 질문에 간신히 '사람들이 그곳을 지나가는 길'이라는 표현으로 받아들여서 '길'의 근거를 묻는 일에 전념하였다고 말한다. 그것으로 아버지가 말한 '길'에 대해 이해한 것이라고 응답하는 것처럼 보인다.

『인간학으로서의 윤리학』을 쓰고 있을 때 와쓰지의 마음속 어딘가에서는 이전에 아버지가 물었던 '길'에 대한 질문이 울리고 있었을 것이다. 그 정도까지 자각하지는 않았을지라도 그것은 무의식중에 와쓰지의 사유를 일거수일투족 움직였을 것이다. 앞서 인용한 문장은 '길'에 관해 말한 다음에 '부자간의 질서' 문제로 넘어가고 있다. "부자간에 부자로서의 질서가 없다면 부자관계는 성립하지 않는다. 따라서 아버지를 아버지, 아들을 아들로서 규정할 수 없다"고 하는 감회가 이어진다. '길'에 대한 와쓰지의 생각은 먼저 '부자'라는 주제를 예증하려고 했기 때문이다. 이 부분을 그는 '인륜오상(人倫五常)'으로 설명하고 있다. 그렇다고 해도 와쓰지는 과거 아버지의 이미지를 마음에 두고 집필했던 게 아닐까. 고사순례 여행에 나서기 전날 밤의 아버지 모습이나 버릇이 그때 기억에서 되살아난 게 아닐까. 와쓰지의 『인간학으로서의 윤리학』은 『고사순례』에서 '아버지'가 한 질문에 대한 일종의 대답으로서 집필되었다고 보여진다.

#### 4) 아버지와 아들

여기 아버지가 말하는 '길'과 아들이 말하는 '길'은 시공을 초월해서 대조하고 있는 것 같지만, 이 대조가 반드시 완결된 것이라고 생각되지 않는다. 아버지의 질문과 아들의 응답이 미묘하게 어긋나고 있으며, 정면에서 들어 맞지 않는 듯이 보인다. 아버지는 길의 이해를 위해 어떤 도움이 될 수 있는가를 묻고 있는데, 아들은 '길'의 근본을 연구하는 일에 전념하겠다는 결의를 표명하고 있기 때문이다. 여기에 약간의 차이가 보이는 것 같다. 길의 근본을 탐구하는 것이 길의 이해에 도움이 되는지를 잘 알 수 없기 때문이다. 아버지는 계속 "퇴폐해 가는 세상 인심을 구하는 데 얼마나 공헌할 수 있는가"라고 묻고 있다. 그러나 단순히 길의 근본을 탐구하는 것만으로는 거기에 얼마나 공헌할 수 있을까. 공헌할 수도 있지만 공헌하지 못할 수도 있지 않은가. 아직 결정적이지 못한 상태에서 아들은 어쨌든 해 보이겠다고 대답할 뿐이다. 염치와 자책 정신이 강요한 의지적인 편향의 발자취를 나름대로 찾아간다고 해도 좋다. 그러나 기껏해야 거기까지다. 그런 의미에서 와쓰지는 아버지의 근원적인 질문에 부분적으로는 대답하고 있지만 부분적으로는 대답하지 않고 있다. 절반 정도만 답하고, 남은 절반에는 앞으로의 행선지를 비밀로 한 채 대답하지 않는다. 이러한 와쓰지의 염치와 자책의 중압이 그의 어깨를 누르고 있다고 말할 수 있을 것이다.

다시 말하지만 『고사순례』가 출판된 것은 1919년, 와쓰지가 30세 때였다. 그리고 『인간학으로서의 윤리학』이 출판된 것은 1934년으로 그의 나이 45세 때였다. 두 작품 사이를 놓인 세월은 15년이다. 15년 동안 와쓰지는 아버지의 말을 가슴속에 은밀히 담아 두고 있었던 것이다. 나는 그렇게 상상해 본다. 15년의 세월 동안 와쓰지는 도요대학(東洋大學), 호세이대학(法政大學), 게이오의숙대학(慶應義塾大學) 등에서 강의하며 『일본고대문화』(1920년)와 『일본정신사연구』(1926), 그리고 『원시기독교의 문화사적 의의』(1926)와 『원시불교의 실천철학』(1927)을 출판하며 많은 저술활동을 전개하였다. 또 1927년에는 유럽으로 유학을 떠났고, 이듬해에 귀국하여 1931년에 교토제국대학 교수에 임용되었다. 42세 때이다. 그리고 3년 후인 1934년에 『인간학으로서의 윤리학』을 간행하고, 그 해 도쿄제국대학 교수로 옮겨 문학부에서 강의하게 되었다.

『고사순례』와 『인간학으로서의 윤리학』에 걸치는 15년 동안 와쓰지가 기독교와 불교에 대해 집중적으로 연구한 점에 주목해 보

자. 기독교와 불교라는 종교의 숲을 헤치고 들어가서 비합리와 광기의 세계를 방황하며 산책하는 동안, 느긋하게 시간이 흘렀다고 해도 좋을 것이다. 그리고 『원시불교의 실천철학』이 간행된 해에 와쓰지의 아버지 단타로(端太郎, 71세)가 사망하였다. 그는 유럽 유학중에 기숙사에서 아버지의 사망소식을 들었다. 그때 와쓰지의 눈앞에는 아버지가 던진 "네가 지금 하고 있는 일은 길을 이해하는 데 얼마나 도움이 되느냐"라는 질문이 문득 생각나지 않았을까.

그때 그의 귓가에는 제1바이올린이 연주하는 주제의 강한 선율이 되살아났을 것이다. 단순히 되살아난 것만으로 그치지는 않았다. 그는 이미 『원시기독교의 문화사적 의의』와 『원시불교의 실천철학』의 연구를 통해 기독교와 불교의 종교전통을 아버지가 말한 '길'을 위한 '논리'의 궤도에 올려 놓으려고 노력해 오지 않았는가. 말하자면 '종교'의 윤리학적 연구를 위해 혼신의 노력을 다한 것이다. 와쓰지가 윤리학자가 된 것은 단적으로 직업에 따른 강요 때문이었던 점을 부정할 수 없다. 그렇지만 그와 동시에 아버지의 말이 다모클레스(Damokles)의 검처럼 머릿속에 떠올랐을 것이다. 그것이 '아들'의 영혼에 주문처럼 작용하고 있었을 것이다. 이렇게 와쓰지는 『인간학으로서의 윤리학』이 성립하는 전후의 시기에 직업과 아버지라는 이중의 압력을 견디면서 자신의 길을 모색하게 되었던 것이다. 그때 그는 여행에 대한 향수에 마음을 빼앗기고 있었다. 『고사순례』 시절에 할 수 있었던 것처럼 미적 세계로의 무심(無心)의 편력, 유력(遊歷) 여행을 상상했다. 하지만 시대적 환경은 더 이상 그것을 허락하지 않았다. 그보다 와쓰지의 직업윤리가 그런 행동을 허락하지 않았다. 미적 탐닉자의 편력 지향은 이렇게 성취되지 못하고, 빛 없는 가슴 깊은 곳에서 잠시 안식을 찾을 수밖에 없었다.

### 5) 숙환인 심장 발작

앞서 나는 와쓰지가 『인간학으로서의 윤리학』을 통해 윤리학자로서 자기의 길을 발견하고 있지만, 아버지의 질문에 대해서는 절반 정도밖에 대답할 수 없었다고 기록했다. 이것은 아버지의 질문을 외면하면서 느낀 '뼛속까지 스며드는 한기'가 그의 몸속에 그 후에도 계속 남아 있었음을 의미한다. 그리고 미적 탐닉자의 편력 지향이 그의 마음속 어디엔가에 흐릿하게 남아 있었을지라도 둥지를 틀고 있는 이상 뼛속까지 스며드는 한기로의 경사는 더욱 가속도를 더했을 것이다. 그렇다면 『인간학으로서의 윤리학』이 성립된 후에도 와쓰지는 여전히 매우 차가운 감각으로부터 자유로워질 수 없었던 게 틀림없다. 그리고 불행히도 그의 뼛속까지 스며드는 한기에 뒤를 좇듯이 덮친 것이 결국 숙환인 심장 발작이었다.

와쓰지가 도쿄 네리마(練馬)의 자택에서 처음 심근경색의 발작 증세를 보인 것은 1939년이었다. 그때 그의 나이 50세였다. 그로부터 13년 후인 1952년 11월 3일, 와쓰지의 가슴에 똑같은 통증이 찾아왔다.[5] 통증은 경미하였지만, 그는 "13년 전 일이 생각난다. 그 기분 나쁜, 지겨운 통증이다"라고 투덜거린다. 와쓰지의 협심증, 심근경색 발작은 그때 단속적으로 두 달간 계속되었다. 그리고 1956년

9월과 1958년 3월에도 매우 큰 발작이 일어났다. 이후 발작은 점점 심해졌고, 그것이 원인이 되어 1960년 12월 26일에 결국 세상을 떠나게 된다.

와쓰지가 네리마 자택에서 처음 발작이 일어난 것은 『인간학으로서의 윤리학』이 간행된 후 5년이 지난 뒤였다. 그동안 그는 『윤리학』 상권과 『얼굴과 페르소나』, 『공자』 등을 세상에 내놓았다. 그리고 첫 발작 후에도 그는 『윤리학』 하권을 발간하고, 『폴리스적 인간의 윤리학』을 집필하였다.

당시 와쓰지는 정신의 심층에 놓여 있는 뼛속까지 스며드는 한기에 더하여 심장 발작이라는 또 다른 무서운 한기가 닥치는 듯한 불안한 신체의 통증을 견디지 않으면 안 되었다. 정체를 알 수 없는 무서운 한기가 몸과 마음을 중압하자 그의 정신의 평형은 위협받기 시작하였다.

일본의 패전은 그런 상황에서 찾아왔다. 큰 시대적 전환이 학문과 사상의 세계에도 가차 없이 밀려 들어왔다. 와쓰지도 그런 급격한 동요의 파도 속에 밀려가는 운명을 피할 수 없었다. 그럼에도 이중으로 강요당한 심신의 매서운 한기만은 전혀 해결되지 않은 채 그의 몸 전체를 지배하고 있었다. 통증은 여전히 몸의 중심에 자리를 틀고 앉아 있었던 것이다. 그 상황에서조차 와쓰지는 여전히 도쿄제국대학 윤리학과 주임교수였고, 심근경색의 발작이 언제 일어날지 모르는 상태에 있었다. 패전 후에도 본질적으로 변화된 상황을 없었다.

### 6) '예술'로의 회귀

와쓰지가 패권 후 새로운 단계를 밟은 것은 1953년 『예술신조(藝術新潮)』에 「일본예술사연구」를 연재하기 시작하던 시기였다. 도쿄대학 정년을 4년 남겨 둔 시점으로 패전 후 8년이 지난 때였다. 왜냐하면 그때야 비로소 숙환처럼 그의 인생을 괴롭힌 뼛속까지 스며드는 한기가 사라지기 시작하고, 거기서부터 즐거움으로의 출구가 자연스럽게 열린 것처럼 보이기 때문이다. 심장발작이라는 생리적인 '무서운 한기'는 이미 어찌할 수 없었지만, 아버지의 말로 되살아난 '뼛속까지 스며드는 한기'를 해소하고 넘어서는 길이 보였기 때문이다. 그런 의미에서 와쓰지의 철학자로서의 말년은 패전이라는 역사적인 사건에서보다는 도쿄대학 퇴직과 윤리학 교수로부터의 해방이라는 사건에서야말로 한층 더 중요한 전기를 맞이한 것이 아닌가 한다. 또한 덧붙이자면 와쓰지가 패전 말기에 준비하여 패전 직후 세상에 내놓은 『쇄국—일본의 비극』(1950)보다도 패전 후 10년이 지나서 발행된 『일본예술사연구』 제1편 「가부키(歌舞伎)와 조루리 꼭두각시인형극(操淨瑠璃)」이 와쓰지의 정신에 일종의 황홀경과 같은 자유로운 해방감을 주었다는 점에서 확실히 중요한 의미를 가진 작품이었다고 생각한다. 일본의 패전이 '윤리학' 교수인 와쓰지에게 '쇄국'이라는 일본의 비극을 새롭게 자각하게 하는 계기가 되었지만, 그에 대하여 패전 후의 '일본예술사' 연구에 몰두한 것은 이미 윤리학 교수자리에서 퇴임한 와쓰지에게 무한한 은총과 득도와도 비슷한 체관(諦觀)을 약속하는 계기가 되었기 때문이다. 그 단계가 되어서야 와쓰지는 과거 아버지의 질문을 향하여 처음으로 조용히 마주하고 자연스럽게 관대한 심경이 된 것이다.

와쓰지는 『일본예술사연구』 제1권의 서두에서 어린 시절 어머니를 따라 고베의 친척집에 머물렀다가, 도쿄에서 온 가부키 연극을 본 경험을 이야기하고 있다. 「고이뇨보소메와케타즈나(戀女房染分手綱)」가 상연되었는데, 작품에 등장하는 유모인 시게노이와 말꾼인 산키치 사이에 주고받는 대화와 그들의 모습이 가슴에 와 닿았다고 말한다. 그 후에 와쓰지는 연극의 세계에서 멀어졌고 유년 시절의 체험도 기억 속으로 사라져 버렸지만, 성인이 되어 다시 한 번 빠지게 되었다. 그리고 언제부터인가 가부키와 조루리의 무대에 대해 한 가지 의문을 갖게 되었다고 적고 있다.

> 현재 가부키 무대에 상연되고 있는 여러 종류의 희곡 중에서 특히 대작으로 중요하게 여겨지는 작품이 있다. 『스가와라덴주테나라이카가미(菅原傳授手習鑑)』, 『요시쓰네센본자쿠라(義經千本櫻)』, 『가나데혼주신구라(假名手本忠臣藏)』, 『이모세야마온나테이킨(妹背山婦女庭訓)』, 『이가고에도추스고로쿠(伊賀越道中雙六)』, 『이치노타니후타바군키(一谷嫩軍記)』, 『기이치호겐산랴쿠노마키(鬼一法眼三略卷)』처럼 이른바 조루리인형극이다. 그런데 연극을 무대 위로 만들어 올리는 세계, 즉 상상력에 의해서 만들어진 세계에는 일종의 독특하고도 이상한 느낌이 있다. 그것은 단지 현실의 세계를 예술적으로 재현하는 것에 그치지 않고, 무언가 현실과 다른 것이라는 단순히 비현

실적인 혹은 환상적인 것이 아니고 오히려 현실보다 더 강력한 존재감을 가진 것을 만들어 내는 것처럼 보인다. 그런 의미에서 이국적(exotic)인 신기한 것이나 초지상적인 광채가 거기서 느껴진다. 그런 불가사의한 인상은 도대체 어디에서 생겨난 것일까.[6]

와쓰지는 3, 40년 동안 이런 의문에 사로잡혀 있었으나 그것을 해결해 주는 사람이나 책을 만나지 못했다. 그런데 그 즈음 그것을 조금은 알게 되어 그 의문이 해결된 기쁨이 가슴속에 스며들었다. 그래서 와쓰지는 앞서 말한 유년 시절의 가부키 체험을 이야기하게 된 것이다.

앞서 언급한 문장에서 와쓰지는 조루리인형극이 무대 위에 올려질 때 받았던 '이상한 느낌'에 대해 이야기하고 있다. 그리고 그 '이상한 느낌'이 왠지 모르게 비현실적인 것이지만 몽환적이지 않고, 오히려 '현실보다 더 강한 존재감을 가진 것'이라고까지 말하고 있다. 하지만 현실보다 더 강한 존재감을 가진 것은 '이국적인 신기한 것, 초지상적이면서 빛나는 것'을 보여 주며 강한 인상을 남긴다. 그러한 '불가사의한 느낌'은 도대체 어디서부터 생겨난 것일까. 그러한 질문을 여기에 내놓고 있다.

고백에 가까운 와쓰지의 집필의도에 관한 진술은 거의 미적 탐닉자로서의 자유로운 발상과 연결된다고 말할 수 있겠다. 그는 연극을 보고 느낀 감동, 감동이 일어난 이유, 그리고 연극이라는 것의 이상하고 신기하며 빛나는 것 등에 대해서 누구에게도 숨기지 않고 마치 즐기는 것처럼 활달하게 이야기하고 있다. 말하자면 거기에는 36년 전에 『고사순례』 속에서 쓴 아버지의 말 — "네가 지금 하고 있는 일이 길을 위해 얼마나 도움이 되느냐, 퇴폐적인 세상 인심을 구하는 데 얼마나 공헌할 수 있는가"라는 질문의 무거운 그림자가 깨끗하게 사라져 버린 것처럼 보인다. 36년 전 그때 와쓰지는 아버지의 말에 대한 반항을 가슴에 숨기고 "내 마음은 방탕자처럼 미술의 탐닉을 향해서 치닫고 있다. 나는 허둥지둥 집을 떠나 온 자신을 반성하며, 마음에 뼛속까지 스며드는 한기를 느끼지 않을 수 없었다"라고 썼다.

하지만 바로 그 사람이 말년이 된 지금에 와서 조루리인형극의 '이국적인 신기한 것, 초지상적이면서 빛나는 것'의 수수께끼 풀이를 위해 등을 펴고 도약하려고 한다. 남은 자신의 인생을 미의 탐닉자로 살아가려는 것이다. 최소한 그렇게 해석해도 부자연스럽지 않은 리듬이 문장의 행간에 활기차게 흐르고 있다. 그 리듬 속에서 우리는 벌써 '뼛속까지 스며드는 한기'를 느낄 수 없다. 물론 와쓰지가 거기서 방탕자의 기분을 품고, 조루리인형극 연구를 반드시 진행하려는 것은 아니다. 오히려 자신에 찬 한 사람의 미의 탐닉자로서 연극무대에 펼쳐져 있는 이국적인 신기한 것, 초지상적이면서 빛나는 것의 비밀에 대담하게 접근하려고 한다.

와쓰지는 생의 마지막 해인 66세가 되어서야 아버지가 말한 무서운 말의 주술로부터 해방된 것은 아닐까. 그때서야 비로소 미적 탐닉자라는 방탕자의 오명을 반납하고 미의 사도라는 영광을 높이 선언하고 있는 것이다. 그러나 사태는 그처럼 단순한 것은 아니었다. 와쓰지는 거기서 단지 순진한 미의 탐닉자로 변신하는 것도 아니다. 어떤 면에서 말하자면 윤리학자로서의 오랜 경력이 그를 그대로 두지 않았다고 하는 것도 일단은 염두에 두어야 할 사항이다. 하지만 그것보다 좀 더 근본적인 것은 그가 단지 미의 탐닉자로 변신하고, 그 방향으로의 길을 용인한 것뿐이었다고 한다면 그것은 결코 아버지의 말에 대한 올바른 답변이 되지 않을 것이다. "네가 지금 하고 있는 일은 길을 위해 얼마나 도움이 되느냐"라는 아버지의 질문에 응답한 것이 되지 않기 때문이다. 그렇다면 와쓰지의 본심은 그 시점에서 도대체 어디로 향하고 있었던 것일까.

### 7) 현실보다 더 강한 존재감

앞서 인용한 문장을 잘 읽어 보면 알 수 있지만 와쓰지가 단순히 조루리인형극에서 이국적인 신기한 것, 초지상적이면서 빛나는 것에만 관심을 두고 있는 것은 아니다. 그가 강하게 느꼈던 '불가사의한 인상'이 그런 신기하고 빛나는 것임은 물론이지만 그 이상으로 중요한 점이 사실은 '현실보다 더 강한 존재감을 가지고 있는 것'에서 온다고 말하는 부분이라고 나는 생각한다. 조루리인형극 세계에서 나타나는 불가사의한 인상이 현실보다 더 강한 존재감으로 촉발되어 생겨난 것이 아닐까 하는 점이다. 그렇다면 '현실보다 더 강한 존재감'이라는 것은 과연 무엇일까. 이 말이 함의하고 있는 내용은 무엇일까.

나는 '현실보다 더 강한 존재감을 가지고 있는 것'이라는 와쓰지의 문제제기 가운데 그가 『일본예술사연구』에서 보여 준 대단한 포부와 정열을 느낀다. 그의 연구영역 속에서 일본풍의 이그조티시즘(exoticism, 이국 취미)을 찾아내려고 하는 것은 아니다. 그보다는 조루리 꼭두각시인형극에서 이국적인 신기한 것, 초지상적이면서 빛나는 것의 기반, 혹은 피안에 '현실보다 더 강한 존재감을 가지고 있는 것'을 찾아내려 하는 것이다. 강한 존재감은 단순히 현실과 다른 것이 아니기도 하지만 비현실적이고 몽환적인 것으로 남는 것도 아니지 않을까.

와쓰지가 조루리 인형극 무대에서 나타나는 '불가사의한 인상'에 직면해서 '그것은 도대체 어디서 생겨나는 것일까' 하는 의문에 사로잡혔다는 사실에 대해서는 앞서 언급했다. 『일본예술사연구』를 집필하기로 마음먹은 사정도 앞에서 설명했던 그대로이다. 그렇다면 의문을 해결하는 열쇠는 어디에 숨겨져 있는 것일까. 와쓰지는 책의 '서문'에서 다음과 같이 말한다.

> 패전 후 1947, 1948년쯤이라고 생각하는데 아베 요시시게(安倍能成), 시가 나오야(志賀直哉), 다나카 고타로(田中耕太郎), 다니카와 데쓰조(谷川徹三) 등 여러 사람들과 때때로 모여서 여러 문제에 대해서 이야기를 나누고 있을 때, 두 가지 문제가 머릿속에 떠올랐다. 당시 가부키 무대에 시게노이코와카레(重の井子別れ)의 단(段)이 상연되고 있다는 것에 자극을 받았는지도 모른다. 어쨌든 나는 다시 한 번 이 문제를 생각하던 중 지극히 당연한 일이라는 것을 처음으로 깨닫고 아연실색했다. 그것은 시게노이코와카레라든가 혼초니주시코(本朝二十四孝), 주신구라(忠臣藏)가 정통적인 가부키 연극이라고 생

각했지만, 원래는 가부키 연극이 아니었던 것이다. 그것은 원래 조루리에서 기다유의 노래와 함께 인형이 연기한 것이지, 가부키 배우가 연기한 것은 아니었다. 따라서 작가가 이런 희곡을 만들 때에는 인형극으로 만든 것이다. 그것은 누구나 아는 것이 아닐까. 자신도 지금까지 모르고 있던 것은 아니었을 것이다라고 한다면 조금 대답하기 어려운데, 사실 나는 그때에 겨우 번뜩 생각이 났던 것이다.

인형극이었다고 말하는 것과 작가의 상상력이 만들어 내는 세계의 불가사의함 사이에는 무언가 필연적 관계가 있을 것이다. 서양 희곡은 통례적으로 인형극의 대본이 아니다. 그런데도 일본의 희곡 가운데 가장 희곡다운 것은 모두 인형극의 대본이다. 나는 지금까지 이것을 알아차리지 못했다. 여기에 의문을 해결하는 열쇠가 있지 않을까.[7]

와쓰지는 여기서 현재 상연되고 있는 가부키 무대와 조루리극의 무대에서 뿜어 나오는 '불가사의한 느낌'은 작가들이 희곡을 만들 때 처음부터 인형극으로 만들었기 때문이 아닐까 하고 말하고 있다. 정통적인 가부키 연극이라고 생각했던 것이 사실은 가부키 연극이 아니라 조루리 반주에 의해 상연되는 인형극이었다는 점에 연유하는 것이 아닐까라고 말한다. 그 점을 번뜩 깨닫자 와쓰지는 비로소 거기에 의문을 해결하는 열쇠가 있을 거라고 생각한다.

이런 상황을 통해 사태는 이미 간단하게 종막을 맞이하는 것처럼 보이지만 결코 그렇지 않다. 와쓰지에게는 그런 불가사의한 인상이 도대체 어째서 '현실보다 더 강한 존재감을 가지고 있는 것'

과 관련되는가 하는 주제를 실제 작품을 기준으로 분석해야 했기 때문이다. 현실보다 더 강한 존재감이 조루리극 속에서 어떤 형식으로 내재되어 있는가. 그것을 연극의 연출에서 찾아내는 것이 와쓰지의 주된 목적이었기 때문이다. 그러면 '현실보다 더 강한 존재감'이란 와쓰지에게 도대체 어떠한 것이었을까.

### 8) 조루리 꼭두각시인형극의 깊이

와쓰지 데쓰로는 『일본예술사연구』의 제1편에서 '조루리 꼭두각시인형극'이 출현했던 예술사적 의의에 대하여 논하고 있다. 그 중에서 우선 주목해야 하는 것으로 조루리 꼭두각시인형극에 세 개의 중요한 요소가 들어 있다는 것이다. 즉, 첫째는 무로마치(室町) 시대에 이미 완성된 조루리절(節)이라는 이야기의 요소, 두 번째는 새로운 악기로 채용된 샤미센의 반주라는 요소, 그리고 세 번째가 교묘한 손 꼭두각시 기술이라는 요소가 그것이다. 조루리 꼭두각시인형극은 이러한 세 요소가 어울리고 조화되어 새로운 표현양식으로 창출되었다고 말한다. 와쓰지는 그와 같이 개관한 후에 조루리 꼭두각시인형극의 연출 방법이 노가쿠(能樂)와 유사한 듯하지만 근본적인 면에서 어떻게 다른지를 탐구하며 그것만의 양식적 개성을 밝히고 있다. 노(能) 연기자, 인형 연기자 혹은 인형의 동작과 그 기능을 비교하며 전개하는 가운데 생각지도 못한 지평으로 우리를 이끌어 가는 것이다. 예를 들어 그것을 보여 주는 다음 문장을 보도록 하자.

그곳으로 인형의 동작이 노 연기자의 동작과는 전혀 다른 원리를 도입하게 된다. 노 연기자의 동작이 사람으로서 자연스레 만들어 내는 움직임을 연기자가 고의로 없앤 것이라면, 인형의 경우에는 그런 없애는 노력을 하지 않아도, 원래부터 자연적인 동작을 할 수 없는 것이다. 따라서 노 연기자가 비상한 훈련으로 달성한 경지를 인형은 저절로 몸에 익히고 있다고 해도 좋다. 그 대신 인형으로 하여금 노 연기자가 저절로 하는 것처럼 자연적인 움직임을 연출하게 하기 위해서는 인형 연기자는 상당한 연습을 하지 않으면 안 된다. 게다가 노 연기자와 인형 연기자라는 것은 노력의 방향이 정반대가 된다. 노 연기자가 열심히 없애려는 움직임을 인형 연기자는 인형 위에서 적극적으로 살리지 않으면 안 된다. 그러나 어느 정도 세밀하게 노력하더라도 살아 있는 연기자가 살아 있는 움직임을 모두 없앨 수 없는 것처럼 생명이 없는 인형으로 살아 있는 인간의 움직임을 그대로 재현할 수는 없다. 단지 자연적인 움직임 속에 유난히 두드러지는 것을 없애거나 혹은 살리는 데 지나지 않았을 것이다. 그것은 인간의 움직임 속에 특히 의미 있게 상징적 의의가 농후한 것이 아니면 안 된다. 그 선택이 잘 되면 급소만을 취하고 다른 것은 모두 버림으로써 대단한 예술적인 효과를 만들어 낼 수 있다. 그것을 노 연기와 조루리 인형은 서로 정반대 방향에서 이루어 낸다. 노 연기가 지극히 상징적으로 그것을 이루어 낼 수 있었던 것과 같이 조루리 인형 또한 인간의 자연적인 움직임의 급소를 취하고 다른 것을 모두 잘라 버리는 데 성공했다. 이것은 조루리 인형의 특징이다.[8]

노 연기자의 동작은 자연적인 것이기 때문에 인간적인 동작을 없애는 훈련을 통하여 만들어진다. 그에 비하여 인형 연기자의 동작은 인형이라는 목각 위에서 자연적으로 인간적인 동작을 살리려는 훈련을 통하여 실현된다. 그런 점에서 노 연기자와 인형 연기자는 노력의 방향이 정반대이다. 물론 노 연기자의 경우나 인형 연기자의 경우에도 동작을 살리기 위한 훈련에는 선택이라는 것이 작용하고 있다. 인간의 자연적인 움직임에 있는 '급소'를 취하는 동시에 상징과 과장에 의한 예술적인 효과가 기대된다. 다만 그러한 예술적 효과를 만들어 내면서 노 연기와 조루리 인형의 연기는 정말로 반대의 방향을 향하고 있다. 이렇게 와쓰지는 노가쿠의 연출과의 비교를 통해서 조루리 꼭두각시인형극 연출의 특징을 신선하게 찾아내고 있다. 양자 간의 역대응관계가 실제로 분명하게 부각되고 있다. 결국 노가쿠는 자연적인 움직임을 없애는 것으로부터 만들어진 특수한 예술적 동작에서 성립된 것이지만, 조루리 꼭두각시인형극은 그 없애 버린 부분을 인형으로 살리려고 하는 노력에 의하여 자연적인 움직임의 급소를 확대하여 표현하는 특수한 예술적 동작에 기반을 두고 있다. 바꿔 말하면 노 연기자는 이른바 자기를 없앰으로써 보다 강한 자신을 나타내는 연기자라는 데 비하여 조루리 꼭두각시인형 연기자는 오히려 없어진 자기(인형)에 피를 통하게 함으로써 견고한 자기를 재생시키는 연기자라고 말할 수 있을지 모른다.

내가 이와 같은 와쓰지의 주장에 끌린 것은 노가쿠와 조루리 꼭두각시인형극에 관하여 정말 교묘하고 예리한 비교도 그렇지만,

그 이상으로 자기 몸의 본성을 없애기도 하고 살리기도 하는 것을 통해서 보다 견고하고 강한 자기(혹은 예술적인 동작)를 만들어 내는 과정에 착안하고, 거기서 나타나는 예술양식이, 즉 노가쿠와 조루리 꼭두각시인형극이라는 사실을 그가 말하고 있는 부분이다.

조루리 꼭두각시인형극에 관하여 말하자면, 거기에서 이국적인 신기한 것, 초지상적인 광채가 빛나게 되었다. 그러나 이국적인 신기한 것도 초지상적인 광채도 자기 몸의 본성을 없애기도 하고 살리기도 하는 방법을 사용하지 않으면 처음부터 그 고유의 매력을 발휘할 수 없는 성격의 예술이었다. 그리고 그러한 신체단련에 관한 독자적인 방법에 '현실보다 더 강한 존재감을 가진 것'의 모양을 와쓰지는 바라보고 있었다. '현실보다 더 강한 존재감'의 생생한 냄새를 맡으려고 한 것이다. 물론 내용은 조루리 꼭두각시인형극에 머무르지 않고, 앞서 말한 노가쿠 연극세계에서도 같은 문제가 탐구되었다. 와쓰지도 말했듯이 노가쿠의 방법이 조루리 꼭두각시인형극으로의 길을 열어 준 촉매 역할을 한 것에 대해서는 특히 주의를 기울이지 않으면 안 된다. 와쓰지는 노가쿠의 방법에 관하여 논하면서 다음과 같이 말하였다.

> 무대예술의 경우에는 수묵화와 극채색의 벽화처럼 육안으로 비교할 수 없다. 이 예술은 무대에서 연기하고 있을 때 무대 위에서 결정되는 것으로 끝난 후에는 남지 않기 때문이다. 그러나 다행히도 무로마치 시대를 대표하는 것으로 생각되는 노가쿠는 그 후 300년을 이

> 어져 오면서도 연출방식을 바꾸지 않고 보존되어 온 것 같다. 우리는 셋슈(雪舟)의 예술을 접하는 것처럼 제아미(世阿弥)의 예술을 접할 수 없지만, 제아미의 예술을 담은 그릇, 즉 예술의 양식을 접할 수는 있다. 거기에는 슈분(周文)과 셋슈의 예술양식에 나타난 동일한 원리가 지배하고 있다.[9]

제아미 예술은 무대예술이기 때문에 우리는 이미 그 예술을 볼 수가 없다. 셋슈의 예술을 만나는 것처럼 제아미의 예술을 만날 수는 없다. 그렇다고 해도 여전히 제아미의 예술에 담겨 있던 '그릇', 즉 예술의 '양식'에는 접할 수 있다고 와쓰지는 말한다. 그리고 그 점에서 제아미의 예술에는 슈분이나 셋슈의 예술양식과 '같은 원리'가 지배하고 있다고 할 수 있다. 여기서 와쓰지가 말하는 안목은 제아미의 예술에 관한 것보다는 오히려 그 예술에 담겨 있는 '그릇'의 성격에 주의를 환기시킨다는 점이다. 예술의 동작, 자태 자체는 시간과 함께 사라지지만 예술을 담은 '그릇'은 하나의 확정된 양식으로 지속된다는 것이다. 그 예술로 하여금 예술다워지게 하는 '그릇'에서 와쓰지는 노가쿠의 영원한 원리의 작용을 보고, 시대의 변천 속에서 변하지 않는 견고한 양식이 생동하는 사실을 인정하려고 한 게 아닐까.

### 9) 이국적인 것

앞에서 나는 조루리 꼭두각시인형극의 이국적인 매력에 와쓰지가 강하게 끌렸던 경위를 살펴보았다. 이국적인 매력이 생겨난 배경과 '현실보다 더 강한 존재감을 가진 것'의 역할을 깨달은 와쓰지의 직관을 도마 위에 올려놓고 본 것이다. 그동안의 진행을 좀 더 자세하게 이야기하면 조루리 꼭두각시인형극의 이국적인 신기한 것, 초지상적인 광채는 시간과 함께 변하여 결국 사라져 갈 것이다. 그러나 인형 연기자의 예술을 담은 '그릇' 자체는 변하지 않고 세월을 초월하여 계승될 가능성이 있다. 세월을 초월해서 계승되는 것이 사실은 와쓰지가 말한 '현실보다 더 강한 존재감을 가진 것'에 대응하는 것이다. '제아미의 예술을 담은 그릇'이라는 와쓰지의 표현은 단순히 제아미의 경우에만 적용되는 것이 아니다. 제아미의 예술에 나타나는 원리는 슈분과 셋슈의 예술양식을 관통하는 원리에 멈추지 않고, 조루리 꼭두각시인형극의 양식을 지배하는 원리에도 적용되기 때문이다. 그리고 어쩌면 그와 같은 일본의 예술전통을 보면서 거기에 흐르는 '현실보다 더 강한 존재감을 가진 것'의 필연을 와쓰지는 서서히 확신하게 되었다고 생각한다.

이렇게 보면 '현실보다 더 강한 존재감을 가진 것'이라는 테마가 사실은 와쓰지의 선행하는 저작 여기저기에서 이미 드러나고 있다는 점을 깨닫게 된다. 그것은 틀림없이 각각의 저작 전면을 덮은 제1주제가 되는 것임은 아니다. 그러나 그것은 가령 희미한 선율이라고 해도 아직 강한 박동을 울리는 것임을 부정할 수는 없다. 말하자면 앞서 인용하면서 소개했던 『인간학으로서의 윤리학』의 한 문장을 다시 한 번 보도록 하자.

인간생활의 부단한 변화를 관통하여 상주불변(常住不變)하는 것은 예부터 풍습이라고 이해하게 되었다. 풍습은 지나가는 생활에서의 '습관', '형식'이며, 따라서 변하는 생활이 거기서 달라져 가는 곳의 질서, 즉 인간들이 통과해 가는 길이다.[10]

여기서 와쓰지가 비교하는 것은 '변화'에 대한 '상주불변'이고, '지나가는 삶'에 대한 '습관', '형식'이다. 시간이 지나가면서 파괴되는 것과 시간이 지나가면서도 변하지 않고 지속되는 것을 대비시킨다. 와쓰지의 불역유행론(不易流行論: 불역은 예술의 본질인 불변성이며 유행은 시대와 더불어 새로워지는 유동성인데 이 양자의 근본이 시가의 진실에 귀일된다는 마쓰오 바쇼松尾芭蕉의 이론—역자)이라고 말해도 좋을 것이다. 그런 생각은 와쓰지가 독창적으로 시작한 것이 아니라는 것은 말할 필요도 없다. 그는 그런 전통적인 사고를 윤리학의 중심에 세우려고 하였다. 변하는 생활이 거기에서 변화해 가는 곳의 질서라는 말 가운데 그런 입장이 드러나고 있다. 그러나 그런 외견적인 사정을 제거해 버리고 말하면, 와쓰지가 말했던 '상주불변', '형식'과 '질서'가 『일본예술사연구』의 출발점에서 말하는 '현실보다 더 강한 존재감을 가진 것'과 대비되는 관념이라는 사실은 우선 의심할 여지가 없을 것이다.

### 10) 불변하는 관념으로의 여행

여기서 생각나는 것이 1927년에 간행된 『원시불교의 실천철학』

에서 전개된 와쓰지의 주장이다. 주지하는 바와 같이 와쓰지는 학위논문에서 원시불교의 근본 입장이 '법의 인식'에 있다고 하면서 다음과 같이 말했다. 현실세계에서 변하여 지나가는 것은 '시간적 존재(有者)'이지만 그에 비하여 변하지 않고 지나가지 않는 것으로서 자성(自性)을 가지고 초시간적으로 타당한 것이 '법'이다. 시간적으로 존재하는 것은 변하는 것의 무상한 것이지만, 무상한 것은 무상이라는 '형식', '규칙'에 있고, 변화하는 것이다.[11]

여기서 와쓰지는 무상한 것은 변하는 시간적 존재에 지나지 않지만 무상성 자체는 무상한 유자(有者)를 지탱하는 점에서 초시간적인 '형식'='법'이라고 말한다. '법'과 '법으로 인해 존재하는 것'을 구별하고 '법의 영역'과 '존재의 영역'을 나누고 있다. 지나가 버리는 것 자체가 법은 아니다. 지나가 버리는 것이 그 자체로서 드러내는 '형식'으로서의 어떤 것이 '법'이다. '법'이 무상이 아니고 법이라는 '형식'에서 유전(流轉)하는 '것'이 무상인 것이다.

이러한 와쓰지의 생각은 『풍토(風土)』(1935)에서도 표현은 다를지라도 일관되게 나타나고 있다고 해도 좋을 것이다. 인간 존재의 풍토적 규정성을 계절풍, 사막, 목장의 세 가지 '형식'으로 분류한 것은 잘 알려진 일이다.[12] 여기서 더 자세하게 설명할 여유가 없지만 와쓰지는 풍토적 형상이 실로 주체적 인간 존재를 표현하고 있다고 말하고, 풍토적 공간성 속에서 인간의 근원적인 존재 구조의 '형식'을 이해하려고 하는 것이다.

와쓰지의 사상은 언제부터인가 '형식'과 '질서', '규칙'이라는 문제를 중심으로 점점 완성되어 간 게 아닐까 생각한다. '법'과 '구조', '그릇' 사이를 돌아다니며 상상과 논리의 날개를 펼치고 있었다고 생각된다. 옮겨 가고, 변하고, 결국 소멸하는 세상과 현상에 대해서, 그럼에도 거기서 지속하고 영속하는 불변의 관념의 모양을 탐색하려고 한 것이다.

즉, 그것이 와쓰지의 윤리학에서 '질서'와 '습관'이고, 원시불교 연구에서의 '법'이며, 풍토의 고찰에서 '근원적 존재구조'와 같은 것들이었다. 그것들을 총칭해서 '형식' 혹은 '형(型)'이라고 해도 좋을 것이다. 일본의 문화, 종교, 윤리에서 근원적 존재구조의 특징을 와쓰지는 '형식'이라는 사고틀을 빌려서 도출하려고 했다. 그리고 반생을 바친 노력 끝에 찾은 연구대상이 '일본예술사'였다. 가부키와 조루리 꼭두각시인형극의 매력의 원천을 밝히려는 작업이었다. 연구에서 취한 방법이 '형식'이라는 사고구조에 의해 만들어졌다는 것은 말할 필요도 없다. 그것이 『일본예술사연구』에서 '현실보다 더 강한 존재감을 가진 것'으로 표현된 게 아닐까. 그것은 단순히 현실과 다른 것만은 아니다. 단순히 비현실적인 것이나 몽환적인 것도 아니다. 이국적인 신기한 것, 초지상적이면서 빛나는 것의 배후에 그것을 가로막고 있는 것이 '현실보다 더 강한 존재감을 가진 것'이다.

### 11) 신비하고 심오한 '형식'의 에토스

그럼에도 '현실보다 더 강한 존재감을 가진 것'이라는 말은 도대체 무엇일까. 그 난해한 표현은 어떤 것일까. 거기서 의미를 갖고, 지적당하고 있는 그 사상을 그야말로 어째서 '형식'이나 '규칙', '질서'라는 개념으로 묘사하려고 하지 않은 것일까. 그러나 그것은 유감스럽게도 나에게도 하나의 수수께끼이다. 지면의 제한상 아마도 이 수수께끼에 대한 의문을 풀 여유는 없을 것이다. 단지 하나 덧붙인다면 『일본예술사연구』에서 와쓰지는 지금까지 작품에서 사용한 개념군의 사용을 가능한 회피 혹은 금하려고 했다는 것이다. 적어도 그런 기미가 보인다는 데 나는 주의를 환기하고 싶다. 그것이 궁극적으로 무엇을 의미할까라는 질문에 대하여 우선 침묵할 수밖에 없지만, 일본예술사의 연구에서 와쓰지는 말하자면 칸트와 하이데거의 언어에 대하여 일정한 입장을 확립하려고 한 것처럼 보인다. 또한 헤르더와 헤겔의 문제들로부터 몸을 빼고 다른 곳에 안착하려고 하는 것처럼 보인다. 그 결과 이 마지막 작품에는 '형식', '규칙', '질서'라는 딱딱한 개념어의 냄새가 없어지게 된 것이 아니었을까.

그렇게 생각해 볼 때 '현실보다 더 강한 존재감을 가진 것'이라는 말에 마음을 빼앗긴 와쓰지의 말년의 생각이 특별한 것이었음이 나에게는 잘 이해되는 것 같다. 그 난해한 용어는 한편으로는 분명 '형식'과 '규칙', '질서'에 대응하는 내용을 갖추고 있다. '그릇'과 '양식'이라는 개념과 어울린다는 점에서 또 하나의 개념어였다고 할 수 있겠다. 그렇지만 와쓰지가 생각했던 내용을 '현실보다 더 강한 존재감을 가진 것'이라는 표현으로 잘라 말할 때, '형식'과 '그릇', '양식'이라는 개념어 이상의 내용을 동시에 담게 된 것은 아니었을까. 역설적으로 말하면 '현실보다 더 강한 존재감을 가진 것'이라는, 불거져 나온 부분을 포함한 일종의 '형식' 덩어리를 그런 표현으로 잘라 말했을 때, 어쩌면 그의 눈앞에 일본 예술의 이른바 근원적 모습이 떠오른 것은 아닐까. 와쓰지는 그때 '형식'이나 '그릇', '양식'이라는 표현으로 파악할 수 없었던 심오한 또 하나의 '형식'을 환상으로 보고 있었던 것일지도 모른다.

일본 예술의 모습을 날카롭게 드러내고 있는 것들이 노가쿠, 조루리 꼭두각시인형극, 그리고 가부키에 나타난 독자의 심신단련 방법이었다. 다시 말하자면 '자기'의 몸을 없애기도 하고 살리기도 하는 것을 통해서 보다 견고하고 강한 자기(혹은 예술적 동작)를 만들어 내는 예술양식의 특성이었다. 와쓰지가 표현한 대로 말하면 자연적 움직임을 없앰으로써 만들어지는 특수한 예술적 동작(노가쿠), 그리고 그 없앤 것을 인형을 통하여 살려 내려고 하는 노력에 의하여 자연적인 움직임의 급소를 확대하여 표현하는 특수한 예술적 동작(조루리 꼭두각시인형극)이 그것이다.

여기에서 와쓰지가 말하고자 하는 것이 단순히 '형식'이나 '규칙'과 같은 수준의 사항은 아니다. 그런 '형식'이나 '규칙' 가운데 깊숙이 침투되어 있는, 어떤 지속적이고 특수한 에토스에 관련되는 문제였다고 생각한다. 그 지속적이고 특수한 에토스가 노가쿠와 조루리 꼭두각시인형극에서는 자기를 없애거나 살리는 것에 의하여 보다 더 강한 자기를 내보이는 예술동작으로 나타나서 고유의 표현에 도달하고 있다고 그는 보고 있다. 그런 자기의 신체를 없애고 살리는 예술적인 동작 속에서 와쓰지는 단순히 '형식'이나 '규칙'의 수준에 머무르지 않는, 말하자면 예술에서 '길'의 가능성을 찾으려고 한 것은 아니었을까.

### 12) 유행 사상을 초월하는 것

나는 이 글을 와쓰지의 '아버지'의 말을 매개로 하여 여기까지 진행시켜 왔다. '고사순례' 여행에 나오는 '불효자'에서 "네가 지금 하고 있는 일은 '길'을 위해 얼마나 도움이 되느냐"라는 말에 주목하여 그 후 와쓰지의 인생을 더듬어 보려고 했다. 결론은 이미 명백하게 나왔다고 본다. '아버지'가 제기했던 '길'에 관한 문제는 '불효자'를 평생 고민하게 만들었지만, 그 자식은 말년이 되어서야 비로소 '아버지'가 제시한 엄한 질문에 스스로 대답하려는 심경에 도달한 것처럼 보이기 때문이다. 나는 와쓰지가 '윤리학' 연구에 의해서가 아니라 '일본 예술'을 탐구하면서 비로소 질문에 답할 수 있었다고 생각하기 때문이다. '윤리학'이라는 강제된 틀에서 자유로워졌을 때 와쓰지는 아버지가 제시했던 윤리적인 물음에 정면에서 조용히 대답할 수 있게 되었다고 말할 수 있다. 윤리적인 질문에 윤리를 초월한 높은 곳에서 대답할 수 있는 지평이 열린 것이다. 그리고 그러한 지평이 말하자면 '현실보다 더 강한 존재감을 가진 것'이 눈앞에 전개되고 있는 세계였다. 그때 과거 와쓰지의 마음속 깊은 곳에 도사리고 있던 염치와 자책이라는 갈등이 흔적도 없이 깨끗이 불식되어 버렸을 것이다.

아버지에 대한 대답이 완료되었을 때, 와쓰지는 행복한 감정에 싸이지 않았을까. 은총과도 같은 빛 속에서 깊은 감동에 몸을 담글 수 있지 않았을까. 와쓰지가 감동 속에서 무심코 미를 탐닉하고, 미와 놀고, 미의 세계가 새로이 알려 주는 '현실보다 더 강한 존재감을 가진 것'의 영역에 제 몸을 밀어 넣어 하나가 되게 하려는 것 같이 나에게는 보인다. 그것이 와쓰지에 의하여 최후에 발견된 '길'이 가는 방향이었다고 생각한다.

오늘날 유행하는 포스트모던에 관한 여러 이야기는 와쓰지가 사고의 출발점으로 한 '형식'이나 '규칙'의 가능성을 부정하는 데 그 주장의 기반을 두고 있다. '양식'이나 '질서'의 무효를 선언하는 데 그 주장의 근거를 두고 있다. 시대에 대한 그런 진단에서 보면 와쓰지의 철학은 이미 시대에 뒤떨어진 철학이 될 것이다. 그렇지만 과연 그럴까. 오늘날 유행하는 포스트모던은 와쓰지가 말한 '현실보다 더 강한 존재감을 가진 것'에 대해서도 정말 유효한 타격을 가함으로써 그것을 뛰어넘을 수 있을까. 나에게는 아무래도 그런 생각은 들지 않는다. 과연 그것이 와쓰지의 '형식'이나 '규칙', '질서'에 대하여 냉소할 수 있을지 모른다. 그러나 와쓰지가 최후에 이룩한 '현실보다 더 강한 존재감을 가진 것'에 대해서는 비록 지적 완력이라 할지라도 그렇게 간단히 건드리지 못할 것이다.

그것 때문일까. 나에게는 와쓰지 데쓰로에 의해 시도되었던 사고실험은 오늘날 재삼 복권의 기미가 보이기 시작한 것처럼 보인다.

# 제 III 부

# 1. 하나다 기요테루와 『우관초』

## —공가적 전통의 비폭력 사상

### 1) 메이지 유신의 '무혈성'

지금 일본은 제2차 세계대전의 전쟁 후 50년에 관한 논의가 한창이다. 반세기의 시대적 특징을 찾아보는 데는 여러 입장이 있을 수 있다. 그중 전전 후 50년은 '평화적'으로 흘러 왔다는 사실에 주목하는 시각이 있다. 그것은 전전 50년과 비교해 보면 분명히 나타난다. 왜냐하면 전전 50년이 청일전쟁에서 시작되어 제2차 세계대전으로 들어가는 실로 '전쟁'으로 일관한 시대였기 때문이다.

그러면 어떻게 전후 50년을 평화롭게 지내 왔는가. 물론 그것에 대하여 칼로 베듯 가슴 후련하게 진단을 내린다는 것은 가능할 것 같지 않다. 그것이 우연이었는지 필연이었는지를 포함해서 아직 생각할 일이 너무도 많기 때문이다.

다만 나는 이전부터 메이지 유신(明治維新)에 대해서 '무혈혁명'에 가까운 혁명이었다고 생각해 왔다. 그리고 그것이 옳다면 어떻게 그것이 가능했는지 의문을 갖고 있었다. 의문은 아직도 풀 수 없는 상태에 있지만, 메이지 유신의 무혈혁명은 전후 50년 동안 실현된 평화시대와 관련이 있을 것이라는 의문으로 발전해 갔다.

제2차 세계대전이 끝나고 한참 지났을 무렵, 역사가인 아널드 토인비(Arnold J. Toynbee)가 일본에서 중국 사학자인 가이즈카 시게키(貝塚茂樹) 씨와 대담을 나눈 적이 있었다. 가이즈카가 그때의 일을 기록해 놓은 것이 내 눈에 띄었는데, 그 가운데 메이지 유신에 대하여 토론한 내용이 소개되어 있었다. 내용은 대략 다음과 같은 것이었다.[1]

메이지 유신은 프랑스혁명이나 러시아혁명 때처럼 피를 흘리지 않고 끝났다. 메이지 유신을 '혁명'이라고 해석할 수 있는지에 대하여는 문제가 없지 않지만, 그것이 무혈혁명이라면 그렇게 말할 수 있는 '혁명'이었다. 하지만 동서고금의 역사를 돌아볼 필요도 없이 혁명이라는 이름에 유혈 참사 없이 끝난 적은 일찍이 없었다. 일본의 메이지유신만이 그런 운명을 피한 것이다. 토인비에게 던진 가이즈카의 질문은 그 이유가 도대체 무엇일까 하는 것이었다.

토인비는 한참을 생각하다가 그것은 불교의 영향이라고 대답했다고 한다. 가이즈카는 그의 대답에 만족하기보다는 오히려 일본에는 유교의 전통이 있으며, 그 힘이 음으로 양으로 영향을 준 것이라고 반박했다. 두 사람의 주장은 그대로 평행선을 달리다가 결론에 다다르지 못했다고 하는데, 기사를 읽었을 때 나는 그들의 논쟁에 수긍했다. 왜냐하면 메이지유신에서의 '무혈'이라는 문제는 분명히 불교와 유교의 관점을 통해서도 바라볼 수 있을지 모르기 때문이다.

다만 메이지 유신을 무진전쟁(戊辰戰爭, 1868년)에서 서남전쟁(西南戰爭, 1877년)까지를 사정거리로 생각하면 상당히 많은 피를 흘린 유혈의 역사이다. 그런 이유에서 '무혈'이라고 보는 관점은 무리가 있다는 반론도 있다. 그럼에도 그 정도의 유혈은 프랑스혁명이나 러시아혁명의 경우와 비교하면 양적으로나 질적으로나 상당한 차이가 있다. 역시 메이지유신의 '무혈성'이라는 것이 문제점으로 남는 것은 아닐까 싶다.

또한 토인비는 앞의 가이즈카와의 대담에서 불교의 요인을 제기하고 있으나, 이러한 견해를 가진 논자는 알려진 것처럼 많지는 않았다. 예를 들어 일찍이 미국의 역사학자 라이샤워(Edwin O. Reischauer)는 저서 *The Japanese*에서 일본의 불교는 17세기 이후의 3세기에 걸친 세속화를 거쳐 사회에 대한 영향력을 대부분 잃어버렸다고 말하고 있다.[2] 그래서 메이지 유신 때에도 승려가 활약할 여지는 전혀 없으며, 변혁의 내용도 배불(拜佛)론자들에 의해 추진되었다. 그런데 의외로 이와 같은 관점에 착목한 논자는 안팎으로 많았다.

나는 라이샤워가 말하고 있는 '세속화'의 문제는 맞는 말이라고 생각한다. 그 세속화의 노선을 구체적으로 깔아 놓은 것이 오다 노부나가(織田信長)였다는 것은 말할 것도 없다. 그는 1571년에 교토의 히에이 산(比叡山) 엔랴쿠지(延曆寺)를 불태우고, 곧바로 1576년에는 이시야마(石山, 지금의 오사카 성터—역자)전투에서 겐뇨(顯如: 아즈치모모야마 시대의 정토진종의 승려로 오다 노부나가에 항거—역자)를 굴복시켰고, 1580년에는 이시야마 혼간지(石山本願寺)를 철거했다. 노부나가는 엔랴쿠지를 때려 부수고 구불교의 권위를 땅바닥으로 끌어내려 짓밟고, 이시야마 혼간지를 없앰으로써 모든 민중봉기의 에너지를 차단시킨 것이다. 엄청난 폭풍과 같은 힘으로 땅을 정돈하듯이, 라이샤워가 말한 것처럼 그 후 3세기에 걸친 '불교의 세속화' 시대가 시작된 것이다.

만약 그렇다면 앞서 소개한 토인비의 생각은 예외적인 소수파에 속하는 것이라고 말해야 한다. 더욱이 가이즈카 시게키와 토인비의 대화는 유신 그 자체의 성격을 논한 것이 아니라, 오로지 유신에서의 '무혈성'이라는 테마를 둘러싼 이야기였던 것 같다. 바로 그 부분에서 라이샤워 논지와의 차이는 인정되나, 불교와 메이지 유신과의 관련—만약 있다면—을 생각할 때 토인비의 의견이라기보다는 오히려 직관이 중요한 것이라고 말할 수도 있다.

유신이라는 정치개혁의 무혈성에 대하여 불교와 유교가 거론되고 있는 것은, 아마 불교사상의 특색을 결정짓는 '불살생(梵)'이라는 사상과 유교사상의 골격을 이루는 '역성혁명(易姓革命: 중국 고대의 정치사상—역자)'이라는 사상이 각각 논자의 머릿속에 있었기 때문이 아닐까. '불살생'이 비폭력의 무혈성과 연결되어 있다는 것은 말할 것도 없다. 그리고 '역성혁명'은 천명에 의하여 덕스러운 군자가 왕위에 오른다고 하는 옛날부터 전해진 중국의 정치사상이며, 그 배경에는 투쟁을 피하는 선양(禪讓)의 정신이 흐르고 있다. 가이즈카 씨는 직접 그런 배경을 언급하고 있지는 않지만 유신의 '무혈성'의 의미가 문제되고 있는 이상 그것들이 논쟁의 전제가 되어 있었을 것이다.

그러나 두 학자가 보여 준 생각은 역시 단면적인 것으로 여겨진다. 불교나 유교의 영향을 말한다면, 그전에 신도(神道)의 요인을 들지 않으면 안 된다. 왜냐하면 신도는 불교의 인생관이나 유교의 세계관을 기초하는 데 일본인의 심층의식에 대하여 중요한 효모의 역할을 하는 것이었기 때문이다. 그것과 비교할 때 불교의 불살생 사상이나 유교의 역성혁명론 등의 명분론이 당시 일본인들에게 얼마나 침투해 있었는지는 확실하지 않다.

이러한 문제를 다룰 경우, 관련된 영역이 너무나 넓어서 자칫하면 논쟁의 범위도 넓어지고 엉성한 이야기가 되기 십상이다. 그 전철을 밟지 않도록 유의할 수밖에 없지만, 여기서는 논의의 범주를 한정하여 진척시키고자 한다.

### 2) 기타바타케 지카후사와 아라이 하쿠세키

1961년 때의 일이다. 하나다 기요테루(花田清輝)의 「공가적(公家的)인 것과 무가적(武家的)인 것」이라는 에세이가 『중앙공론(中央公論)』 2월호에 게재되었다. 그것은 때마침 일본 열도를 뒤흔든 안보투쟁의 종식 직후와 시기적으로 들어맞았다. 시대는 실로 폭력인가 비폭력인가 하는 사상적 과제를 우리들의 목에 들이대고 있었으나, 추세를 놓치지 않고 예리한 발상을 한 것이 앞에서 언급한 하나다의 문장이었다고 해도 좋을 것이다.

하나다는 그 글에서 『신황정통기(神皇正統記)』를 쓴 기타바타케 지카후사(北畠親房)와 『독사여론(讀史餘論)』을 쓴 아라이 하쿠세키(新井白石)를 비교하여, 그들이 함께 비폭력적 권위로 폭력적인 권력을 억제하려는 전략을 가지고 있다고 열심히 설명하고 있다. 정말로 지카후사는 공가이고, 그와 대조적으로 하쿠세키는 무가였다. 그렇지만 그들의 시대를 투시하는 이데올로기는 단순히 공가적 노선도 아니며, 무가적 신념도 아니었다. 그들은 양쪽 모두가 무가적이면서도 동시에 공가적이기도 하여 두 얼굴을 가진 야누스와 같은 존재였던 것이다.

그런 관점에 대해서 하나다 기요테루는 다음과 같이 말하고 있다.

> 문제는 비폭력적인 권위로 폭력적인 권력을 억제하여 천하태평한 시대를 만들어 내는 데 있으며, 공가적인 것과 무가적인 것 두 가지에 도덕적인 관점에서 양자택일의 태도로 임하는 것 등은 애당초 아라이 하쿠세키가 생각조차 하지 않았던 것이다. 만일 그렇다고 가정한다면, 가쓰 가이슈(勝海舟)가 아라이 하쿠세키에게 친근감을 느끼고, 또 아라이 하쿠세키가 기타바타케 지카후사에게 경의를 표하고 있는 것은 그럴 만한 이유가 있는 것이다. 왜냐하면 그들 세 사람이 산 시대는 멀리 떨어져 있지만, 모두가 지금 언급한 문제와 엮여 있었기 때문이다. 오히려 나에게는 그들 세 사람이 공가적인 것과 무가적인 것, 소위 천황 친정(親政)이라는 모습으로 통일되어 폭력적인

> 권력이 비폭력적인 권위를 이용함으로써 스스로를 강화시키는 사태를 불러일으키는 것을 무엇보다도 두려워했던 것이 아닐까 하는 느낌이 드는 것이다.[3]

여기서 두 가지를 알 수 있다. 하나는 비폭력적인 권위는 폭력적인 권력과 대립하는 경우에만 그 존재 이유가 있다는 것이다. 즉, 공가적인 것(비폭력)이 무가적인 것(폭력)을 억제할 수 있을 때 '평화로운 시대'를 만들 수 있다. 이러한 생각에 따르는 한 공가적인 것과 무가적인 것이 하나가 된 통일체로서의 '천황 친정'이라는 이미지는 불필요했다는 것이다.

그리고 두 번째로 앞서 말한 구상을 갖고 있었던 인물이 먼저 기타바타케 지카후사이며, 바로 뒤이어서 지카후사에게 '경의'를 표한 인물이 아라이 하쿠세키이며, 마지막으로 그 하쿠세키에게 '친근감'을 느끼고 있던 인물이 가쓰 가이슈였다는 것이다. 그들 세 사람은 시대는 다르지만 결국 같은 과제에 몰두하고 있었다.

가쓰 가이슈가 '메이지 유신' 때 사이고 다카모리(西鄕隆盛)와 함께 에도(도쿄) 성의 '무혈입성'을 연출하는 데 주연 역할을 수행한 사람이라는 사실은 잘 알려져 있다. 그러한 그의 행동양식은 앞서의 하나다 기요테루의 논법을 빌려 말하자면, 멀리 시대를 초월해 지카후사가 지향한 전략적 행동으로 이어지게 될 것이다. 공가적인 권위에 의한 무가적 권력의 억제라는 방법이 가쓰 가이슈를 통해 '무혈입성'의 드라마에서도 나타나고 있는 게 된다. 그리고 만약 그렇다면 메이지헌법 제1조는 이른바 공가적인 것과 무가적인 것을 통일하는 '천황 친정'을 높이 선언하는 것이었기 때문에 가쓰 가이슈가 의도했던 참뜻을 뒤집는 결과가 되는 것이다. 비폭력적인 권위가 폭력적인 권력과 대립하는 것이 아니라, 그것과 융합하여 하나가 되었기 때문에 비폭력적인 권위의 존재 이유를 잃어버렸다는 것이다.

하나다는 앞서의 문장을 발표하고서도 할 말을 다하지 못했던 것 같다. 며칠 지나지 않아서 같은 해 『문학』 7월호 지면에 「역사와 문학」이라는 글을 보냈다. 여기서는 기타바타케 지카후사와 아라이 하쿠세키 외에 새로이 지엔(慈円: 1155~1225, 호는 자진승〈慈鎮僧〉, 승려—역자)을 등장시켜, 그가 쓴 『우관초(愚管抄)』를 분석하여 지엔이 지카후사나 하쿠세키와 같은 사고방식을 가진 사람이었다는 사실을 밝히고 있다. 즉, 지엔의 본심 또한 공가적인 것으로 대표되는 비폭력에 의해, 그리고 무가적인 것으로 대표되는 폭력을 극복하는 것에 있었음을 밝히고 있다.

하나다의 글에서는 또 하나 고바야시 히데오(小林秀雄)의 『무상이라는 것』과 이시모다 쇼(石母田正)의 『헤이케이야기(平家物語)』에서 볼 수 있는 역사관에 자신의 주장을 달아 그 근거를 뒤집어 보려는 날카로운 지적이 나타나 재미있는데, 여기서는 깊이 들어갈 수가 없다. 우선 지금까지 말해 온 내용에서 보자면 다음과 같은 한 구절이 관심을 끈다.

> 『우관초』에서 신비의 베일을 벗겨 낸다면, 지엔이 씨름하고 있는 문제가 기타바타케 지카후사의 『신황정통기』와 아라이 하쿠세키의

『독사여론』에서도 똑같이 발견될 수 있다는 생각이 든다. 승려, 공가, 무가와 각각 다른 입장에 있었다고는 하지만, 그들은 모두 일본 역사에서 공가적인 것과 무가적인 것과의 투쟁을 지양하려고 고민한 것으로 보인다. 그리고 그중에서 무엇보다도 비폭력주의에 투철하여 일필(一筆)로 평천하(平天下)를 이루고자 한 인물이 지엔이 아니었는가 하고 나는 생각한다. 그것은 『신황정통기』나 『독사여론』이 천황이나 장군에 대한 이야기였는 데 반해, 『우관초』는 역사의 '도리'를 대중에게 납득시키려고 집필한 것이 분명한데, 그 때문에 지엔은 일부러 책에서 한자어나 프랑스어, 설화 형식의 언어를 피하고 일상어를 사용하고 있을 정도이다.[4]

### 3) 지엔의 비폭력사상

승려인 지엔도 역시 공가 출신의 지카후사나 무가 출신의 하쿠세키와 같이 공가적인 것으로 대표되는 비폭력적인 것에 의하여 무가적인 것으로 대표되는 폭력적인 것을 극복할 수 있다고 생각했다. 오히려 '승려'이기 때문에 공가와 무가 양자의 중간에 서서 '비폭력주의를 관철하여 일필로 평천하를 이루고자 하는 뜻'을 품을 수 있었을지도 모른다. 게다가 지엔의 『우관초』가 사실은 역사의 '도리'를 대중에게 납득시키기 위해서 한자어나 프랑스어나 설화 형식의 문장을 피하고 일상어를 사용하고 있다는 데서 주의를 끌고 있다. 이로써 지엔에 대한 하나다 기요테루의 마음이 얼마나 깊었는지를 거기서도 엿볼 수 있는데, 그런 평가를 극명하게 나타내는 표현이 앞 문장에 이어 다음과 같은 글에 나타나는 게 매우 인상적이다.

그(지엔)가 무가적인 것을 부정하는 사람이라고는 해도, 실제로 무가 출신들 사이에는 의외로 그를 호의적으로 생각한 인물이 있었을지도 모른다. 즉, 한 마디로 그는 항상 '아군을 적의 눈으로 보는 동시에 적을 아군의 눈으로 보는 것을 잊지 않았던 것이다.'[5]

마지막 한 구절이 지엔의 본래적 성격을 나타내고 있다고 할 수 있지 않은가. 요컨대 공가적인 관점에는 복안(複眼)적인 사고가 내재되어 있는 것처럼 내 눈에는 비치는데, 승려인 지엔도 이 복안적인 사고를 무가 출신인 하쿠세키와 공유하고 있던 것도 사실이다. 더구나 그런 사상이 비평가의 눈에 들어와서 피와 살이 되어 살아 움직이게 한 것은 다름아닌 하나다 기요테루 자신이었다고 나는 생각한다.

하나다는 나중에서야 앞서 예로 든 문장을 쓰게 된 의도를 하니 고로(羽仁五郎)와의 대담 중에 다소 조심스럽게 언급하고 있으나, 그중에서도 다음과 같은 발언이 눈에 띈다. — 지엔은 『헤이케이야기』의 사상 및 작자와의 관계에 흥미를 느꼈다. 무엇보다도 지엔의 사상에는 '일종의 불교적 비폭력주의'가 들어 있는데, 일본에도 일관된 비폭력사상의 전통이 있다고 생각했기 때문이다. 그래서 그것을 반드시 긍정하는 것은 아니나, 어쨌든 추구할 필요가 있다는 주장을 써보고 싶었다고 한다.[6]

이상에서 본 바와 같이 하나다 기요테루는 반드시 공가적인 것의 회복을 도모하려고 한 것이 아니다. 오히려 공가적인 것의 저편에 존재하는 무가적인 것을 동시에 바라보고 있다는 것이 중요하다. 그의 복안적 사상은 바로 여기에서 배태되었다. 아군을 적의 눈으로 바라보는 동시에 적을 아군의 눈으로 보는 관점이 여기서부터 확립된다. 시선을 '비폭력'으로 돌려서 일본 사상의 공가적인 전통에 연결시키려고 한 부분이야말로 하나다 기요테루의 뛰어난 통찰력을 인정해야 할 점이 아닌가 생각한다.

그러나 하나다의 '지엔론'에는 또 다른 내용이 있다. 그것은 지엔의 천태승(天台僧)이라는 이력에서 '가지기도(加持祈禱: 부처님의 능력을 받기를 바라는 기도—역자)'와 '원령(怨靈)'이라는 테마를 골라내 그 정신적인 흉기에 내포되어 있는 의미에 대해서 독자적으로 이리저리 생각해 보고 있기 때문이다. 지엔은 공가인 섭관가(攝關家) 출신이며, 구조 가네자네(九条兼実: 九条家의 선조, 헤이안 말 가마쿠라 초기의 공가—역자)의 남동생이다. 형 가네자네의 추대에 의해 천태좌주(天台座主)에 네 번이나 임명되었다. 친막부파의 대표였던 형과 마찬가지로 지엔도 무가에 대하여 호의를 가지고 있었다. 와카(和歌)에 뛰어나고, 후에 도바(鳥羽) 천황의 총애를 받았으며, 『신고금화가집(新古今和歌集)』에는 사이교(西行)에 이어 91수나 되는 많은 그의 노래가 실려 있다. 다른 한편, 지엔이 천태종 히에이산에 전승되는 밀교적 비법의 충실한 계승자였다는 것도 잊어서는 안 된다. 가지기도의 힘에 의하여 천황의 수호승이 되고, 국가의 보호와 원적의 퇴치에 특별한 능력을 발휘한다. 이를테면 그의 『자진화상몽상기(慈鎭和尙夢想記)』 가운데서 불가사의한 세계에 펼쳐지고 있는 주술의 요기에 접할 수 있다.

아마도 그 때문일 것이다. 지엔은 『우관초』에서도 '원령'을 들어 논리에 맞는 역사적 문맥을 교란시키고 있는데, 하나다 기요테루는 바로 그 점에 착안하여 다음과 같이 말하고 있다.

> 지엔이 자주 원령을 멋대로 사용하는 것 같은데, 거기에 얽매이는 사람은 틀림없이 나의 주장을 쉽게 찬성할 수 없을 게 틀림없다. 아무리 보아도 그것은 일단 리얼리스트답지 않은 태도처럼 보인다. 그러나 폭력에 대해 끝까지 비폭력으로 대항하려고 생각하는 리얼리스트는 필시 원령과 같은 것을 이용하여 상대의 육체가 아니라 정신을 위협하려고 하는 게 아닐까. 그리고 원령을 불러들이는 것이나 쫓아내는 것이나 모두 가지기도의 힘이라면, 그 방면의 전문가인 지엔은 몸에 아무런 무기도 지니지 않고 무가들, 아니 무가들뿐만 아니라 무가화한 공가들의 간담을 서늘하게 할 수가 있는 것이다.[7]

'원령'을 남용하는 것은 원령을 수단으로 상대방의 정신을 위협할 수가 있기 때문이라고 그는 말하고 있다. 가지기도의 위력은 원령을 조작함으로써 적의 육체가 아닌 정신을 비폭력적으로 퇴치하는 게 가능하다는 것이다. 그것이 아무런 무기도 지니지 않고 무가나 무가화한 공가의 간담을 서늘하게 만드는 방법이었다고 말한다.

그런데 여기서 말하는 '원령'이나 '가지기도'도 상식적으로 생각하면 승려의 전문적 관할 사항에 속할 것이다. 반드시 공가적인 것과 관련이 있는 것이 아니기 때문이다. 그렇다면 공가적인 것과 승려적인 것이 지엔 자신에게서 하나가 되어 그의 독자적인 역사관이 생성될 수 있었을 수도 있다. 적을 아군의 눈으로 보고, 아군을 적의 눈으로 보는 복안적인 사고가 전략적인 원령, 가지기도의 기술과 연결되어 공격적인 비폭력사상을 성숙시키게 되었다고 말할 수 있을 것이다.

### 4) 공가적인 것과 무가적인 것

나는 제2차 세계대전 이전에 『부흥기의 정신』을 쓴 적이 있는 하나다 기요테루가 종전 후 이런 인식을 가지게 되었다는 사실이 매우 흥미롭다고 생각한다. 말하자면 하나다 같은 곡예적인 정신의 무장투쟁파가 동시에 여성적이고 온화한 분위기의 유연한 복안적 사고를 몸에 지니고 있었다는 사실에 새삼 정신이 번쩍 드는 기분이다.

돌이켜 보면 헤이안 시대의 '평화'라는 것도 하나다 기요테루의 발언과 같은 '공가적인 것'을 둘러싼 강한 정신적 네트워크에 의해 형성되어 간 게 아닐까. 적어도 그것이 중요한 하나의 고리가 되지 않았을까 생각한다. 헤이안 시대가 단순히 여성적이고 온화한 분위기의 '연약한 시대'이기는커녕 복잡한 심경과 대담한 시선을 속에 품고 있던 시대였을지도 모른다.

우리는 지금까지 가마쿠라 시대를 바라보는 시각을 그대로 연장시켜 헤이안 시대를 보았을 수도 있다. '결전'의 시대를 겨냥하면서 '헤이안' 시대의 여성적이고 온화한 표층에만 초점을 맞추었던 게 아닐까. 요컨대 '무가'의 눈으로 '공가'의 세계를 보고 있었던 것이다. 이미 언급한 것처럼 다시 한 번 가모노 마부치(賀茂真淵)의 말을 빌려서 말하자면, '남성적이고 대범한 가풍'의 정신으로 '여성스럽고 우아한 가풍'의 유연한 세계를 비평한 것이다.[8]

무엇보다 '무가'의 눈으로 '공가'의 세계를 바라보는 것 자체가 반드시 부적합한 것은 아니다. 그렇게 하여 '공가' 세계의 성격과 본질이 비교의 관점에서 뚜렷하게 드러나게 할 수 있기 때문이다. 아니, 부적합함이 나타나는 것은 무가사회의 '가능성'을 지나치게 동경해서 오히려 공가사회를 '과거'라는 냉동고 속에 넣어버리려는 의식이 암암리에 움트기 시작할 때이다. 제2차 세계대전 후 일본의 역사교육에서 그러한 경향이 없었다고는 할 수 없을 것이다. 헤이안 시대가 오랫동안 나에게 '연약한 시대'로 비쳤던 것도 그런 시대적 풍조의 결과라고 생각하지 않을 수 없는 것이다.

그러한 종전 후의 상황을 생각할 때, 앞서 살펴본 하나다 기요테루의 증언은 대단히 중요한 것이 아닐까. 세련, 유연, 기품, 퇴영과 같은 평범한 상식 속에 가두어 온 '헤이안 시대론'에 찬물을 끼얹는 그런 '공가론'의 신선한 시각을 나는 매우 재미있게 생각한다. 그것은 제2차 세계대전 후 역사학의 맹점을 찌를 뿐만 아니라 전쟁 전후를 통한 귀족사회론의 중핵을 뒤흔드는 용기 있는 문제제기가 아니었을까.

만약 그렇다면 우리는 하나다와 같은 시각을 가지고 도쿠카와

(德川) 시대의 '평화'의 의미를 탐구할 수 있을지도 모른다. 그때 반드시 그가 말하는 아라이 하쿠세키의 사상과 행위가 떠오를 것이다. 아니면 그와 동일한 시각을 가지고 막부 말기 유신기의 '무혈혁명'의 귀추에 논리적 설명을 할 수도 있다. 그때 우리 눈앞에 등장하는 것이 이를테면 하나다가 말하는 그런 가쓰 가이슈의 모습이 아닐까.

공가적인 것과 무가적인 것을 선명하게 구분하고, 그 저편에 가로지를 사상적 과제에 도전해 나가는 것이 종전 후 50년을 마감하려는 우리에게 앞으로의 중요한 과제가 아닐까 하는 생각이 든다.

## 2. 임사체험의 의미

### 1) '임사(臨死)'의 영역

임사체험(The Near-Death Experience)이란 물론 단순한 환각체험 같은 것은 아닐 것이다. 그렇다고 죽음을 그대로 체험하는 것은 더욱 아니다. 아무튼 정체를 알 수 없는 '체험'이 요즈음 많은 화제가 되어 자주 논란이 되고 있다. 왜 임사체험에 대한 이야기가 대두되는 것일까.

1991년 9월의 이야기이다. 아사히신문(朝日新聞)의 '독자코너 시리즈'에서 임사체험이라는 주제가 논의된 적이 있다. 이 주제에 관하여 독자의 의견을 모았는데 많은 사람들에게서 여러 가지 의견이 제시되었다. 그래서 신문사로부터 투고에 대하여 전문가 의견을 달라는 요청이 왔다.[1]

나는 독자들의 다양한 의견을 읽으면서 그들의 열정적인 반향에 놀라움을 금할 수 없었고, 투서의 내용을 통하여 많은 것을 생각하게 되었다. 그중에서도 특별히 의사들의 의견이 많았다는 게 흥미로웠다. 의사들이 임사체험을 단순히 환각이나 초능력적인 것으로 정리하는 것이 아니라, 정면으로 대응하고 어떻게 이해하면 좋을지에 대해 진지하게 생각하고 있는 게 인상적이었다.

아마도 오늘의 의료현장에서 일어나는 다양한 문제가 죽음과 삶에 대하여 생각하게 하는 큰 계기가 되고 있는 것 같았다. 그리고 의학의 진보가 오히려 생명의 불가사의나 신비성을 깨닫게 한 것이라고 볼 수 있다. 인간의 죽음이 보이지 않게 된 현대에 임사체험은 죽음에 관한 많은 것들을 생각하게 하는 좋은 주제로 드러나게 된 것이다.

내용은 어디까지나 앙케이트 조사의 범위에 한정된 것이지만 소위 '체외이탈'이라고 불리는 체험과 그때 지인을 만나는 것과 같은 경우가 많았다. 해외에서 많이 들을 수 있는 광명(光明)체험이나 터널체험은 비교적 적었다.

체외이탈체험 중에서는 자신의 몸을 벗어나 또 다른 자신이 천장에서 누워 있는 자신과 주위를 내려다보았다는 이야기가 눈에 띄었다. 이것과 비교해서 베스트셀러가 되어 화제를 뿌린 미국 여배우 셜리 매클레인(Shirley MacLaine)의 자서전에 나오는 것과 같이 높은 하늘 꼭대기에서 넋을 잃고 지상을 바라보는 상승체험은 보이지 않았다. 아마도 그것은 종교나 문화적 배경의 차이에서 오는 것이 아닌가 생각된다.[2]

도대체 '임사체험'이라는 것이 왜, 지금 이렇게 화제가 되고 있는가. 말할 것도 없지만 우리는 죽음을 체험할 수 없다. 그래서 죽음은 인간에게 결정적으로 미지의 영역에 속하게 된다.

하지만 이게 바로 중요한 점이라고 생각되는데, 옛날 사람들은 반드시 그렇게 생각하지 않았다. 근대 이전의 사람들은 죽은 후 인간의 영혼은 다른 세상으로 가서 그 세상을 경험한다고 믿고 있었기 때문이다. 게다가 죽은 사람의 영혼은 때에 따라 이 세상에 다시 소생하여 어떤 생명으로 변화된다는 생각도 했기 때문이다. 소위 윤회사상이라는 것이다.

그러나 주지하는 바와 같이 근대 자연과학적 사고로 인하여 사후 세계나 윤회전생(輪廻轉生)은 증명 불가능한 사항으로 정리해버렸다. 이후 사후 세계는 미지의 영역으로 동결되어 버렸다.

그렇지만 인간은 환각이나 환상, 이미지나 꿈 등과 같은 현상 없이는 하루도 살아갈 수 없는 사회적 동물이다. 특별히 질병 등으로 생긴 생명의 위기, 자동차사고나 산에서의 추락사고, 그리고 마약이나 알코올중독의 증상을 통해 우리는 괴기한 환상이나 파악할 수 없는 유체의 출현을 보고, 또 죽음의 그림자나 축복의 영광에 휩싸인다. 죽음이 정말 가까이 왔다는 생각을 하거나 사후세계를 경험했다는 이야기가 그런 상태에서 나온 것들이다.

과거, 근대 이전의 사람들은 그런 경험을 통해서 저세상에 윤회전의 세상이 있다는 것을 자연스럽게 믿고 있었다고 생각한다. 그렇기 때문에 그 사람들은 일상생활 속에서 죽음을 더 잘 맞이하기 위하여 애쓰고, 더욱 행복한 윤회적 삶의 세상, 즉 새로운 생명이 영속되는 죽음이 없는 세상을 꿈꾸면서 살아온 것이 아닌가.

그러나 앞에서도 말했듯이 그러한 사후의 영생하는 세상이나 죽지 않는 세상을 잃어버리고 사는 사람들이 소위 근대인들이었다. 예를 들면 '영혼'은 현미경이나 망원경으로 찾아볼 수 없기 때문에 처음부터 존재하지 않는다는 선고를 받고, 그 과학적인 신탁(神託)을 순순히 믿었기 때문이다. 그래서 영혼에 대한 부정은 윤회전생에 관한 생각의 뿌리마저 잘라 버렸다.

그렇다 하더라도 전근대에서 근대 사이에 이러한 사고양식이 근본적으로 변화되었음에도 불구하고 인간은 여전히 환각이나 환상을 즐기고, 이미지나 꿈을 이야기하며 살 수밖에 없었다. 많은 생명의 위기에 직면하여 천국과 지옥을 오가며 그런 과격한 이미지를 상상하지 않을 수 없었던 것이다.

그래서 근대에 대한 반성의 하나가 죽음이란 분명히 불가해한 것이지만, 죽음에 가까이 가는 일은 가능하다는 것이었다. 다시 말하면 '임사체험'이라는 관념이 생기는 것이다.

그런 의미에서 임사체험이란 사후의 세상은 존재하지 않는다고 하는 자연과학적인 사고와 전통적인 윤회전생설이 타협하여 나타난 사고라고 생각한다. 그것은 '과학적' 사고와 '종교적' 사고를 절충해서 만들어 낸 실험적 사고가 아닐까. 여기에는 본질적으로 절충적 사고방식이 드러나 있다고 생각한다. 그래서 임사체험 사상에는 죽음을 극복하기 위한 '불사의 사상'이 빠져 있다고 생각할 수밖에 없다. 불사의 관념을 상실한 '죽음'에 관한 논의, 그것에 의한 임사체험이란 새로운 사생관이 만들어졌다고 보아야 하지

않을까.[3]

이 새로운 사생관은 최근에 빠르게 화제가 되고 있는 뇌사 · 장기이식문제와 끊으려야 끊을 수 없는 관계를 가지고 있는 게 틀림없다. 왜냐하면 뇌사문제는 처음부터 불사의 관념을 전제하는 것이 아니라, 오히려 죽음의 정확한 정의를 근거로 논해야 하는 주제이기 때문이다. 종전의 심장사에 비해서 죽음의 시각이 자세히 특정되는데, 이를테면 죽음의 순간이 점으로 파악되고 있다. 그 순간을 경계로 그 전후에 생(生)의 세계와 사(死)의 세계가 나누어지기 때문에 그런 사고방식에 불사사상이나 불사관념이 들어갈 틈이 없다.

그런데 만약 뇌사라는 점으로서의 죽음 전후에 생(生)의 세계와 사(死)의 세계가 분명하게 나누어진 경우, '임사체험'은 생의 세계에 속한 현상인가. 죽음의 세계에 속한 경험인가라는 의문이 생긴다. 이러한 의문이 생기는 것은 물론 뇌사의 경우만이 아니다. 심장사의 경우에서도 일어날 수 있는 것이다. 결국 임사체험이란 것이 빈사(瀕死) 상태에서 경험하는 이 세상에서의 경험인지, 아니면 분명히 죽음의 영역에 들어가 거기서 보고 들은 것을 살아난 후에 증언한 것인지에 대해서는 의문이다.

다시 말하면 임사체험이 죽음을 경험하는 것인지, 아니면 죽음에 가까운 경험인지 의문이다. 아마도 불사에 대한 관념을 가지고 있던 근대 이전의 시대에는 아예 그런 논리적인 설문 자체가 제기되지 않았다. 그럴 필요가 없었다고 해도 과언이 아니다. 왜냐하면 불사관념은 생의 세계에서 죽음 직전의 체험과 죽음 그 자체가 하나로 이행하는 과정이라고 생각하고 있었기 때문이다. 끝이 있는 세계에서 끝이 없는 내세로 이전하는 과정이라고 생각하였기 때문이다. 그런 세계에서는 임사체험이 불사관념과 불가불 융화되어 있는 게 아닌가 생각된다. 이게 지나친 말이라면 적어도 임사체험에서 나타나는 이미지나 환상은 불사관념이나 타계관념에서 비롯된 것이라고 이해되었기 때문이다.

그렇지만 '뇌사'라는 근대적 관념이 등장하면서부터 사정이 달라졌다. 점과 같은 사망 시간에 의하여 삶(生)의 영역과 죽음(死)의 영역이 분명하게 나누어졌기 때문이다. 불사의 관념을 거절하고, 이행(移行)이라는 우주적 여행을 없애 버렸기 때문이다. 그 대신에 임사(臨死)의 관념이 생겨났고, 거부와 무시 속에서도 여전히 사라지지 않는 죽음의 그림자나 죽음에 직면하여 나타나는 환상이 임사체험이라는 이름으로 불리게 되었다. 죽음 자체를 경험하는 것도 아니고 불사의 관념도 아니며 중간 영역에 있는 애매하고 불확실한 '임사'라는 관념의 변종이 등장하게 된 것이다. 신의 부재를 상징하는 '근대'가 그것을 준비했다고 할 수 있다. 자연과학의 발달로 인하여 '죽음'을 몰아세운 끝에 겨우 찾아낸 궁여지책이었다고 볼 수도 있다.

앞서 나는 임사체험에 대한 논의 가운데 임사체험을 죽음(혹은 죽음 후)의 경험으로 볼 것인지, 아니면 죽음에 가까운 경험일 뿐이라고 볼 것인지에서 의견이 나누어질 것이라고 말했다. 임사체험에 대해서 진위를 분석적으로 판단하는 일이 덧붙여졌다고 해도 좋을 것이다. 그러한 의문이 의미가 없다는 것이 아니다. 임사체험을 엄밀하게 살펴보면, 거기까지 들어가 생각해 볼 필요가 있을 것이다. 다른 한편, 앞서도 말한 바와 같이 임사체험이라는 경험이 매우 애매하고 불분명한 의식현상이라는 것에도 주의해야 한다. 전통적인 관념과 근대적인 관념을 절충한 일종의 실험적 사고의 산물이었다는 것이다. 그런 관점에서 임사체험을 너무 합리적, 즉 자연과학적인 방법에 근거해서 분석하려고 해도 잘 되지 않을 것이다. 그러한 실험은 분명 성공하지 못할 것이라고 생각된다.

1991년 3월 17일, NHK텔레비전이 '임사체험'에 관한 문제를 가지고 특별프로그램을 방영한 적이 있다. 다치바나 다카시(立花隆) 씨가 코디네이터가 되어 세계 각지를 다니면서 취재하여 만든 프로그램이었다. 나도 다치바나 씨의 취재에 응했는데, 그때 자신의 경험을 섞어서 임사체험에 관한 이야기를 할 기회가 있었다. 그 내용은 프로그램에서는 방송되지 않았지만, 후에 다치바나 씨가 '임사체험'이라는 주제로 『문예춘추(文藝春秋)』에 연재하기 시작하였고, 거기에 나와 나눈 대화를 언급하고 있다.[4]

그 대담에서 깊은 인상을 남긴 것이 있었다. 그것은 다치바나 씨가 임사체험이라는 것을 한 번 죽은 사람이 이 세상을 떠나가서 저세상에서 당한 체험인지, 아니면 죽기 직전에 인간의 뇌 속에서 일어나는 신경세포의 특이한 활동의 결과인지에 대한 관점에서 파악하려고 하는 것이었다. 인간의 의식은 죽은 후에도 지속하는가? 지속한다면 그것을 증명할 수 있는가? 혹은 그런 의식, 이미지라는 것은 인간의식의 마지막 단계, 즉 신경세포의 전기적(電氣的)인 활동이거나, 아니면 화학적인 활동이 아닐까라는 문제제기였다.

요약하면 임사체험은 일단 죽음의 경계를 넘어선 사람이 저세상을 경험한 것인지, 아니면 구사일생으로 소생한 인간이 뇌 속에서 경험한 것인지라는 양자택일의 견해이다. 이런 견해는 임사체험이라는 것을 합리적으로 이해해 보려고 하는 입장에서 나타난 것임은 말할 것도 없다. 다치바나 씨의 설문방법에 그런 과학적인 인식이 반영되어 있음에 대해 나는 수긍했다. 그러나 그것은 분명히 내가 생각하고 있던 것과는 달랐다. 내 생각에는 그런 관점에서 이 문제를 파고들면 결국 임사체험의 실태가 잘게 나누어져서 흔적도 없이 사라지고 말지 않을까 걱정하게 되었기 때문이다.

원래 다치바나 씨는 그런 가능성을 충분히 예상하면서 앞서의 양자택일적인 견해를 제시한 것일 수도 있다. 양자의 가능성이나 불가능성을 생각하면서 임사체험에 들어 있는 깊은 세계를 이해해 보려고 했을 수도 있다. 그러나 문제를 다루는 방법의 중심이 임사체험의 현상을 가능한 한 합리적으로, 즉 과학적인 사고와 모순되지 않게 이해해 보려고 하는 점은 부정하기 힘들지 않을까. 그 한 가지 점에서만 다치바나 씨와 나는 입장이 다르다. 앞에서도 언급했지만 다치바나 씨와 나눈 대화의 내용은 NHK프로그램에 방송되지 않았지만 그것은 다치바나 씨 자신이 밝히고 있는 바와 같이 그런 나의 생각이 프로그램의 '구성'에 맞지 않았기 때문일 것이다.

### 2) 신화와 이매지네이션

여기서는 내가 '임사체험' 문제에 흥미를 갖게 된 이유와 그 후의 관심 방향에 대하여 이야기하고자 한다. 매우 개괄적으로 말하면 이 문제가 일본에서 크게 화제가 된 것은 1970년대였다. 로스(Elisabeth Kubler Ross)가 쓴 『죽음의 순간(On Death and Dying)』이 일본어로 번역된 것은 1971년(원서 1969년)이고,[5] 무디(Raymond A. Moody)가 쓴 『훔쳐 본 사후세계(Life after Life)』가 1977년(원서 1975년)에 출판되었다.[6] 이 두 권의 책이 일본의 '임사체험'에 관한 논쟁에 미친 엄청난 영향은 헤아릴 수 없다고 해도 과언이 아니다.

그리고 1980년대에 들어서 같은 종류의 연구서와 해설서가 계속해서 번역되어 일본의 독자들에게 소개되었다. 예를 들면 국제임사체험연구협회 회장인 링(Kenneth Ring)이 쓴 『임종시에 보는 죽음의 세계(Life at death)』의 일본어 번역본이 1981년에 출판되었고(원서 1980년),[7] 플로리다주의 심장전문의사 사봄(Michael B. Sabom)이 쓴 『저승에서의 귀환(Recollections of Death)』이 1986년(원서 1982년)에 출판되었다.[8] 이런 번역과 소개를 통하여 임사체험의 세계가 확대하고 새로운 정보와 지식이 축적되게 되었다. 이러한 추세는 1990년대에 들어 더욱 진행되었다는 사실은 말할 것도 없다. 그때까지 제출된 새로운 임상자료와 그런 자료에 바탕을 둔 가설이나 이론을 전체적으로 바라보거나 이해하는 작업도 나타나기 시작했다. 예를 들면 국제임사체험연구협회 사무국장인 브루스(Greyson MD. Bruce, 미시간대학 교수)가 플린(Charles P. Flynn)과 함께 편집한 '임사체험'에 관한 논문집 등이 그런 시도의 하나이고, 최근까지의 임사체험에 관한 대표적인 연구자들의 견해와 문제점이 아주 잘 정리되어 있다.[9] 또한 1986년에는 앞서 말한 대로 미국의 여배우 매클레인이 쓴 자서전 『곤경에 처하여 사랑을 넘어서(Out on a Limb)』(원서 1983년)가 번역되었는데, 책에 묘사된 매클레인 자신의 체외이탈체험을 둘러싸고 큰 화제를 불러일으킨 것은 잊을 수 없다.[10]

그런데 나 자신에 대하여 말하면 역시 그로프 부부(Stanislav & Christina Grof)가 쓴 『죽음을 넘어서—의식의 문(Beyond Death)』(1980)과의 만남이 결정적이었다.[11] 스타니슬라프는 프라하에서 태어난 미국의 정신병리학자이고, 트랜스 퍼스널 국제학회의 초대 회장을 맡은 인물이다. 또한 크리스티나는 스타니슬라프의 부인이고 버지니아주에서 태어난 예술가이며 요가연구자이다.

내가 그 부부의 『죽음을 넘어서』를 처음 읽고 먼저 배운 것은 다음과 같은 것이다. 즉, 고대 · 중세에 쓰인 동서의 종교문헌에는 매우 다채로운 종말론 신화가 들어 있고, 또한 세계의 종말을 주제로 그려진 종교화가 많이 남아 있는데, 그 가운데 현대의 임사체험 이미지와 공통되는 요소가 많이 보인다고 하는 지적이었다. 그들은 현대의 임사체험자들의 고백과 보고를 고대의 신화적인 기술과 비교해 보고, 다양한 문명권에 속한 종교화의 풍부한 내용을 대조하면서 연구를 이어 나가고 있다. 발상의 신선함과 방법의 날카로움이 먼저 나의 눈을 끌었다. 다음에 그로프의 의견을 간단하게 요점만 정리해 보고자 한다.

그들에 의하면 임사체험에 관해 처음으로 치밀한 연구를 한 인물은 20세기의 심리학자도 아니고 정신의학자도 아닌, 19세기 스위스의 유명한 지질학자인 하임(Albert Heim, 1849~1937)이었다. 그는 자기 자신이 알프스에서 추락사할 뻔한 위험에서 신비체험을 한 후부터 생명이 위험에 처하는 상황이나 죽음에 관련되는 주관적 경험에 관심을 갖게 되었다. 사실 그것이 계기가 되어 수십 년을 걸쳐서 극적인 사고에서 살아남은 많은 사람들의 체험을 수집하고 있다. 전쟁에서 부상당한 군인, 높은 곳에서 떨어진 석공이나 지붕수리공, 산중에서 공사중 재해, 열차사고에서 살아남은 노동자, 물에 빠져 죽을 뻔한 어부 등… 하지만 하임의 연구 가운데 가장 중요한 것은 추락사의 위험에서 간신히 살아남은 알프스 등산가들의 체험담에서 얻은 내용이었다.[12]

하임은 1892년 스위스 산악회의 집회에서 처음으로 연구발표를 했다. 그의 결론에 의하면 그가 다룬 임사체험의 실례 가운데 95%가 그들을 둘러싼 환경과 상관없이 주관적으로는 거의 동일한 경험을 제시했다는 것이다. 즉, 처음에 마음이 점차 앙양(昻揚)되고 가속된다. 그리고 매우 명료하게 눈앞의 일이 감지되고, 자신이 이상하게 빠르게 행동하고 현실을 정확하게 식별하고 있는 것을 알게 된다. 더욱 중요한 것은 그다음에 일생의 일들이 돌연히 되살아난다. 마지막에 그것은 초자연적인 아름다운 환상과 천상적인 음악으로 충만한 평화로 나아간다.

그런데 그때부터 거의 1세기가 지난 1972년 아이오와대학교의 정신의학 교수인 노이즈(Russll Noyes)가 죽음에 직면한 사람들의 체험기를 대상으로 연구하여 그 성과를 발표했다.[13] 그 속에는 앞에서 본 하임이 기록해 둔 스위스 등산가들의 자료, 문학에 나타난 임사체험자들의 묘사, 그리고 융(Jung)의 「자서전」이 포함되어 있다. 노이즈는 그런 실례에 반복해서 나타나는 어떤 형태가 있는 것에 착안하였는데, 거기에 세 단계가 내재되어 있음을 밝혔다. 첫 단계는 '저항'이라고 하는데, 죽음의 공포, 생에 대한 집착, 그리고 마지막으로 죽음에 대한 수용으로 특징이 나타난다. 둘째 단계는 '인생의 재현'으로 중요한 기억이 되살아나고, 일생의 사건들이 압축되어 파노라마로 나타난다. 마지막 단계는 '초월'이라고 부르는 것인데, 여기서는 의식의 신비적, 종교적 혹은 '우주적' 상태를 경험한다는 것이다.

그리고 1975년에 앞서 언급한 무디의 『훔쳐 본 사후세계』[14]가 출판되었다. 여기서 의사이며 심리학자인 저자는 임사체험자 150사례의 담화를 분석하고, 병상의 임상사(臨床死)에서 소생한 50여 명의 사람들에게 직접 인터뷰하여 그 결과를 보고하고 있다.

여기서 나타난 공통의 특징들 가운데 첫째는 죽음의 체험이 표현할 수 없는 신비적인 상태와 관련되어 있다는 것이고, 둘째는 명백한 '체외이탈감'이었다고 한다. 즉, 그들 대부분은 혼수상태나 육체적인 죽음 속에서 자신의 주검이나 주위 광경을 위 혹은 먼 곳에서 바라보고 의사, 간호사, 친족들이 자신의 병에 대하여 이야기하는 말을 듣고 있다. 셋째는 불쾌한 소음과 함께 천상의 진혼곡이 들리거나 터널이나 동굴 속으로 들어가는 음침한 이탈감각이 나타남과 동시에 수호신이나 영계(靈界)의 인도자와 같은 존재가 보인다. 특히 일반적인 것은 '광명으로 빛나는 사람'의 환상이 나타나는 것이다. 그 인물은 때때로 이 세상 것이 아닌 광휘에 둘러싸이고 사랑과 따스함, 그리고 유머와 자비와 같은 인간적인 자질이 보인다. 게다가 그 사람과의 만남에서는 때때로 일생의 사건들이 상기되고, 신에 의한 심판이나 자기 심판이 동반한다.

여기서 앞서의 그로프 부부의 이해를 말하면 지금까지 언급해온 사례, 즉 하임이나 노이즈, 무디가 보고한 케이스의 대부분이 사실은 종말론에 관한 많은 역사적 문헌 속에 나타나고 있는 묘사와 비슷한 관련성을 보인다고 한다. 그리고 나도 그런 점에 착안한 그로프 부부의 견해에 동의한다. 동의할 뿐만 아니다. 거기에는 이 문제를 더욱 보편적으로 생각하기 위한 중요한 열쇠가 숨어 있는 게 아닌가 생각한다. 임사체험에 관한 여러 가지 임상의 사례에 대하여 소위 '과학적'인 진위 판단을 덧붙이는 게 아니라, 오히려 그것들을 역사적인 종말론 문헌과 대응시켜 생각하려는 점이 매우 중요하다는 것이다.

예를 들면 그로프는 8세기에 티베트에서 만들어진 『사자의 서(Book of the Dead)』를 언급한다.[15] '사자(死者)'가 죽음과 재생의 중간상태를 통과하기 위해 알아야 할 정신적 마음가짐을 설명하고 있는 것이지만, 거기에 묘사된 다채로운 '광명(光明) 감각'의 베리에이션(variation)에 주의를 환기시키고 있다. 물론 이 기록에는 지옥이나 아귀와 같은 매우 어두운 이미지가 드리워지는 동시에 업보와 심판 장면이 등장한다. 그리고 이러한 묘사는 당연히 그리스 신화나 고대 이집트 신화에서도 평범하게 보이는 것이라는 사실은 말할 것도 없다.

많은 문화는 축복 받은 자가 가는 천국과 저주 받은 자가 가는 지옥의 이미지를 종말론 신화 속에서 만들어 왔다. 그것은 무엇보다 죽은 후 영혼의 여행이라는 관념에 기초하여 생겨난 것이다. 거기에서 얼마간 '불사'사상이 관련되어 있었던 점에 주목하자.

사자는 바로 최후의 목적지에 가는 것이 아니다. 그들은 비일상적인 모험, 시련, 심판 등을 경험하고 사막이나 높은 산, 밀림이나 습지를 통과하여 '피안'에 도달한다. 그 과정에서 나타나는 공통의 주제가 재생의 사이클이나 윤회전생, 업보의 법칙이나 신의 심판이다. 이런 테마는 유대교, 기독교, 이슬람교, 힌두교, 불교, 그리고 중앙아메리카의 여러 종교에서도 여러 가지 모습으로 발견된다. 이런 인류사 속에서 특히 죽음과 죽음의 순간에 대하여 강한 관심을 보여 준 사람들은 고대 이집트인과 티베트인이었다. 이런 문화권에 속한 사제들은 육체적인 죽음 후에도 의식이 지속된다고 굳게 믿었던 것이다. 그들은 사자가 피안에 쉽게 도달하게 하기 위하여 세련된 의식을 고안하였고, 영혼의 여행에 도움이 될 복잡한 지도를 작성했다. 이것이 그들의 『사자의 서』였다. 그리고 놀라지 말라. 이런 『사자의 서』 같은 것이 서구 문화전통 속에도 생기게 되었다. 그것이 중세 말에 쓰여서 널리 알려진 『왕생술(Ars Moriendi)』이라는 작품들이었다. 특히 오스트리아, 독일, 프랑스, 이탈리아 등에서 널리 읽히고, 그곳에서 논의되는 문제가 첫째로 죽음의 체험과 죽음을 맞이하는 자를 마지막 여행으로 이끌어 들이는 기술이고, 둘째로 죽음과 생의 관계였다.[16]

그로프는 앞서 말했던 종말론 신화의 이미지나 묘사가 정신분열증(LSD) 혹은 흥분제(mescaline)에 의하여 나타나는 환각상태와 유사하다는 데 주목했다. 이러한 약물실험을 한 사람은 칼리스 오시스(Karlis Osis)라는 사람이었으나, 그가 임사환자의 체험을 자세히 묘사한 기록 속에는 무섭고 혐오스러운 이미지와 함께 천국과 낙원, '영원한 도시'가 나타나고, 이국적인 새와 목가적인 정원이 드러나고 있다고 한다.[17] 그래서 이런 환상이 정신분열증이나 흥분제에 의한 환각상태와 비슷하다고 보고했다. 이런 장면은 이미 헉슬리(Aldous Huxley)의『천국과 지옥(Heaven and Hell)』에 묘사되어 있다. 헉슬리는 여기에서 천국의 복과 지옥의 공포가 환각상태에 있는 사람이 자주 경험하는 것이라고 말하고 있기 때문이다.

그뿐만 아니라 '의식'에 관한 현대 과학의 최신 연구에서 보아도 급성 혹은 만성적 정신이상인 정신분열증 환자가 종교적, 신비적 성격의 깊은 경험을 말하는데, 그것이 종말론 문헌에서 보이는 묘사와 매우 유사하다는 사실에 주목하고 있다.[18]

요약하면 신화에 나오는 환상이나 종말론을 주제로 한 그림의 이미지가 정신분열증 등의 급성 혹은 만성적 환각 경험과 병행하여 오늘의 화두인 '임사체험' 이미지에 연결되어 주목 받게 된 것이다. 특히 그로프가 여기에 착안하고 있는 데 나는 주목한다. 이것은 아주 중요하다고 생각한다. 왜냐하면 거기에 임사체험에 내재한 본질적인 국면이 드러나 있다고 생각하기 때문이다. 물론 그것은 종교적 신념이나 미개인의 미신이라는 규정이 단순히 정신병리학의 대상이 되기 시작했다는 사실을 의미하는 것은 아니다. 또한 인간의 무의식 세계에 펼쳐지는 폭풍역과 황홀역의 실재적 상태를 생물화학적인 드라마로 환원하거나 연결하거나 하는 것도 아닐 것이다.

지엽적인 문제지만 단적으로 말하면 '임사체험'은 불사사상에 대한 절박한 갈망을 표현하고 있는 것이 아닐까 하는 것이다. 모든 전통적인 관념을 상실한 근대 인간이 소위 임사체험이라는 암흑의 터널을 통해서 탈현실, 초현실이라는 타계적인 이미지를 더듬어 찾기 시작했다는 징조라고 볼 수 있다. 고대, 중세의 신화와 종말론의 이미지는 이미 단순하게 과대망상적인 상상의 산물이 아니다. 그것은 무엇보다도 죽음을 초월하여 불사의 관념을 손에 넣기 위해서 심층에 있는 무의식의 이미지 트레이닝이 아닐까. 죽음을 넘어 재생으로 도약하기 위한 무의식의 공명반(共鳴盤) 혹은 사생역전의 거울에 비친 상이라고 해도 좋을 것이다. 융에 의하면 '원형'으로서의 불사 이미지와 만나고, '원형'으로서의 영적 존재와 조우하는 것이 된다.

만일 그렇다면 임사체험의 이미지라는 것은 근대와 함께 불사에 대한 관념을 빼앗긴 현대인이 궁지에 몰려서 빈사상태에서 부르짖는 비명을 상징한다고 말해야 한다.

그런데 종말론 신화와 임사체험 이미지 사이의 유사라는 테마를 생각할 때, 나에게 떠오르는 것은 주지하는 바와 같이 로스 박사의 문제제기이다. 박사의 『죽음의 순간』에 대하여는 앞서 말했지만 그것은 죽음을 맞아들이는 방법과 죽음의 간병이라는 과제와 관련하여 여러 임상실험의 사례를 소개, 분석한 리포트였다. 뿐만 아니라 이 책은 그 후에 전개된 호스피스운동의 원전이 되고 많은 독자를 획득하였다. 여기서는 상세하게 논할 여유가 없지만, 결론 부분만 취급하면 다음과 같다.

로스 박사에 의하면 죽음을 조용히 수용하는 단계에 들어간 임사환자는 마지막에 '디커섹시스(decathexis)'의 상태가 된다고 한다. 디커섹시스란 정신의 에너지를 모든 대상물로부터 갈라놓는 것을 의미하며, 삶의 세계와 완전히 이탈된 상태를 말한다. 그러나 문제는 어떻게 이런 상태에 이르렀는가 하는 데 있다. 의사와 간호사, 사회사업가와 종교가가 가족과 함께 팀을 만들고 죽음을 맞는 사람들을 도와주어야 한다는 제언이 여기에서 나온다. 박사의 말에 의하면 현대와 같은 '한랭사회(寒冷社會)'를 대신하여 죽음과 죽는 문제를 자유롭게 취급하는 '따뜻한 사회'를 발전시켜야 한다고는 것이리라.[19]

로스 박사의 제언과 운동은 분명히 획기적인 것이었다. 많은 비판과 저항을 극복하고 박사의 호스피스 계획은 점점 사회의 인정을 받았기 때문이다. 그러나 나는 『죽음의 순간』의 논지를 처음 보았을 때 눈에서 눈곱이 떨어져 나가는 것 같은 생각이 난 것과 동시에 마음 깊은 곳에 위화감을 느꼈다. 당혹함이라고 말해도 좋을 것이다. 왜냐하면 박사가 말한 죽음의 수용으로부터 디커섹시스까지의 과정이라는 것은 삶의 세계와의 단절을 강조하고 있는 점에서 아무리 생각해 봐도 유럽의 생사감각을 도식화한 것이라고 보였기 때문이다. 따라서 일본인의 실정에는 맞지 않는 게 아닐 것이라고 생각했기 때문이다. 아니면 일본인의 전통적인 생사관에서 보면 죽음에 임하여 자연과의 공생 혹은 통합이라는 소망이 서구인의 경우보다 훨씬 강하게 계속 존재했다고 생각되기 때문이다.

그러나 이런 로스 박사에 대한 나의 양면적인 느낌은 그 후에 저술된 그녀의 책으로 인해 깨끗이 불식되었다. 그 기회는 갑자기 찾아오게 되었는데, 그것도 나에게는 잊을 수 없는 강한 인상으로 남아 있다.

앞서의 『죽음의 순간』이 미국에서 1969년에 출판되었다. 그 후 14년이 지난 1983년에 『신, 죽음의 순간(On Children and Death)』이 출판되었다. 이것은 책의 제목(『어린이와 죽음에 대하여』)에서도 알 수 있듯이 이전에 『죽음의 순간』을 세상에 출판한 후 주로 아이들의 죽음의 임상에서 만난 경험에 기초하여 서술한 것이었다. 첫 책으로부터 14년의 세월이 지난 후 출판된 두 번째 책에서 박사의 주제는 어떻게 전개되었을까. 이것이 이 책을 손에 넣었을 때 나의 솔직한 생각이었다.[20]

그런데 책을 읽어 나가면서 내가 예상하지 못했던 세계로 이끌려 가는 것을 알게 되었다. 왜냐하면 책에 소개되어 있는 많은 사례에서 죽음을 맞이한 아이들이 거의 이구동성으로 나비 이미지에 몸을 맡겨 이 세계를 떠나 다른 세계로 여행을 떠났다고 말했기 때문이다. 미국의 많은 아이들이 임사 장면에서 반드시 디커섹시스의 상태 속에 있는 것이 아니다. 오히려 나비의 모양으로 변하여 저세상으로 가려고 하는 것이 아닌가. 그리고 저자인 로스는 그런 아이들의 사례를 든 다음에 아이들에게 죽음이란 나비가 껍데기를 벗어 버리는 것과 같은 이동을 의미하며, 따라서 육체는 단순히 인간 존재의 외피에 불과하다고 느끼는 것이 아닌가라고 설명하고 있다.

여기서 주의할 것은 로비 박사는 껍데기를 이탈한 나비를 '영혼' 혹은 '영'이라고 부르지 않는다. 그리스어로 '나비'를 의미하는 프시케(psyche)는 동시에 '영혼'을 뜻하는 단어라는 것은 잘 알려져 있다. 『신, 죽음의 순간』에서 취급하고 있는 임상사례에서는 그 말의 양의성(兩義性) 문제가 특별히 논의되는 것도 아니다. 하지만 아이들의 이런 경험에서는 육체 이외의 무언가가 사후의 세계로 이동한다는 것에 주의를 환기시키고 있다.

나는 이 글을 읽었을 때 큰 충격을 받았다는 것을 고백하지 않을 수 없다. 왜냐하면 14년 전에 발표한 같은 저자의 『죽음의 순간』에서는 죽음이란 현실로부터의 완전한 이탈을 의미한다는 입장을 표명하고 있었기 때문이다. 그렇다면 로스 박사는 그의 세계관을 근본적으로 변경한 것이다. 박사가 '나비'의 테마를 언급한 이상, 그렇게 생각할 수밖에 없었다. 수많은 임사체험 사례를 가까이에서 관찰해 온 경험의 축척이 이러한 역전 드라마를 연출한 것 같다. 뿐만 아니라 박사의 『신, 죽음의 순간』은 '죽음'에 관한 시대적 관념이 크게 바뀌는 징조를 보여 주고 있는 것을 나타내는 것일지도 모른다. 그 가운데서도 사후의 '생'에 관한 문제가 특히 로스 박사와 같은 서구의 정신과 의사로부터 제기되는 것에 나는 관심을 갖는다. 오늘날 이 시점에서 크게 취급된 '나비' 이미지의 문제는 각 방면에서 전개되고 있는 죽음에 관한 논의에 자극을 주는 동시에 임사체험의 의미를 검토하는 일에 대해서도 빛을 비추는 테마라고 말해도 좋기 때문이다.

### 3) 소생과 재생

지금까지 나는 임사체험의 문제를 객관적으로 기술하거나 과학적으로 분석하는 것만으로는 그 본질을 밝히지 못할 것이라는 입장을 견지해 왔다. 그런 객관적인 분석은 결국 실패로 돌아가는 게 아닐까 하는 예감을 말해 왔다. 그것을 대신하여 제기하려고 한 것이 그로프가 한 임사체험과 종말론적 신화나 이미지를 연결시키는 관점이었다. 그렇게 말하는 것은 종말론 신화나 이미지에는 현세를 저세상과 연결시키는 불사관념이 포함되어 있고, 오늘의 임사체험을 이런 전통적인 관념의 부활로 볼 수 있다고 생각하기 때문이다. 즉, 임사체험은 인간이 어떻게 살고 죽을까라는 과세에 내한 현대인의 응답의 하나라고 생각할 수 있다는 것이다. 그리고 이런 관점에서 더욱 서구로부터 날카로운 질문을 던진 사례로서 로스 박사의 임상보고를 대치시켜 보았다. 여기에서도 또한 임사체험이 죽음의 치유 문제와 나누기 어려울 정도로 연결되어 있는 데 주의하자.

이상에서 서술한 것을 전제로 나는 임사체험을 생각하기 위한 사상의 범주로 두 개의 문제를 제기하여 검토하려고 한다. 두 개의 문제 중 첫 번째는 임사체험에서 '소생'의 위상에 관련되어 있고, 두 번째는 임사체험에서 '재생'의 위상에 관련되어 었다. 그 가운데 소생의 위상이란 임사체험을 경험한 다음 다시 소생하는 차원을 의미한다. 그에 대하여 재생의 위상이란 임사체험의 경계를 넘어서 타계로 다시 태어나는 레벨을 의미한다. 임사체험을 경계로 하여 전자는 이 세상에 착지하는 것에 대하여 후자는 저세상에 착지하는 것이라고 말해도 좋다.

이와 같이 두 위상은 서로 차원을 달리하지만, 그러나 임사체험 그 자체를 매개로 하여 서로 밀접한 표리관계를 이루고 있는 것은 말할 것도 없다. 그리고 여기에는 당연히 일본인의 전통적인 사생관이 깊은 영향을 주고 있음을 간과해서는 안 될 것이다. 소생이라는 살아 돌아오는 요소와 재생이라는 다시 태어남이라는 역대응의 요소에 아마도 같은 종류의 사생관이 매우 중요한 방향타의 역할을 하고 있다는 것이다.

나는 이전에 다량의 토혈로 인하여 응급실에 실려 간 적이 있다. 의식이 급속히 사라지고 있을 때, 눈앞에 선명한 이미지가 되살아났다. 오색으로 빛나는 광명이 비치고, 몸이 가벼워져 단숨에 부양되는 느낌이었다. 무어라 말할 수 없는 쾌감이 전신을 둘러싸고, 이대로 죽는다면 그래도 좋다고 생각했다.

결국 나는 다시 회생했지만 쓰러졌을 때 경험한 아름다움 환상과 느낌은 영원히 나의 기억 속에 남게 되었다. 죽음의 심연에서 방황했지만 죽지 않았기 때문에 이것은 엄밀히 말하면 임사체험이 아닐 것이다. 처음부터 끝까지 이생에 머물러 있었기 때문에 그렇게 생각할 수밖에 없다. 그러나 그렇다고 해도 나로서는 죽음 직전까지 갔을 때 나타난 환상이었기 때문에 적어도 임사 이미지의 일종이었다고 생각한다. 앞서도 서술한 바와 같이 그것이 과학적으로 이생에 속한 것인지 혹은 저승에 속한 것인지 하는 문제는 이 경우에 별로 의미가 없다. 이런 이생의 편에서 생기는 소생체험 또한 종말론적 문맥에서 말하면 임사체험의 일환, 그 전단계의 이미지 체험이 아닐까 생각되기 때문이다.

그런데 헤이안 시대에 성립된 『일본영이기(日本靈異記)』라는 일본 최초의 불교설화집에는 많은 소생설화가 수록되어 있다. 병이나 사고로 인해서 망아, 실신상태에 빠진 사람의 영혼이 지옥을 비롯한 저세상을 편력하고 소생했다는 이야기가 많이 나온다. 하나의 예로 하권 제9화 후지와라 히로타리(藤原広足)의 소생이야기를 알아 보자.[21]

쇼토쿠 천황(称德天皇) 시대 히로타리라는 사람이 병에 걸렸는네, 어느 날 갑자기 뒤로 벌렁 나자빠져서 숨이 끊어졌다. 친족들이 장례를 준비를 하고 있는데, 3일 후에 살아나서 다음 같이 말했다. 저승사자의 안내로 염라대왕의 궁궐에 갔는데, 거기서 고생하고 있는 죽은 아내의 모습을 보았다. 아이를 임신하였는데 낳지 못하고 죽었던 것이다. 그래서 아내를 위해서 법화경을 써서 공양하고 싶다고 말하여 현세로 소생하는 것을 허락 받았다….

지옥에 떨어진 아내를 위한 멸죄공양이라는 테마가 소생설화의 형태로 이야기되고 있는 것이다. 여기서 히로타리가 소생할 수 있었던 것은 그의 숨이 끊어진 '유해'가 화장되지 않고 빈소에 안치되어 있었기 때문이다. '영혼'이 타계(지옥)를 다녀 본 후에 다시 안치되어 있던 '유해'로 돌아왔다는 것이다. 『일본영이기』에 등장하는 소생 이야기는 모두 이런 허구 위에 성립되어 있다는 것에 주목하여야 한다.

또한 헤이안 말기의 기록에 『도켄쇼닌메이도기(道賢上人迷途記)』라는 것이 있는데, 여기에서도 독자의 소생 이야기가 서술되어 있다.[22]

도켄쇼닌(道賢上人)은 요시노(吉野)의 긴부센(金峰山)에서 단식 수행을 심하게 하다가 갑자기 호흡이 멈추어 실신하였다. 그의 영혼이 몸을 떠나 저세상을 편력하였는데 먼저 찾아간 곳이 지옥이었다. 그랬더니 놀라지 말라. 거기서 다이고 천황(醍醐天皇)과 그 가신이 고통받고 있는 광경을 보게 된다. 스가와라노 미치자네(菅原道真)를 다자이후(大宰府)로 유배시킨 대가를 받고 있음을 알게 되었다. 그런데 그 후에 긴부센 정토로 올라가 보니 거기에는 태정천신(太政天神)으로 변한 미치자네가 광명 가운데서 앉아 있었다. 도켄쇼닌의 영혼은 13일 만에 다시 원래의 몸으로 돌아와서 소생한다.

여기서 쇼닌(上人)이 단식을 심하게 하여 생명의 위기를 당하여 실신한 것을 주의해 보자. 보이는 대로 이 기록에는 정치적인 괴문서라는 성격이 약간 보이지만 소생 이야기로서의 구성은 앞서의 『일본영이기』의 경우와 비슷하다고 말해도 좋지 않을까. 그 점에서 이 이야기도 산중 수행자의 몸에 일어난 임사체험의 하나로서 이해할 수 있는 것이다.

나는 숙면하고 있는 사람의 얼굴을 보고 놀란 일이 있다. 얼굴 표정이 거의 죽은 사람의 얼굴과 비슷했기 때문이다. 이것과 비교해 보면 잠꼬대를 하는 사람, 이를 가는 사람, 꿈을 꾸는 사람의 얼굴은 생생하기에 오히려 귀엽다. 혹시 숙면하고 있는 우리는 한없이 죽음에 근접한 경험을 하고 있는지도 모른다. 그렇다면 우리는 매일같이 숙면=죽음으로부터의 소생을 반복하며 살고 있는 게 될 것이다. 우리가 이런 죽음의 경계를 넘어가지 않고 이 세상으로 살아 돌아오는 것은 단지 우연이 아닌가.

하지만 언젠가 그런 숙면의 우여곡절을 거쳐서 우리는 죽음 쪽으로 건너가야 한다. 소생이라는 귀환 코스에 타는 것이 아니라, 소위 재생드라마라는 새로운 궤도에 타는 것이다. 재생드라마에는 광명에 둘러싸인 길도 있지만, 어둠과 암흑에 덮인 고독한 여행길도 있을 것이다.

나는 앞서 나 자신의 토혈과 실신 체험에 대하여 이야기하였지만, 그때의 절식체험에서 그대로 절식을 계속하였다면 편안한 잠=죽음에 이르지 않을까 하고 생각했다. 내 경우에 절식은 물론 '생'으로의 귀환을 위해 채용된 수단이었다. 그러나 그것은 동시에 '죽음'으로의 잠입을 실현하기 위해서도 유효한 방법임에 틀림없다. 점진적으로 영양을 줄임으로써 심신(心身)의 전면적인 해방, 즉 열반이 그때 이루어질 게 틀림없다. 이런 생각을 하고 있을 때 자연스럽게 머릿속에 떠오른 것이 고대 말기부터 계속해서 쓰이는 '왕생전(往生傳)'의 기술이다. 거기에는 당시 수행자들의 여러 수행과 왕생의 모습이 묘사되어 있는데, 그 속에는 생생한 '단식'체험이 기술되어 있다.[23]

이를테면 요시시게노 야스타네(慶滋保胤)의 『일본왕생극락기(日本往生極樂記)』이다. 그는 겐신(源信)의 제자가 되어 자쿠신(寂心)

이라고 이름 하며 스승과 함께 염불결사인 '25잔마이카이(二十五三昧會)'를 조직하고 지도한 인물이다. 『일본왕생극락기』에 등장한 왕생자(往生者)들의 전기를 읽어 보면 자연스럽게 알게 되는 것이 있다.

왕생자들은 누구에게도 지지 않는 난행고행의 전문가라는 사실은 말할 것도 없다. 그들은 일상적으로 불경을 외우고, 예불수행과 좌선수행에 열심이고 깊은 산의 꼭대기에서 골짜기로 걷고 때로 폭포수에 맞으며 명상과 금욕의 세계에서 살고 있다. 그런데 이상하게도 그들 대부분이 죽을 때를 깨달으면 곧 자연스럽게 '단식' 수행에 들어가는 것이다.

단식이라는 것은 마시지 않고 먹지 않은 수행이지만, 거기에 눕지 않고 자지 않은 상태가 더해질 때가 있다. 단식은 불면불와(不眠不臥) 수행과 함께하는 것으로 되어 있다. 단식수행에 들어간 지 7일이나 10일이 지난 때 반드시 왕생자의 몸에 영험의 징후가 나타난다. 아니 오히려 영험의 징후를 얻기 위하여 단식수행을 한다고 해도 된다.

단식이란 모든 영양분을 차단하여 몸을 끝없이 죽은 몸에 가까이 가게 하려는 행위이다. 단식을 하기 전 단계에서 목식(木食)이라는 과정이 있을 때가 있다. 곡식을 끊고 나무의 뿌리나 열매만 먹고 목숨을 이어간다. 목식에서 단식으로 들어갈 때는 몸이 점차 고목(枯木) 상태에 가까워진다. 그렇게 해서 결국 단식의 마지막 단계에서 생명현상의 역전이 나타난다. 예를 들면 아미타여래의 도래라는 신기한 조짐이 마지막에 왕생자의 눈앞에 나타난다. 그뿐만 아니다. 그 아미타여래가 가까이 와서 왕생자의 이마에 손가락을 댄다. 이것은 마정(摩頂)이라고 부르는 또 하나의 불교예식이다. 아무튼 아미타여래의 도래와 마정이 단식수행의 마지막 단계에 찾아온다는 데 주목하자. 육체가 무한히 죽음에 접근할 때, 그 몸 위에 영적인 계시가 내려지는 것이다.[24]

아미타여래의 도래나 마정이라는 것은 어쩌면 생리적 쇠약으로 인해 발생하는 환상일지도 모른다. 생명의 위기 상태에서 나타나는 환상 현상이라고도 할 수 있다. 그러나 환상이나 환시는 갑자기 외부로부터 오는 타율적 이미지가 아니다. 그것은 의지적이고 금욕적인 신심의 컨트롤로 인하여 자율적으로 내부로부터 산출된 환상이며 환시라는 점에 주목해야 한다. 말하자면 거기에는 '재생'을 위한 최후의 임사체험 이미지가 보인다고 해도 과언이 아니다. 육과 영 사이에 가역적인 감응, 교류를 일으키는 단식의 특별한 메커니즘이 그것을 가능하게 하기 때문이다.

이론보다 증거, 앞에서 든 야스타네의 『일본왕생극락기』는 물론이고 다른 '왕생전'에 등장하는 왕생자들 대부분이 단식수행의 마지막 단계에서 아미타여래의 도래나 마정의 영험을 얻고, 그 후 곧 숨을 거두기 때문이다. 즉 왕생이라는 이름의 재생궤도에 그대로 진입하고 있다. 그들은 목식으로부터 단식으로라는 죽음을 위한 최종적인 자기 점검 작업을 마치고, 소위 궁극적인 임사체험 이미지가 오는 것을 기다리고 있는 것이다.

고대에서 중세로 이어지는 전환기에 이런 '왕생전'이 많이 저술된 것은 아마 우연한 일이 아니있을 것이라고 나는 생각한다. 그리고 '왕생전'에 등장하는 많은 왕생자가 마지막 죽음을 맞이하는 장면에서 단식수행을 선택하고 있다는 사실에 나는 주목한다. 죽을 각오와 재생을 위한 준비가 단식을 통하여 이루어지고 또한 솔직히 이야기되고 있는 데 놀란다. 왜냐하면 거기에는 불사(不死)의 사상이 가장 생생한 육신의 생리를 통하여 이야기되고 있기 때문이다. 불사의 관념이 아미타여래의 도래와 마정이라는 임사체험 이미지로 인하여 확고부동한 것이 되는 과정이 훌륭하게 그려지고 있기 때문이다.

앞서 임사체험에는 체험자가 다시 이 세상으로 복귀하는 '소생' 위상과, 그에 대하여 체험자가 저세상으로 다시 태어나는 '재생' 위상이라는 두 종류가 있다고 말했다. 그리고 각각의 위상이 일본인의 전통적인 사생관과 깊이 관련되어 있을 것이라는 데 대하여 약간의 사례를 제시하고, 특히 불사의 관념을 중심으로 그 의미를 생각해 보았다.

임사체험 이미지는 이런 소생과 재생이라는 서로 연관된 위상에서 파악할 때 처음으로 우리 인간에게 진정 의미 있는 세계를 열어 갈 수 있게 하지 않을까. 임사체험이라는 현대적인 테마는 죽음에 대한 우리의 의식이 소생을 반복하면서 점차 재생으로 이동하는 과정의 의미에 대하여 예리한 시사를 주는 테마라고 생각한다.

# 3. '종교적 대화'와 '종교적 공존'

## — 일신교적 방법과 다신교적 방법

### 1) 종교 간의 대화

'종교 간의 대화'라는 말이 내 기억에 새겨진 후 시간이 많이 지났다. 처음 이 말을 들은 것이 벌써 20년 전의 일이다.

그때 나는 '종교 간의 대화'라는 것을 바탕으로 한 심포지엄에 참석한 적이 있었다. '대화'와 '심포지엄'이라는 말이 새로운 느낌을 갖게 하고, 그것을 들으면 무언가 창피한 생각이 드는 그런 시대였다. 그로부터 20년 이상의 세월이 흘러 '대화'나 '심포지엄'이라는 말은 어느새 당연한 것이 되고, 그만큼 손때 묻은 말이 되었다. 거기서부터는 과거의 긴장감이 사라지고 다만 모임을 의미하는 용어가 되어 버린 것 같다. 오늘날에는 '대화'나 '심포지엄'이 너무 쉽게 기획되고, 일종의 지적인 의식을 행하는 것 같은 형식으로 해마다 더 자주 행해지게 된 것이다.

20년 이상 전에 내가 참가한 심포지엄에서는 주로 기독교 학자와 불교 학자가 모여 있었다. 아는 사람도 있었고, 처음 만나는 사람들도 있었다. 그때 어떤 논의가 이루어졌는지 자세한 것은 잊어버리고 말았으나, 아무튼 기독교 신학과 불교 교학에 대하여 매우 높고 지적인 '대화'를 나누었던 기억이 난다. 기독교의 학문적 세계에는 오랫동안 신학논쟁이 축척되어 있었고, 정밀한 논쟁에 바탕을 둔 구원론의 전통이 있었다. 마찬가지로 불교의 지적 계보에서도 경전 해석에 대한 방대한 양의 텍스트가 쌓여 다양한 종파에 의한 비타협적인 자기 주장이 산처럼 쌓여 왔다.

물론 그런 지적 유산이 거기에서 반드시 생생한 형태로 제출되는 것은 아니었다. 신학논쟁이나 불교해석학이 그로써 논의의 대상이 되는 그런 것도 아니었다. 그러나 심포지엄 자리에서 제시되고 교환된 의견이 그러한 '논쟁'이나 '해석학'의 전통의 축적을 전제로 하여 조립되고 발상되었다는 것만은 역시 부정할 수 없다. 말하자면 '대화'는 고도로 정교한(sophisticated) 것이었다.

'대화'는 상호 비판을 기조로 하면서도 거기에 친밀한 상호 교류를 엿보이게 하는 것이었다. 즉, 상호 비판은 결코 사나운 공격적 언사를 토해 내는 것이 아니었다. 야성적 논쟁은 오히려 억제되었다고 말해도 좋을 것이다. 물론 그 친밀한 대화 속에 매우 적은 양이지만 독과 가시가 숨겨져 있다. 입장의 차이를 오블라토(oblato)로 싸고 있다고 해도 때로 그 오블라토의 막이 터져서 피가 보이기도 하였다.

그러나 전체적으로 바라보면 이런 '대화'의 흐름도 몇 개의 계곡이나 벌판을 넘어가는 가운데 어느새 큰 파란도 일으키지 않고, 생각지도 못한 사고도 일으키지 않은 채 천천히 공통 이해의 해변에 도착해 있다. 작은 우여곡절 끝에 연착륙할 수 있는 최대공약수적인 장소를 찾은 것이었다고 말해도 좋을 것이다. 처음부터 '대화'라는 것은 분열에 의하여 해산하기보다도 재회를 기약하고, 헤어지는 것을 기대하는 것이었음은 지금 새삼 말할 필요도 없기 때문이다.

### 2) 불교와 기독교의 '대화'

나는 일본 역사 속에서 '종교적 대화'가 큰 의미를 가졌던 시기가 두 번 있었다고 생각한다. 첫 번째 시기는 16, 17세기의 기리시탄(초기 일본 천주교—역자) 시대였고, 두 번째는 메이지 개국기였다. 모두 기독교가 외부로부터 일본에 대하여 적극적인 접촉을 요청한 시기였다. 다만 이 경우, 일본의 '종교'가 어딘가 외국으로 나가서 그 땅의 '종교' 사이에 '대화'의 관계를 성립시키려고 한 일은 없었다는 데 주의하자. 그렇지 않고 외국산 기독교가 '문명'과 함께 일본에 건너와서 일본의 토착종교와 대화를 하려고 했다. 종교적 대화라는 사업에 적극적이었던 것은 언제나 기독교 쪽이지 일본 종교가 아니었다는 말이다.

그 관계를 종교에서의 사디즘과 마조히즘의 관계에서 특히 드러나고 있는 것도 사실이나. 이니면 기독교의 발신기능적 성격과 일본 종교의 수신기능적 성격과의 대조성의 문제로서 이해할 수 있을 것이다. 만일 그렇다고 한다면 종교적 대화에 대한 기대가 교단 창립에서부터 사디즘 정신이 왕성한 기독교 쪽에서 나타나기 쉬웠다는 사실을 알 수 있는 게 아닌가. 발신기로서의 기독교가 수신기로서의 일본 종교에 대하여 시도한 커뮤니케이션 방법이 종교적 대화라는 형식이었다는 게 될 것이다.[1]

16, 17세기 기리시탄 시대의 일은 별도로 하고 여기서는 메이지 시대의 개국기에 나타난 '종교적 대화'의 의미에 대하여 생각해 보자. 그 시기의 문제를 생각하는 것은 오늘날 우리의 '종교적 대화'의 성격과 운명을 생각할 때 중요한 자료가 될 것이라고 생각하기 때문이다.

원래 메이지 개국기의 종교적 대화라고 한다면 이야기해야 할 게 많이 있을 것이다. 그러나 여기에서는 다만 한 가지 문제에 한해서 논해 보도록 하자.

메이지 개국기라는 것은 말할 것도 없이 기독교의 자유화로 상징된다. 기독교는 에도 시대 이후 오랫동안 금지되어 왔으나 기독교의 금지가 1873년에 해제되었다. 그때까지 모습을 숨기고 있던 잠복한 기리시탄이 세상에 나타났고, 서양으로부터는 새롭게 기독교 선교사가 파견되어 일본에 왔다.

문명개화의 시대가 찾아온 것이다. 이 문명개화는 말할 것도 없이 메이지 10년대에 서구화주의 풍조가 크게 일어났고, 사상계도 그 파도에 빠져서 전통사상을 회의하는 경향이 점점 심해져 갔다. 그리고 사정은 종교계에서도 같은 형편이었다.[2]

불교가 기독교에 의하여 사상적으로 압도당하던 시대가 찾아온 것이다. 그때까지 열세에 떨어져 있던 기독교가 힘을 얻어서 권좌에 있던 불교가 약간 방어적 태도로 바뀌었다고 할 수 있다.

기독교의 공세에 대한 불교 쪽의 대응 시도는 물론 하나 둘에 그치지 않았다. 불교계도 한발 먼저 심각한 사태가 진행되고 있다는 사실을 깨달았기 때문이다. 다만 그 가운데 당장의 문제를 말하면 불교사상이 서구사상에 비교하여 결코 뒤지지 않는다고 주장하는 움직임이 비교적 이른 시기에 나타난 것에 주목하고 싶다. 불교의 자기 방어는 먼저 이데올로기 투쟁의 양상을 노정하기 시작했다.

그러한 대응의 하나가 당시 불교계를 대표하는 이노우에 엔료(井上円了)와 무라카미 센쇼(村上專精) 등의 활동을 들 수 있을 것이다. 그들의 업적은 여러 방면에 미치고 있는데, 그중에서도 특히 불교사상을 서구 철학으로 새로 해석하려고 한 점에서 공통점을 가지고 있다. 기독교에 의한 불교 비판에 대하여 불교의 진리성을 서양 철학사상의 개념과 틀에서 재구축하려고 했다. 그것은 분명히 기독교의 이데올로기 공격에 대한 반동이라는 성격을 가지고 있었는데, 새로운 시대의 공기를 불교 쪽에서도 호흡하려고 한 결과임은 말할 것도 없다.

서구 철학에 의한 불교의 새로운 해석이라는 실험은 단지 재해석의 단계를 훌쩍 넘어서 때때로 기독교 비판으로 나가는 경우가 있었다. 거기서는 자신을 서구 철학으로 무장하여 그 서구 철학의 근간을 이루는 기독교 비판으로 나아간다는 약간 도착적인 광경이 보이는 것이다.

불교 쪽에서 하는 기독교 비판 혹은 기독교 공격에는 여러 가지 뉘앙스가 있었다. 예를 들면 일신교적인 기독교는 일본의 '황실'이라는 존재와 양립할 수 없다는 주장이었다. 그것은 당연한데 기독교는 일본의 정신 풍토에 맞지 않는다는 인식과 관련되어 있다. 기독교의 평등과 박애주의는 공화제에 통하는 것이며, 기독교의 가정윤리나 사회윤리는 일본인의 윤리와 서로 맞지 않는다고 하는 인물까지 있었다.

그러나 그런 비판 속에서 내가 가장 흥미를 갖게 된 것은 성서가 말하는 창조 이야기와 하나님(天帝) 이야기를 과학과 철학과 합치하지 않는다고 비판하고 있는 점이다. 불교가 기독교의 기본적인 세계관을 과학이나 철학의 이름으로 공격하려고 한 것이다. 성서에서 말하는 창조 이야기와 하나님 이야기를 공격하는 것은 무엇보다도 그런 교리가 진화론적 사고에 배치되기 때문이라는 것이다. 일본 불교는 서구 철학의 한 틀이었던 '진화론'을 한발 앞서 받아들여 기독교 사상의 근거를 흔들어 보려고 했다. 이러한 기독교 비판은 물론 유럽 사상계에서도 이미 일어나고 있었다. 일본의 지식인은 그런 동향을 알아차리고 일본에 적용하려고 한 것이다.

여기에 메이지 불교가 당시의 서구화주의에 대하여 취한 입장이 특징적으로 잘 나타나고 있다고 생각한다. 일본 불교사상가들에 의한 진화론의 도입, 섭취 속에서 불교 쪽은 빨라지는 서구화주의의 발자국을 인정할 수 있기 때문이다. 그리고 다음으로 메이지 초기의 일본 불교의 '서구화주의'는 원래 불교의 교학 체계가 진화론 학설과 기본적으로 모순되지 않는 합리적인 성격을 가진 것이라고 주장하기에 이른 것이다. 석가 불교 및 거기서 역사적으로 발전한 대승불교는 서구에서 태어난 근대 사상이나 과학사상과 반드시 물과 기름의 관계에 있는 게 아니다. 불교에는 본래 사물을 인과(=인연)의 관계성에서 파악하려고 하는 이성적인 정신이 들어 있기 때문이다.

그런 생각을 집약하여 주장한 것이 앞서 말한 이노우에와 무라카미 등에 의한 불교 재해석의 시도였다. 서구 철학의 개념이나 용어에 의한 불교의 재무장을 하려고 했다. 일본과 서양을 절충하려는 토론이었다고 해도 좋다. 서구 철학의 사고방식에 기초하여 기독교 세계관의 근본에 쐐기를 박으려고 한 것이다.

그런데 이러한 불교에 의한 기독교 비판의 움직임이 표면적으로는 불교와 기독교 사이에 일종의 적대관계를 만들어 내었다는 사실을 부정할 수 없다. 기독교 쪽에서 보면 일본 불교는 진화론이라는 절대로 용인할 수 없는 놀라운 도구를 들고 나온다. 말하자면 사자 몸 속의 벌레(獅子身中蟲)를 역으로 사용하여 자기를 향하여 온 것이기 때문이다. 반면에 기독교는 불교와 같은 무대에서 논쟁할 기회를 얻은 것을 놓칠 수 없었다. 왜냐하면 그때 불교는 이미 스스로를 서구 철학의 틀에서 재해석하려는 의욕을 나타내고 있었기 때문이다.

이렇게 메이지 시대의 기독교는 전통 불교의 본래 모습과 대면하게 된 것이 아니다. 그것은 무엇보다도 서구 철학풍으로 포장한 근대 불교와 만나게 된 것이었다 일본의 정신 풍토에서 자라 온

민속종교 속의 불교와 만난 것이 아니다. 지적인 분장으로 몸을 싼 모던하고 버터 냄새 나는 관념적인 불교와 대면한 것이다.

불교와 기독교 사이에 종교적 대화의 길이 열리는 계기가 성숙된 것이다. 일부의 지식인에 의하여 재구성된 합리적 불교와의 '대화' 또는 '논쟁'이 가능하게 된 것이라고 해도 좋을 것이다. 전통 불교가 저 먼 뒤편으로 물러나고, 대신에 근대 불교가 의상을 바꿔 등장함으로써 서양에 의해 놓인 종교 간 대화라는 궤도를 달리기 시작한 것이다. 그것은 분명히 불교와 기독교 사이의 이데올로기 논쟁이라는 성격이 스며 있었다. 메이지 시대의 개국으로 촉발된 '불기논쟁'이라는 양상을 노정하기도 했다. 그러나 그 논쟁이야말로 정녕 일본 근대의 '종교적 대화'에서 하나의 원형적 형태였다는 데 주목해야 한다.

그리고 이런 종교적 대화를 가장 잘 완성된 형태로 실현한 것이 니시다 기타로(西田機多郎) 철학(또는 종교철학)이었다고 나는 생각한다. 왜냐하면 니시다야말로 불교의 근본 사상을 정말로 서양 철학의 개념과 방법에 기초하여 논리화하고 체계화하려고 한 일본 근대 철학자였기 때문이다.

니시다는 선(禪) 체험이나 아미타 신앙의 세계를 서구산의 사상 언어로 바꾸는 일에 분골쇄신한 것이다. 물론 니시다 철학의 본령이 '서구 철학'을 비판적으로 섭취하고 동양의 불교사상의 독자적 개성을 드러내려고 한 것이라는 사실을 무시하려는 게 아니다. 니시다 철학이 난해한 것으로 알려지고, 서구 철학의 전통과는 다른 '무'라든가 '장소' 등의 테마를 중심으로 전개된 것은 다시 말할 필요도 없다.

그럼에도 니시다는 '무'의 논리나 '장소'의 철학을 밝히려고 할 때 철두철미하게 서구 철학의 지적 전통에 의거하려고 했다. 서구 철학의 개념과 방법을 이를테면 자기식으로 환골탈태한 것이다. 왜냐하면 서구 철학의 본질 또한 전통불교의 세계를 서구 철학으로 재해석하려고 한 데 있기 때문이다. 서구 철학에 통하는 논리와 개념구조를 구사하면서 비서구적인 불교철학의 세계를 가상으로 구성하려고 한 것이다. 그리고 거기에 한하여 니시다 철학의 시도는 메이지 초년에 이노우에나 무라카미가 손을 대서 니시다 철학에 의한 불교의 사상적 재무장을 시도한 것과 비슷하다고 해도 좋다.

이렇게 니시다는 서양과 동양 사이의 '종교적 대화'라는 논쟁의 형식을 가장 선명한 형태로 밝힌 철학이었다고 나는 생각한다. 그런 의미에서 근대 일본의 종교적 대화는 이 니시다 철학의 등장과 함께 시작되고, 그 후의 일본의 종교적 대화의 흐름 또한 지금까지 그 노선을 벗어나지 않았다는 데 주의하지 않으면 안 된다.

그런데 앞서 말한 니시다 철학은 세부에 집착하지 않고 크게 보면 두 가지 특징을 나타내고 있다. 즉, 하나는 불교의 일신교화라는 성격이다. 이를테면 니시다의 정토경론(經論)이나 아미타 신앙론에 그 경향이 현저하게 나타나는 게 아닐까. 같은 경향이 니시다의 기숙사 친구인 다나베 하지메(田辺元)의 신란론(親鸞論)에도 농후하게 발견되는 것이다. 또 하나의 특징은 불교에서의 체험을 보편화하고 추상화하려고 한 지향성이다. 이를테면 니시다가 말하는

'순수체험'이 그런 성과의 하나였다. 그리고 특히 선불교 체험이 매우 정교한(sophiscated) 언어의 회로에 의하여 퍼올려진 것이라는 데 주목하자. 니시다는 선불교의 언설만을 추상화한 것이 아니다. 그 체험 전체를 보편화하려고 한 것이다.

나는 앞서 살펴본 니시다 철학의 두 가지 특징, 즉 불교의 일신교화와 불교 체험의 추상화 · 보편화라는 특징이 근대 일본의 종교적 대화의 방법적 특질이었다고 생각한다. 기독교와 불교 사이에 때때로 행해진 종교적 대화의, 말하자면 불교 쪽의 원형적 유형이었다고 생각하는 것이다. 그리고 이 유형이 이윽고 불교 전통에 근대주의적인 맛을 들게 하고 대학이나 지식인 사이에도 유행하는 지적 불교와 엘리트 불교가 만들어지고, 아카데미의 화원에서만 피는 사변적 불교의 학파를 성립시킨 것이라고 해도 좋다. 이렇게 '종교적 대화'를 위한 사상적 무대가 정리되었다. 발신기능적인 적극성을 나타낸 기독교와 수신기능적 대응을 나타낸 불교의 공통의 무대가 만들어진 것이었다.

### 3) '종교적 공존'의 세계

다소 역설적으로 들릴지 모르지만 이상에서 보아 알게 된 것처럼 종교적 대화는 종교적 논쟁의 성격을 처음부터 가지고 있었다. 또한 이는 근대 사상이라는 심판원을 옆에 두고, 각각의 논리와 세계관의 우열을 경주하는 사변적 올림픽 게임과 비슷했다. 유럽산의 공통 댐(dam)과 방법을 전제하고 있는 것이기 때문에 '대화'의 기본은 상호 이해와 상호 협력이라는 모습을 가지고 있으나, 때로는 그것은 격렬한 응수로 발전하기도 했다. 상이점과 공통점을 찾아내고, 특수성과 보편성을 드러낸 아카데믹한 깃발을 세우는 한편, 실제로는 자기의 우위성을 언제나 주장하는 태도를 바꾸는 일은 없었다.

요약하면 종교적 대화는 궁극적으로 종교와 종교의 대립의 철학적 의미를 추구하는 논쟁의 틀로부터 반드시 자유롭게 된 것은 아니었다. 종교적 대화는 그 이름의 아름다움과는 달리 언제나 종교적 논쟁의 가시를 내부에 포함하고 있다고 말해도 좋을 것이다. 종교적 대화에 참가하는 종교가들이 공격적인 자세로 의견 공개를 한 적이 적지 않은 것도 그 때문이었다.

그런데 그에 대하여 다른 한편에 '종교적 공존'이라고 말해야 할 세계가 있었던 데 나는 특히 주목하고 싶다. 종교적 대화의 논쟁에서의 공격성 대신에 그 자체로서 공존의 길을 기는 종교와 종교의 공존성이라는 문제가 그것이다. 그 경우 각각의 종교(혹은 신앙)는 자기를 내세우며 주장하지 않는다. 처음부터 주장할 필요가 없다. 왜냐하면 종교적 공존의 세계에서 사는 신앙의 대부분은 다신교적인 원리나 가치에 기초하여 다원적인 신앙 속에서 살아왔기 때문이다. 다신교적 판테온에서 신들의 투쟁의 역사가 없었던 게 아니다. 그러나 잘 생각해 보면 다신교 전통 속에서 신들의 투쟁이 발생하는 것은 거기에 일신교적인 원리나 가치가 투입된 때였다는 것에 생각이 미치지 않을 수 없다. 일신교적인 자기주장은 때때로 종교적 공존의 질서를 파괴하는 역할을 감당한 것이며 그 결과 자기의 일신교적 가치관의 우위성에 기초한 종교적 대화를 강요하게 되는 상황이 생기는 것이다.

나는 앞서 말한 일본 근대의 종교적 대화의 형태도 지금 말한 사상의 궤도를 떠나지 않았다고 생각한다. 일신교적인 성격을 심화한 기독교는 전근대적인 유습에 병들어 버린 불교 쪽에 대하여 공격적인 대화를 걸어온 것은 선명한 시도처럼 보인다. 다시 말하면 일신교적 기독교가 다신교적 성격을 내포하고 있는 불교에 '대화'라는 이름의 선교를 강요하는 유형으로 볼 수 있는 게 아닌가. 그런 기독교로부터의 접근에 대하여 불교 쪽의 지적 엘리트들이 내 몸을 서구풍의 논리와 방법으로 장식하고, 일종의 창부적 수신 기능을 최대한 회전시켜서 신비체험의 근원성과 종교적 본질의 일원성이라는 카드를 끌어내며, 기독교와의 융화적 대화의 길로 진행해 나가는 것이다.

그러나 일본 근대에서의 종교적 대화의 풍경에 대해서 민중종교 사이에는 더 광범위한 영역에서 보여지는 종교적 공존의 광경이 전개되었다. 종교적 대화가 오직 지적 엘리트들에 의한, 거의 비공개적으로 격리된 밀실에서 이루어진 것에 비하여 이 종교적 공존의 전통은 그보다 훨씬 더 개방된 공간에서 많은 사람들의 마음을 끌어 왔던 것이다. 그리고 정말로 얄궂게도 만일 이러한 종교적 공존의 전통이 없었다면 종교적 대화 같은 것은 애초에 존립할 수 없었던 게 아닐까. 종교적 공존은 종교적 대화 같은 게 없다고 해도 미동도 하지 않는 기반 위에 세워져 있다. 그런데 그에 대하여 종교적 대화는 이러한 종교적 공존의 모태를 잃어버리고는 애초에 성립될 수 없는 성격의 것이 아닌가 생각된다.

몇 가지 사례를 들어 그것을 생각해 보기로 하자.

1991년 10월 중순에 우연히 나는 스페인의 바르셀로나에서 며칠 체재할 기회가 있었다. 다음 해 올림픽 개최를 앞두고 거리는 활기에 충만했으나 그 때문인지 먼지가 많고, 마드리드와 같은 촉촉한 안정감이 부족한 것처럼 보였다. 어쨌든 바르셀로나에는 일본 기업이 70~80개사가 진출하고 있다고 했다.

바르셀로나 중심에서 서쪽으로 약 50킬로미터 정도 간 곳에 몬세라트 수도원이 있다. 내가 이곳에 온 것도 먼저 이 수도원에 들르고 싶었기 때문이다. 나는 사전에 나고야(名古屋)의 난잔(南山)대학 종교문화연구소 소장인 하이지크(James W. Heisig) 교수에게 몬세라트 수도원의 우바크 신부 앞으로 소개장을 써서 받았다.

고런데 막상 방문하고 보니 놀라웠다. 그 수도원은 1,200미터를 넘는 황량한 돌산 중턱의 잘록한 곳에 지어졌다. 그리고 정상에는 여러 개의 날카로운 돌칼이 천장을 뚫고 솟아나 있었다.

그때 생각난 것은 토마스 만(Thomas Mann)의 『마의 산』이라는 소설의 제목이었다. 서구의 수도원은 악마와 싸우기 위하여 초목이 생기지 않는 돌산에 지어졌다. 그것은 울창한 녹음으로 둘러싸인 일본의 히에이 산이나 고야 산(高野山)과 같은 산악 사원의 형태와는 분명히 다른 경관 속에 있었다.

수도원 창건은 11세기로 거슬러 간다고 하며, 중앙 성단의 상단에 모셔진 성모 마리아상으로 유명하다. 무릎 위에 아기예수를 안고 얼굴은 가무스름하다. 골격은 백인종인 게 분명하지만 세월을 지나서 그런 색깔로 변한 것 같고, 검은 마리아라는 별명으로 불리고 있다.

검은 마리아 앞으로 접근하기 위해서는 성당 옆의 계단을 올라가야 하는데, 많은 참배자는 그 통로를 거슬러 올라 마리아에게 가까이 가서 상에 직접 손을 대고 입술을 대며 절한다.

내가 수도원에 머무른 것은 겨우 3일간이었지만 그야말로 전 유럽에서 매일 순례단이 버스로 줄지어 찾아온다. 주일 미사에는 입추의 여지가 없는 정도였다. 일본으로 말하면 우선 아사쿠사(淺草) 관음상에 해당하지 않을까. 각지의 절에 모셔진 '오빈즈루(賓頭盧: 16羅漢의 하나—역자)상'을 생각해 보면 좋다. 아니면 '도게누키지조(トゲ抜き地藏, 도쿄의 고간지高岩寺)' 등을 들 수 있을 것이다.

중앙 성단의 단 아래로 눈을 돌리면 거기에 십자가에 달린 그리스도상이 매달려 있다. 수도사들에 의한 일상의 전례는 그리스도상을 중심으로 이루어지고 있었다. 그리고 그리스도는 아무나 가까이 가서 손을 대지 못하게 되어 있는 것 같았다.

이렇게 성당에 발을 들여 놓는 사람은 자연히 정면 중앙 성단 앞에 그리스도상을 우러러 보고, 저 먼 상단의 마리아와 아기예수상을 바라보게 되어 있는 것이다. 나는 일순의 광경을 시야에 넣었을 때, 왠지 나라 도다이지(東大寺)의 대불전을 연상하였다. 특히 4월 8일 석가탄신일(降誕會)의 대불전이다. 이렇게 말하는 것은 그때 도다이지에서는 그 귀여운 석가탄생불이 대불 앞에 하나미도(花御堂)에 안치되고 꽃축제의 행사가 행해지게 되어 있기 때문이다.

큰 비로자나불(대불)과 작은 탄생불의 대비가 몬세라트 성당의 그리스도와 성모의 대비로 대응되는 것 같은 모습으로 뇌리에 되살아난 것이다.

아마도 몬세라트 수도원의 검은 마리아와 나라시(市) 도다이지에 모셔진 대불은 종교적 대화를 나눌 필요가 없을 것이다. 어린 그리스도나 십자가의 그리스도와 석가탄생불 사이에도 대화적 긴장을 일부러 돋우려는 시도는 나타나지 않을 게 틀림없다. 그렇게 말하는 것은 거기에 민중신앙에 기반한 종교현상이 자연의 모습으로 보이기 때문이다. 종교적 대화의 긴장감이 아니라 오히려 종교적 공존의 친화감이 인정될 뿐이기 때문이다.

나는 바르셀로나를 떠나기 직전인 7월에 우연히 중국 방문의 기회를 얻었다. 이번이 세 번째 방문인 베이징에서 국제심포지엄이 개최되었기 때문에 참석차 방문한 것이었다.

국제회의가 끝난 다음에 태산(泰山)에 올라갔다. 태산은 베이징에서 남쪽으로 급행열차로 약 8시간 걸리는 곳에 있다. 모두가 아는 도교의 영적인 장소이다. 이 장소는 중국 오산의 하나로 지리상 가장 동쪽에 위치하고 있기 때문에 동악(東岳) 태산이라고도 불린다. 과거에 이 산에서는 진시왕과 한무제가 봉선(封禪) 축제를 행했다고 한다. 봉선이란 천지의 신을 모시는 것이다. 그렇게 하여 황제들이 민중의 태평과 장수를 기원한 것이다.

그렇지만 태산이 영산이라고 불리는 것은 오랫동안 그 산이 죽은 자의 혼이 올라가는 성지라고 알려졌기 때문이다. 태산은 예부터 천국의 이미지와 명계의 이미지가 중첩되어 왔다. 일본에서 태산부군이나 태왕이라면 명계의 주신을 가리킨다. 물론 중국 도교의 영향이다. 이를테면 『오처경(吾妻鏡)』(하권)에는 호조(北条)씨가 태산부군에게 제사하고 선조나 사자의 영을 위로하기 위하여 법회를 여는 장면이 계속 나타난다.

그런데 실제의 태산 산정에 가장 크게 모셔져 있는 것이 벽하원군(碧霞元君)이라는 여신이었다. 매일 도사들이 의례를 행하고, 방문자들의 참배가 끊이지 않았다. 1,500미터의 산정까지 7,000단의 돌계단이 이어지고, 개미가 기어 올라가는 모습과도 같이 사람들이 이어진다. 서민의 신앙을 한 몸에 모이게 하는 신통한 영험을 가진 여신인 것이다.

태산을 방문한 다음에 바르셀로나에 간 나는 태산에서 본 벽하원군이라는 여신의 이미지가 몬세라트 수도원에 모셔진 검은 마리아의 영상과 겹쳐 보였다. 동서 공통의 여신숭배가 시간과 공간을 달리하며 나타나고 있다고 생각한 것이다. 우리는 여신숭배의 변형 가운데 하나로 일본의 풍토에서 나온 관음신앙을 더해도 좋을 것이다.

우리가 과연 '여신'숭배에 관한 종교적 대화를 계속할 필요가 있을까. 세계 역사에 등장한 여신신앙은 셀 수 없이 많을 것이다. 그러나 그런 여신신앙은 언제, 어디서도 종교적 공존의 길을 걸어왔고, 피를 흘리는 대화로 진행되지는 않았다는 데 주의하자. 세계의 여신신앙은 앞서 말한 다신교의 전통과 함께 종교적 공존의 모태가 되어 온 것이다.

### 4) '방법으로서의 일신교'와 '방법으로서의 다신교'

나는 이전에 '방법으로서의 일신교'와 '방법으로서의 다신교'라는 것에 대하여 생각해 본 적이 있었다.[3] '방법으로서의 일신교'에 대하여 '방법으로서의 다신교'를 새롭게 점검해 볼 필요가 있는 게 아닌가라는 문제의식이 있었기 때문이다. 지금 그 문제를 다시 끄집어낸다면 방법으로서의 일신교는 지금까지 말한 '종교적 대화'가 기반을 두는 원리와 같은 것이라고 나에게는 보였다. 그리고 그에 대하여 방법으로서의 다신교가 '종교적 공존'을 이끌어 내는 가치척도와 같이 보인 것이다.

마지막으로 그것에 대하여 생각해 보고자 한다.

개신교 신학의 리처드 니부어(Richard Niebuhr)가 『철저한 일신교와 서양문화(*Radical Monotheism and Western Culture*)』를 쓴 게 1943년이었다. 이 책은 판을 거듭하면서 많은 연구자들에게 읽혀졌는데, 거기에서 주장한 내용은 대략 다음과 같다. 현대 사회의 특징은 중심적 가치가 후퇴하고, 사회적인 다양한 가치관과 세계관이 전개되고 있는 데서 찾을 수 있다. 상징적인 사례를 들면 신학상의 유일 '신'이 몰락하고, 그것을 대신하여 사회적인 '신들'이 백화요란한 의상을 입고 등장했다. '신들'이란 진리, 정의, 평화, 사랑, 조국, 민주주의, 문명, 교회, 예술 등이다.

니부어는 이들 '신'에 대한 사람들의 태도를 '사회적 신앙'이라고 부르고 있지만, 한편 이러한 다원적인 사회적 신앙은 결국 사회에서 무정부주의적인 상황을 만들어 내는 온상이 될 것이라고 경고하고 있다.

그렇지만 정말 이 분열과 무질서라는 위기를 안은 상황 속에서 일신교가 부상한다. 위기를 구제하는 선험적인 부름으로서 '철저한 일신교'에 대한 요청이 역사의 무대에 점점 올라온다. 요약하면 우리는 정신의 표층에서는 다신교 신도이지만, 그 깊은 곳에는 일신교도라고 니부어는 말하는 것이다. 교묘한 일신교 변증이라고 말해도 좋을 것이다. 과거 괴테는 예술가로서 자신은 다신교도이지만 모럴리스트로서는 일신교도라고 말한 적이 있는데, 니부어는 괴테의 경험을 자기의 신학상의 가설에 전용한 것이다.

1981년 미국 출판사에서 데이비드 밀러(David Miller)의 『소생하는 신들—새로운 다신론』이라는 책을 간행하였다.[14] 저자는 융 학파의 종교학자인데, 이 책이 재판되었을 때 서문에 앙리 콜뱅(Alain Colbin)의 편지가 인용되었고, 권말에는 같은 융 학파의 제임스 힐먼(James Hillman)에 의한 상세한 해설이 붙어 있었다.

밀러도 현대는 다원성의 시대에 있다는 사실을 인정하는 것으로부터 논의를 시작하고 있다. 그런 점에서는 앞서 니부어의 견해와도 공통되는 것이지만, 그 논의 끝이 일신교의 구원이 아니고 그것의 사멸을 논하려고 한 점에서 니부어와는 결정적으로 입장을 달리한다. 즉, 그에 의하면 현대의 '사회적 일신교'라는 것은 파시즘, 제국주의, 자본주의, 봉건주의, 군주제 등을 가리키는 것이며, 그것들이 사멸한 후에 '사회적 다신교'로서의 '데모크라시'가 현대를 상징하는 얼굴로서 등장한다고 말한다. 얼마간 지나치게 도식적인 점이 없지 않으나 무질서와 카오스에 직면한 긴장 속에서

야말로 정신의 자유가 확보된다고 하는 주장에는 당장 반대할 이유가 없을 것이다.

주지하는 바와 같이 신 부재의 주장은 니체나 하이데거에 의하여 선구적으로 제기된 테마이지만, 그것이 오늘날 이를테면 상대주의, 불결정성, 비합리성 등의 계기를 중시하는 '철학적 다신교'의 계보로 계승되어 간 게 아닐까. 그것만이 아니다. 현대 심리학은 유일신의 존재에 가까운 개인의 아이덴티티의 근거를 확정할 수 없는 곳까지 와 있다. 사람들은 자기 자신을 많은 자기를 내포하는 것으로 경험하고 있는 것이지, 단일의 에고 중심적 의지라는 것은 이미 착각이 아니면 하나의 신화일 뿐이다. 즉, 밀러에 의하면 인간 존재의 심층이 원래 다신교적이라고 말하고 있는 것이다.

그는 반복하여 말한다. 예를 들어 사람이 일신교적 신앙을 고백하여도 그의 인생 경험은 다신교적인 '신학'에 의하여 설명될 뿐이리라. 그리스 종교나 이집트 종교, 힌두교나 아메리카 인디언의 종교 및 기기에 등상하는 신들과 여신들은 우리 남녀 공동체를 선명하게 각인하는 다면적인 시스템이며, 우리 존재 자체를 그 심층에서 조명하는 다원적인 유형의 각기 다른 이름일 뿐이다.

일신교적 전통을 방향 짓는 알레고리는 모두가 하나의 중심을 둘러싸고 조직되었다는 이미지로 채색되어 있다. 그렇다면 다신교적 전통을 지지한다면, 이를테면 조르다노 브루노(Giordano Bruno)가 말한 것처럼 중심이 어디에나 있고 원주(圓周)는 어디에도 없는 구체(球體)라는 이미지로 파악될 것이다. 그것을 융은 자기(셀프)가 어디에도 있고 원주가 어디에도 없다고 반복하여 말하고 있다. 그러나 돌이켜 생각해 보면 소위 중심의 상실이라는 다신교적 위기 상황이라는 것이 정말 무서운 경험일지도 모른다. 그리고 그것이 지금은 깊은 시대감각이 된 것이라는 게 밀러의 최종 진단이다.

내가 니부어와 밀러 두 사람의 견해를 비교해 본 것은 반드시 양자의 우열을 여기에서 논하고 싶었기 때문이 아니다. 일반적으로 '사상'의 해명을 위한 무기로서 '방법으로서의 일신교'와 '방법으로서의 다신교'라는 두 개의 사상틀이 어떤 역할을 하는 것일까 생각해 보고 싶었기 때문이다.

그렇게 생각할 때, '종교적 대화'인 사상적 커뮤니케이션의 방법이 여러 형태로 '방법적인 일신교'에 뿌리를 내린 사실이 밝혀지지 않을까. '종교적 대화'라는 생각이 이미 손때가 묻어 버린 오늘날, 이제 그 한계를 직시하고 다음의 목표점을 설정할 시기에 우리는 와 있는 게 아닌가 생각한다.

## 지은이의 말

이 책에서도 언급한 것이지만 나는 오랫동안 나쓰메 소세키의 『문』의 마지막 장면에 나오는 주인공 소스케의 모습이 신경 쓰였다. 그는 가마쿠라의 선사(禪寺)에 들어가 참선의 가르침을 받고 자신의 신경쇠약과 싸우며 어떻게든 거기서 탈출하려고 한다. 그러나 불행히도 일이 잘 되지 않는다. 결국 절을 내려오게 되는데, 소세키는 그때의 기분을 딱 맞추듯 이렇게 쓰고 있다. "그는 문을 통과하는 사람이 아니었다. 또한 문을 통과하지 않고 끝내는 사람도 아니었다. 말하자면 그는 문 밑에 선 채 꼼짝 못하고 날이 저물기를 기다려야 하는 불행한 사람이었다." 이 짧은 문장에 나는 근대 일본인의 자화상이 교묘히 요약되어 있다고 생각한다. 그리고 거기에는 어느 사이에 나 자신의 자화상이 투영되어 있었던 것도 사실이다. 문을 통과할까, 통과하지 말까. 그 질문 사이를 우유부단하게 헤매면서 이미 반세기가 지나가고 있다. 그런 방황 속에서 사색한 내용의 단편을 모아서 아무튼 이 책을 엮어 보았다. 최근 10년 사이에 써 모은 것이다.

이렇게 책으로 묶이게 된 것은 한 마디로 다카무라 사치하루 씨의 권유와 도움에 의한 것이다. 또한 실제로는 가키누마 마사코 씨를 괴롭혔다. 두 사람에게 진심으로 감사한다.

1996년 4월 9일

야마오리 데쓰오(山折哲雄)

# 옮긴이의 말

본서는『近代日本人の宗教意識』(山折哲雄, 岩波書店, 1996. 5)을 한국어로 번역한 것이다. 저자인 야마오리 데쓰오 교수는 일본의 저명한 종교학자로서 많은 연구서를 출판했을 뿐만 아니라 종교에 대한 알기 쉬운 해실과 해박한 지식으로 인하여 대중적인 매스컴에서도 인기가 있는 학자이다. 야마오리 교수는 일본의 종교, 특히 일본의 민중종교의 연구에 진력하여 일반대중들의 종교적 심성과 특징을 밝히는 데 전력을 다하고 있다. 그의 학문적 관심은 일반 서민들의 종교적 니드와 거기에 응답하는 종교의 교의와 의식에 초점이 맞추어져 있다. 그리하여 일견 무신론적 삶을 사는 듯이 보이는 현대인들의 삶 속에서 종교적 성격을 찾아내고, 그것이 삶의 질에 어떤 영향을 미치는가를 해명하고자 한다. 물질문명의 홍수 속에서 속도전을 치르고 있는 현대인들에게 종교적 시각에서 인생의 의미를 찾고, 이미 주어진 존재의 의미를 발견하는 데 도움을 줄 것이라고 생각된다. 본서는 서양 문명을 받아들여 근대화되는 과정에 나타난 일본 종교의 입장과 역할을 분석한 연구서이다.

먼저 저자는 일본의 다종교적 상황이 가지는 의미와 성격을 분석하고, 그것이 서구의 종교 이해와 어떻게 다른지를 해명하고자 한다. 마사오카 시키와 나카에 조민, 미야자와 겐지 등 근대 일본의 저명한 작가들의 작품을 분석하여 사생관과 영혼관을 중심으로 한 일본인의 종교 이해의 특징을 해설한다.

또한 기무라 다이켄의 무명론에 관한 불교학자들의 논쟁을 중심으로 불교 이해의 성격을 분석하고 있다. 저자는 "원시불교의 연기설의 기반을 '무명'이라는 악마적 맹목의지에서 찾으려고 했던 기무라의 방법이 부정되고, 동시에 연기설의 구조를 논리적 반성의 사고틀에서 정태적으로 파악하려고 한 우이 · 와쓰지의 방법이 권위를 갖게 된 것이다"라고 비판한다. 그리고 저자는 윤리학자 와쓰지 데쓰로의 학문과 삶을 분석하여 결국 그가 윤리적인 물음에 대한 답을 일본 예술에서 찾게 되었음을 지적한다. 그것은 그가 예술 속에서 현실보다 더 강한 존재감을 가진 어떤 종교적인 것을 발견하였기 때문이라고 한다.

마지막으로 저자는 하나다 기요테루의 글을 중심으로 일본의 전통적 비폭력사상을 분석하면서 그것을 종교적 연원과 일본 사회의 비폭력, 평화사상과 관련시키고자 한다. 그리고 종교체험의 기초라고 할 수 있는 임사체험의 의미와 형태를 분석하여 일본인의 사생관의 특징을 제시한다. 또한 저자는 일본의 불교학자들 사이에 일어난 기독교 비판의 성격을 분석하면서 불교의 일신교화에는 문제가 있다고 지적한다. 이미 일본의 민중종교들 사이에 광범위하게 종교적 공존의 모습이 보이고 있음에도 불구하고 불교와 기독교 사이에는 지적 엘리트들에 의하여 서구풍의 논리와 방법으로 대화가 이루어져 왔다고 한다. 그러므로 방법으로서의 일신교를 지양하고 방법으로서의 다신교를 바라보아야 한다는 것이다.

2009년 2월

조재국

# 원주

## ■ 머리말

1. Tetsuo Yamaori, "Atheists by default," *Look Japan*, August 1995, Vol. 41, No. 473, pp. 9~11.
2. Tetsuo Yamaori, "Letters to the editor," *Look Japan*, November 1995, Vol. 41, No. 476, p. 2.
3. 小宮豊隆 편, 『寺田寅彦随筆集』 제5권, 岩波文庫, 223~253쪽. 또한 본서 60쪽 이하 참조.

## ■ I-1 일본인의 종교성

### —마사오카 시키, 나카에 조민, 나쓰메 소세키

1. 1902년 6월 20일, 『病牀六尺』, 岩波文庫, 69쪽.
2. 1901년 9월 20일, 『仰臥漫録』, 岩波文庫, 60쪽.
3. 1901년 9월 21일, 위의 책, 62~63쪽.
4. 1902년 8월 7일, 『病牀六尺』, 141쪽.
5. 1901년 3월 15일, 『墨汁一滴』, 岩波文庫, 62쪽.
6. 1901년 1월 31일, 위의 책, 14쪽.
7. 1901년 4월 7일, 위의 책, 85쪽.
8. 1902년 6월 21일, 『病牀六尺』, 70~71쪽.
9. 1902년 6월 2일, 위의 책, 43쪽.
10. 1901년 4월 4일, 『墨汁一滴』, 63쪽.
11. 1901년 4월 15일, 위의 책, 92쪽.

12. 1901년 4월 24일, 위의 책, 99~100쪽.

13. 1901년 6월 9일, 위의 책, 141쪽.

14. 1901년 10월 25일, 『仰臥漫錄』, 121쪽.

15. 1901년 10월 15일, 위의 책, 113쪽.

16. 위의 책.

17. 1902년 7월 26일, 『病牀六尺』, 124쪽.

18. 위의 책.

19. 『中江兆民全集』 제10권, 岩波書店, 1983년, 182쪽.

20. 위의 책, 218쪽.

21. 1901년 1월 30일, 『墨汁一滴』, 13쪽.

22. 위의 책.

23. 『漱石全集』 제4권, 岩波書店, 1975년, 853~854쪽.

## I-2 종교와 과학 사이
### —데라다 도라히코, 미야자와 겐지, 그리고 낙태아 공양

1. 「然るにくすしの事はかかずして、げんざの事のみを多くかけるは、神佛のしるしをあふぎ、げんざの力をたのむは、物はかなくおほどかに、あはれなるかたに聞ゆるを、くすしをたのみて、藥を用ふるは、さかしだちて、すこしにくきかた有て、あはれならず、されば東三條院は、御病の時も、くすしに見せ給はざりしこと、榮華物語にみえたり…」(本居宣長, 『源氏物語玉の小櫛』 2권, 筑摩版 『全集』, 강조점은 필자).

2. 山折哲雄, 『日本人の靈魂觀—鎭鬼と禁慾の精神史』(특히 제3장 「憑靈と除祓」), 河出書房新社, 1976년.

3. 樋口敬二 편, 『中谷宇吉郎隨筆集』(岩波文庫)에 실린 「天災は忘れた頃來る」, 270~272쪽.

4. 小宮豐隆 편, 『寺田寅彦隨筆集』 제5권(岩波文庫), 56~65쪽.

5. 위의 책, 57쪽.

6. 위의 책.
7. 위의 책, 236쪽.
8. 위의 책, 236~237쪽.
9. 위의 책, 245쪽.
10. 小倉豊文, 『「雨ニモマケズ手帳」新考』, 東京創元社, 1978년.
11. 齋藤文一, 『宮澤賢治—四次元論の展開』, 國文社, 1991년, 88쪽.
12. 金子務, 『アインシュタイン・ショック(아인슈타인 쇼크)』 上・下, 河出書房新社, 1991년.
13. 堀尾青史, 『年譜・宮澤賢治全集』, 中央文庫, 1991년, 166쪽.
14. 『校本・宮澤賢治全集』 제2권, 筑摩書房, 1973년, 137쪽.
15. 위의 책, 154쪽.
16. 위의 책, 제12권(상), 1975년, 10쪽.
17. 谷川徹三 편, 『宮澤賢治詩集』(岩波文庫), 268쪽.
18. 山折哲雄, 『賢治の風光—宮澤賢治・童話の世界』, 佼成出版社, 1985년.
19. 『新宗教事典』, 弘文堂, 1990년.
20. 江原由美子 외 편저, 『ジェンダーの社會學—女たち/男たちの世界』, 新曜社, 1989년.
21. T. バーニー 저, 小林登 역, 『胎兒は見ている—最新醫學が証した神秘の胎內生活』, 祥傳社, 1982년.
22. T. 바니의 책을 보면, 미국에서 실시한 조사에 따르면 중절이 심각한 정신장애를 초래하는 경우는 1,000명당 한 사람 이하가 된다고 한다. 한편, 영국에서의 데이터를 보면, 소위 중절 후의 정신장애의 발생률은 미국보다도 더욱 낮아서, 합법적인 중절을 한 사람 1,000명에 대해서 0.3명꼴로 발생하였다. 그리고 놀랍게도 이 숫자는 낮은데다 1,000명에 1.7명이라는 산후 정신장애의 발생률보다도 훨씬 낮은 것이라고 한다(위의 책, 197쪽).
23. 「水子供養アンケート調査」(『臨濟宗妙心寺派教化センター教學研究室研究報告』), 1989년 3월, 159~166쪽.

24. 千葉德爾 · 大津忠男兮 저, 『間引きと水子 — 子育てのフォークロアー』, 農山漁村文化協會, 1983년.

## I-3 갓난아기의 울음소리

### —니시다 덴코의 경우

1. 『西田天香選集』 제1권, 春秋社, 1967년, 82~83쪽.
2. 위의 책, 86~87쪽.
3. Stanislav Grof, Christina Grof 공저, 山折哲雄 역, 『魂の航海術 — 死と死後の世界』, 平凡社, 1982년, 66~67쪽.

## II-1 마른 '부처'

### —기무라 다이켄, 우이 하쿠주, 와쓰지 데쓰로

1. John Carey(ed.), William Golding — *The Man and His Books*(필자 未見).
2. 『木村泰賢全集』 제3권, 大法輪閣, 1968년, 참조.
3. 위의 책, 126~127쪽, 135쪽, 149~151쪽, 211~212쪽, 405쪽.
4. 『和辻哲郎全集』 제5권, 岩波書店, 1962년.
5. 『宗教研究』 신4권 1호, 1927년 1월호.
6. 「ショーペンハウァーの思想と人間像」, 『世界の名著 · ショーペンハウァー』, 中央公論社, 1975년.
7. Margaret Mead 저, 畑中幸子 · 山本眞鳥 역, 『サモアの思春期』, 蒼樹書房, 1976년.
8. Derek Freeman 저, 木村洋二 역, 『マーガレット · ミードとサモア』, みすず書房, 1995년.
9. James Clifford and George E. Marcus(eds.), *Writing Culture — The Poetics and Politics of Ethnography*, University of California Press, 1986.
10. 山折哲雄, 「民族誌にとって「地域」とは何か」, 『民族の地域差と地域性 — 中間報告 I』, 國立歷史民族博物館, 1987년 3월, 5~10쪽 참조.

## Ⅱ-2 윤리에서 예술로
—와쓰지 데쓰로의 경우

1. 『和辻哲郎全集』 제2권, 岩波書店, 1961년, 18쪽.
2. 위의 책, 19쪽.
3. 『中野重治全集』 제2권, 筑摩書店, 1977년, 87쪽.
4. 『和辻哲郎全集』 제9권, 岩波書店, 1962년, 9쪽.
5. 위의 책, 제24권, 1991년, 329쪽.
6. 위의 책, 제16권, 1963년, 3쪽.
7. 위의 책, 7~8쪽.
8. 위의 책, 62~63쪽.
9. 위의 책, 57쪽.
10. 위의 책, 제9권, 9쪽.
11. 위의 책, 제5권, 1962년, 114쪽.
12. 위의 책, 제8권, 1962년, 24쪽.

## Ⅲ-1 하나다 기요테루와 『우관초』
—공가적 전통의 비폭력 사상

1. 山折哲雄, 『日本人の心情』, 日本放送出版協會, 1982년, 221쪽 이하를 참조.
2. Edwin Oldfather Reischauer 저, 國弘正雄 역, 『ザ·ジャパニーズ』, 文藝春秋, 1979년, 219쪽.
3. 「公家的なものと武家的なもの」, 『花田清輝著作集』 IV, 未來社, 1964년, 289쪽.
4. 「『平家物語』の思想」, 위의 책, 378~379쪽.
5. 위의 책, 379쪽.
6. 대담 「近代と現代 III」, 羽仁五郎 · 花田清輝, 『思想』, 岩波書店, 1964년 7월호.
7. 주(4) 앞의 책, 380쪽.
8. 山折哲雄, 『みやびの深層』(『日本文明史』 4), 角川書店, 1990년, 7~8쪽.

## III-2 임사체험의 의미

1. 山折哲雄,「死生觀を知る契機に」,『朝日新聞』, 1991년 9월 30일.
2. Shirley MacLean 저, 山川紘矢 · 亞希子 역,『Out on a Limb— 愛さえも越えて』, 地湧社, 1986년.
3. 山折哲雄,「臨死體驗」,『讀賣新聞』, 1991년 11월 2일.
4. 立花陸,「臨死體驗」,『文藝春秋』, 1991년 8월호.
5. Elizabeth Kubler-Ross 저, 川口正吉 역,『死ぬ瞬間—死にゆく人々との對話』, 讀賣新聞社, 1971년.
6. Raymond A. Moody Jr.저, 中山善之 역,『かいまみた死後の世界—よりすばらしい生のための福音の書!』, 評論社, 1977년.
7. Kenneth Ring, 中村定 역,『いまわのきわに見る死の世界』, 講談社, 1981년.
8. Michael B. Sabom 저, 笠原敏雄 감역,『〈あの世〉からの歸還—臨死體驗の醫學的研究』, 日本教文社, 1986년.
9. Bruce Greyson, Charles P. Flynn 공편, 笠原敏雄 감역,『臨死體驗—生と死の境界で人は何を見るのか』, 春秋社, 1991년.
10. 주(2) 앞의 책 참조.
11. Stanislav Grof, Christina Grof 공저, 山折哲雄 감역,『魂の航海術—死と死後の世界』, 平凡社, 1982년(원저 *Beyond Death—The Gates of Consciousness*).
12. Albert Heim, "Remarks on fatal falls," *Yearbook Suiss Alpine Club* 27, 1892. 또한 Reinhold Messner 저, 尾崎鑒治 역,『死の地帯』山と溪谷社, 1983년 하임에 의해 쓰인「轉落死に關する覺え書き」의 소개가 실려 있다(33~51쪽).
13. Russell Noyes Jr. and Roy Kletti(trans), "The experience of dying from falls," *Omega* 3, 1972; Russell Noyes, "The experience of dying," *Psychiatry* 35, 1972; Russell Noyes Jr. and Roy Kletti, "Depersonalization in the face of life-threatening danger," *Psychiatry* 39, 1976.
14. 주(6) 앞의 책 참조.
15. 川崎信定 역,『〈原典譯〉チベットの死者の書』, 筑摩書店, 1989년.

16. 주(11) 앞의 책, 14~28쪽.
17. Karlis Osis, *Deathbed Observations of Physicians and Nurses*, New York, Parapsychology Foundation, 1961.
18. 주(11) 앞의 책, 64~66쪽.
19. 주(5) 앞의 책, 특히 289~296쪽.
20. Elizabeth Kubler-Ross 저, 秋山剛 · 早川東作 역, 『新 · 死ぬ瞬間』, 讀賣新聞社, 1985년.
21. 山折哲雄, 『日本人の靈魂觀—鎭魂と禁欲の精神史』, 河出書房新社, 1976년, 62~64쪽.
22. 山折哲雄, 『天皇の宗教的權威とは何か』, 三一書房, 1978년, 47~52쪽.
23. 山折哲雄, 「宗教經驗としての斷食—禁欲の日本類型」, 『日本宗教文化の構造と祖型』, 東京大學出版會, 1980년.
24. 山折哲雄, 『臨死の思想—老いと死のかなた』, 人文書院, 1991년, 26~29쪽.

## Ⅲ-3 '종교적 대화'와 '종교적 공존' —일신교적 방법과 다신교적 방법

1. 山折哲雄, 『佛教とは何か』, 中公新書, 1993년, 139~140쪽.
2. 山折哲雄, 「オウム事件と日本宗教の終焉」, 『諸君!』, 文藝春秋, 1995년 6월호, 34~47쪽.
3. 이하의 문장은 山折哲雄, 「思想の言葉—方法としての多神教」, 『思想』, 岩波書店, 1988년 1월호, 1~3쪽에서 인용.
4. David L. Miller, *The New Polytheism—Rebirth of the Gods and Goddesses*. 桑原知子 · 高石恭子 역, 『甦る神　—新しい多神論』, 春秋社, 1991년.

지은이 **야마오리 데쓰오**(山折哲雄)

1931년생.

도호쿠(東北)대학 대학원 박사과정 수료.

국제일본문화연구센터 교수(종교학, 사상사 전공).

주요 저서로 『종교민속지』, 『일본종교문화의 구조와 조형—종교사학 서설』, 『일본인의 얼굴』, 『걸식의 정신지』, 『일본인의 영혼관』, 『죽음의 민속학』 등 다수.

옮긴이 **조재국**

1953년생.

연세대학교 졸업.

도시샤(同志社)대학 대학원 박사과정 졸업(신학박사).

현재 연세대학교 연합신학대학원 교수(종교학 전공).

주요 저서로 『한국의 민중종교와 그리스도교』(도쿄: 新教出版社, 1998), 『이미지를 읽는다—르네상스 미술의 이해』(연세대학교출판부, 2006).

## 한림신서 일본학총서 발간에 즈음하여

1995년은 제2차 세계대전이 끝나고 우리나라가 일본 식민지에서 해방된 지 50년이 되는 해이며, 한 · 일 간에 국교정상화가 이루어진 지 30년을 헤아리는 해이다. 한 · 일 양국은 이러한 역사를 되돌아보면서 앞으로 크게 변화될 세계사 속에서 동북아시아의 평화와 번영을 추구해야 하리라고 생각한다.

한림대학교 일본학연구소는 이러한 역사의 앞날을 전망하면서 1994년 3월에 출범하였다. 무엇보다도 일본을 바르게 알고 한국과 일본을 비교하면서 학문적 · 문화적 교류를 모색할 생각이다.

본 연구소는 일본학에 관한 자료를 수집하고 제반 과제를 한 · 일 간에 공동으로 조사 · 연구하며 그 결과가 실제로 한 · 일 관계 발전에 이바지할 수 있도록 노력하고자 한다. 그러한 사업의 일환으로 여기에 일본에 관한 기본적인 도서를 엄선하여 번역 출판하기로 했다. 아직 우리나라에는 일본에 관한 양서가 충분히 소개되지 못했다고 느껴지기 때문이다.

본 연구소는 조사와 연구, 기타 사업이 한국 전체를 위해야 한다고 생각하며 한 · 일 양국만이 아니라 다른 여러 나라의 연구자나 연구 기관과 유대를 가지고 세계적인 시야에서 일을 추진해 나갈 것이다. 그러므로 누구나 열린 마음으로 본 연구소가 뜻하는 일에 참여해 주기를 바란다.

한림신서 일본학총서가 우리 문화에 기여하고 21세기를 향한 동북아시아의 상호 이해를 더하며 평화와 번영을 증진시키는 데 보탬이 되기를 바란다. 많은 분의 성원을 기대해 마지않는다.

1995년 5월

한림대학교 일본학연구소